新中国学案丛书

李振宏 主编

XINZHONGGUOXUEANCONGSHU

SHIJIEYANGUANGYUBENTUTESE

何晓明 著

世界眼光
与本土特色
——中国资本主义萌芽研究

河南大学出版社
HENAN UNIVERSITY PRESS

目　录

总　序

两年前，河南大学出版社约我组织一套“新中国学案”丛书，以反映新中国建立六十年来的学术发展。多少年来，我一直有一个观念，认为这段历史，是最值得研究的一段历史，它最可能为人们提供丰富而深刻的历史启迪；而与之相符的是，新中国的学术史，也是一段最有价值的学术史，它可以为学术的发展提供最深刻的借鉴或教益。于是，我欣然受命。

但是，这毕竟不是一件容易的事情。

学案这种史书体裁，历史上有其成功的范例，但却未必适合于表述当代的中国学术。学案体的开创者黄宗羲，阐述他著述《明儒学案》的用意或宗旨说：

> 大凡学有宗旨，是其人之得力处，亦是学者之入门处。天下之义理无穷，苟非定以一二字，如何约之，使其在我！故讲学而无宗旨，即有嘉言，是无头绪之乱丝也。学者而不能得其人之宗旨，即读其书，亦犹张骞初至大夏，不能得月氏要领也。是编分别宗旨，如灯取影……每见钞先儒语录者，荟撮数条，不知去取之意谓何。其人一生之精神未尝透露，如何见其学术？是编皆从全集纂要钩元，未尝袭前人之旧本也。①

① 黄宗羲：《明儒学案·凡例》，文渊阁四库全书本。

黄宗羲创设的学案体，旨意在于梳理学派的学术渊源和论学要旨。他认为，每个学术派别，都有其论学的宗旨；不同的学派就是因其不同的学术宗旨而相区分的。学术史之要领，在于以其不同的论学要旨，将学者分为不同的学术派别而溯其源流，以明天下学术之大势。因此，他的《明儒学案》所列19个学案，于每个学案都首先撰一小序，述论该学派的学术宗旨及学术源流，其次再来分述学派中每个主要学者的人生经历、著作思想及其传授系统。这样，以不同的学案并立于一本书之中，而呈列一时代天下学术之全貌。这的确是一种比较理想的传统学术史著述体裁。

当代中国学术不同于黄宗羲时代学术的一个显著特点，在于学派之难以成立。新中国建立以来，政治与国家意识形态对学术有着强大的统摄作用。马克思主义的独尊地位及其指导作用，使我们的学术思想高度统一，无论哲学、史学乃至一切社会科学，都不可能有所谓独立学派的产生。我们只有一个学派，那就是马克思主义学派。于是，要写新中国的学术史，黄宗羲所创设的学案体是不适用的。我们要做的学案，必须有新的创设。譬如就史学的发展来说，可以考察的学术案例，不能以学派划分，而因问题成立。我们不能按"家"写学术史，但可以按问题写学术史。我们没有史学研究的各家各派，但有不同的学术研究领域纵横交错、异彩纷呈，就学术领域设立学案的方式则是可以成立的。于是，我们写新中国的学术史，就以问题设立学案，一个一个问题去梳理，是谓"新中国学案"之成立。

但是，既然名为"学案"，也还是和传统的学案体在基本精神上有相承袭之处的，那就是传统学案体所具有的"辨章学术、考镜源流"的精神，这一点是任何学术史著作所不可或缺的。总的来说，本丛书的基本性质，应该是一种专题学术史，或曰问题学术史。名曰"学案"，它和传统学案体著作在体裁和治学旨趣上既有联系，又有区别。传统学案体史书在于研究不同学派的学术源流、内容及对之进行学术评断；本丛书则以问题为中心，做"辨章学术、考镜源流"的学术梳理，并对以往的学术状况给予分析和评论，使读者在一本学案著作中，既能看到某一学术论题的学术是非的来龙去脉、发展线索、内在逻辑,又能看到作者对这些学术争论的现代评论,获得学术思想的启迪。

为了实现以上编纂思想,我们在"编写说明"中对丛书在写作上提出了如下一些基本要求:

> 所有大的研究专题,都有丰富的研究成果,在内容选择上不能面面俱到,要有所选择。内容的选择,要考虑几个方面:该领域研究中的基本问题;讨论中争鸣较多的问题;对今天仍有价值和意义的问题。
>
> 要介绍或评论的内容收集,注意几个原则:最早提出的观点;最具代表性的观点;最有深度的观点。
>
> 对讨论的双方或多方的学术观点,要尽可能完全真实地反映,不以个人的学术立场影响反映的完整性和真实性。
>
> 讨论比较集中的问题,要围绕焦点问题展开,理清发展线索,追溯分歧的根源。
>
> 对问题的追溯和评论,要结合学术争鸣的社会历史背景来展开,把学术史置于广阔的时代背景中进行梳理和评述,挖掘其社会历史根源。
>
> 要重视挖掘该问题讨论的现代学术价值。特别是类似于传统的"五朵金花"……要注意挖掘其现代价值,注意这些问题在90年代以后的意义转向。
>
> 综述与评述兼顾而侧重于评述,要写成以综述为基础的评论性著作。

这些文字,既是我们对丛书作者的基本要求,也反映了我们对学案体学术史的基本理解。新的学案体学术史应该如何写,学术界有过一些零星的看法,但缺乏深入讨论,我们也就以上想法提请学界批评讨论。

尽管我们对丛书的写作提出了一些统一性的要求,但具体到每一本书,则都是作者的个人著作。每个作者在具体写作中,在具体的学术观点上,甚至在对学案体学术史的写法上,都有自己的理解,都享有充分的写作自由,他们都可以根据自己面对的研究对象的特殊性,对自己著作的立意和结构,进行创造性的或者说是完全个性化的构思和安排。因此,读者看到的这些作品,尽管都名之为“学案”,但在著述风格上则因人而异,甚至有很大的不同。有的侧重学案反映学术状况的客观性,而有的则完全将研究的对象编织到自己的思想结构中。他们写出的是不同样式的学术史。在这里,读者可以强烈地感受到,学术史的写法,也像人们的思想世界一样色彩纷呈。

还要说明的是,名为“新中国学案”,实际上我们出版的只是它的“史学卷”,是建国以来史学研究领域里重大问题的学术史。而且,就史学领域来说,我们选取的问题,也可能有着很大的局限性。这一方面与我们对这段学术史的理解有关,另一方面也与我们所能组成的作者队伍有关。由于我们的局限,可能还有一些更需要反映的问题没有纳入进来,这些是可以在今后的研究中,有所补正的。如有可能,这套丛书还可以继续做下去,以使我们的新中国学术得到尽可能全面深入的描述和反映。

今年是新中国建国六十周年,改革开放也刚刚走过而立之年,中国当代学术的发展也走到了一个需要通过反思与总结而开辟新时代的关头,因此,最近几年的学术史研究逐渐升温并渐趋佳境,但愿这套丛书能够成为当下学术史热的一道新的风景。

李振宏

2009 年 8 月 2 日

导 论

新中国建立以后,以马克思主义唯物史观为指导思想的中国历史学走过了曲折的发展道路。在这个过程中,若干研究话题曾经长期居于“热门”地位,引发了众多学人的思考、探索与争鸣。关于“中国资本主义萌芽”问题,就是其中特别重要的话题之一。

在历史学领域内,“资本主义萌芽”问题之所以具有重要的学理价值,首先是由资本主义的社会历史地位决定的。

资本主义是人类社会迄今为止最辉煌、最成熟的历史发展阶段。“资产阶级在它的不到一百年的阶级统治中所创造的生产力,比过去一切世代创造的全部生产力还要多,还要大。”“自然力的征服,机器的采用,化学在工业和农业中的应用,轮船的行驶,铁路的通行,电报的使用,整个整个大陆的开垦,河川的通航,仿佛用法术从地下呼唤出来的大量人口,——过去哪一个世纪能够料想到有这样的生产力潜伏在社会劳动里呢?”不仅如此,更重要的是,资本主义“开拓了世界市场,使一切国家的生产和消费都成为世界性的了。不管反动派怎样惋惜,资产阶级还是挖掉了工业脚下的民族基础。……物质的生产是如此,精神的生产也是如此。各民族的精神产品成了公共的财产。民族的片面性和局限性日益成为不可能,于是由许多种民族的和地方的文学形成了一种世界的文学。”①

资本主义强劲的世界性发展，不以人们的意志为转移地将地球上所有的国家、地区、民族统统纳入自己的运行轨道和演进规律之中，只不过时间有先后，形式有差异。就中国而论，19世纪中叶以后，列强的坚船利炮轰开了紧闭的国门。古老的中华帝国被一条条不平等条约的绳索裹挟进了资本主义的世界体系之中。中国的资本主义，在特殊的境遇下十分艰难地生长起来。政治学家、社会学家、历史学家们面对着时代提供的绝大课题，不得不思考有关中国资本主义发生、发展的诸多理论问题和实践问题。其中，中国资本主义萌芽问题，正是这一思考的逻辑起点。

一、问题提出的历史前提和学术前提：唯物史观的传入与中国马克思主义史学的建立

一般地说，资本主义萌芽问题是世界各国的学术界在解读本民族国家资本主义发生史时的共同问题和基本问题；特殊地说，中国学人自觉地探讨中国资本主义萌芽问题与中国社会历史进程的密切关系，并自觉地将这一探讨的结果运用于推进中国社会的革命与建设，则是唯物史观传入、中国马克思主义史学建立以后的事情。

马克思主义唯物史观传入中国的时间，最早可以追溯到19世纪的最后一年。1899年，《万国公报》刊载传教士李提摩太的文章，其中谈到马克思及其《资本论》，称马克思为“百工领袖著名者”，“马克思之言曰：纠股办事之人，其权笼罩五洲，实过于君相之范围一国”。“试稽近世学派，有讲求安民新学之一派，为德国之马克思。”②1903年，梁启超在《二十世纪之巨灵托拉斯》一文中，也提到“社会主义之鼻祖”马克

① 马克思、恩格斯：《共产党宣言》，《马克思恩格斯选集》第一卷，人民出版社1972年版，第256页，第254～255页。

② 《万国公报》第121期。

思。这一年2月的《译书汇编》第2本第11期刊载马君武的《社会主义与进化论之比较》,其中称"马克司者,以唯物论解释历史之人也。马克司尝谓,阶级竞争为历史之钥"。这是我国学者最早提及唯物史观的一段记载①。文章还附录了《哲学的贫困》、《英国工人阶级现状》、《政治经济学批判》、《资本论》等书目。1905年,朱执信在《民报》第二期发表《德意志革命家小传》,集中介绍了马克思、恩格斯的生平与学说。他评述《共产党宣言》中提出的"最先进的国家几乎都可以采取的"剥夺地产、逐步消灭城乡对立等十条政治、经济措施:"马尔克素(即马克思,引注)欲以阶级斗争为手段,而救此蚩蚩将为饿馁之齐氓,观于此十者,其意亦可概见。"他还简介《资本论》的思想:"马尔克素以为,资本家者,掠夺者也。其行,盗贼也。其所得者,一出于朘削劳动者以自肥尔。""马尔克素此论,为社会学者所共尊,至今不衰。"1908年,中国留学生在日本出版的《天义》杂志也在第16至19号合刊发表了《资本论》的部分内容和《家庭、私有制和国家的起源》的片段。刘师培在译文序中说:"欲明欧美资本制之发达,不可不研究斯篇,复以古今社会变更均由阶级之相竞,则对于史学发明之功甚巨,讨论史编亦不得不奉为圭臬。"同一期上《社会主义经济论》的译者识语也说:"自马尔克斯(即马克思,引注)以为古今各社会均授产业制度而迁,凡一切历史之事实,均因经营组织而殊,惟阶级斗争则古今一轨。自此谊发明,然后言社会主义者始得所根据。因格尔斯(即恩格斯,引注)以马氏见此等历史,与达尔文发见生物学,其功不殊,诚不诬也。"识语还特别批评"今中国言史学者鲜注意经济变迁,不知经济变迁实一切历史之枢纽"。

片段的思想火花的闪耀,在当时还不能从总体上照亮历史学界的心胸和视野,但是它毕竟为中国人接受来自遥远西方的智慧与真理,提供了宝贵的起点。

"五四"新文化运动是中国思想史、文化史上千年一遇的黄金岁

① 见尹达主编:《中国史学发展史》,中州古籍出版社1985年版,第473页。

月。马克思主义唯物史观得到了系统而广泛的传播。《新青年》、《晨报》副刊、《民国日报》副刊、《学灯》、《国民》等报刊成为宣传唯物史观的主要阵地。马克思主义经典作家的《共产党宣言》、《哥达纲领批判》、《资本论》、《家庭、私有制和国家的起源》、《国家与革命》等的译文纷纷出现在各种报刊上。与此同时,外国马克思主义者讲解唯物史观的通俗著作,如郭泰的《唯物史观解说》、河上肇的《唯物史观研究》、普列汉诺夫的《史的一元论》、考茨基的《伦理与唯物史观》也与读者见面。许多高等学校开设了唯物史观的课程。马克思主义唯物史观成为知识界、学术界不再陌生的理论学说。

李大钊是"五四"时期传播马克思主义唯物史观、并以之作为研究中国历史的理论指导的先驱。

1919 年,李大钊在《新青年》第六卷第五号和第六号上连载了长文《我的马克思主义观》,全面而系统地阐述了自己对于马克思主义的理解,其中有专章论及唯物史观。李大钊说:"唯物史观也称历史的唯物主义。他在社会学上曾经,并且正在表现一种理想的运动。""唯物史观的要领,在认经济的构造对于其他社会学上的现象,是最重要的;更认经济现象的进路,是有不可抗性的。"李大钊认为,马克思"独特的唯物史观"的纲要,体现在 1847 年的《哲学的贫困》和 1848 年的《共产党宣言》中,更"以一定的公式"体现在 1959 年的《政治经济学批判》序言中。他不吝篇幅,摘录了河上肇的译文,供读者领会。其中《政治经济学批判》序言里的长篇论述,是人们公认的唯物史观的经典表述。这一段话在今天的新译本里是这样表述的:

> 人们在自己生活的社会生产中发生一定的、必然的、不以他们的意志为转移的关系,即同他们的物质生产力的一定发展阶段相适合的生产关系。这些生产关系的总和构成社会的经济结构,即有法律的和政治的上层建筑竖立其上并有一定的社会意识形式与之相适应的现实基础。物质生活的生产方式制约着整个社会生活、政治生活和精神生活的过程。不是人们的意识决定人们的存在,相反,是人们的社会存在决定人们的意识。社会的物质生产力

> 发展到一定阶段,便同它们一直在其中活动的现存生产关系或财产关系(这只是生产关系的法律用语)发生矛盾。于是这些关系便由生产力的发展形式变成生产力的桎梏。那时社会革命的时代就到来了。随着经济基础的变更,全部庞大的上层建筑也或慢或快地发生变革。……无论哪一个社会形态,在它们所能容纳的全部生产力发挥出来以前,是决不会灭亡的;而新的更高的生产关系,在它存在的物质条件在旧社会的胎胞里成熟以前,是决不会出现的。所以人类始终只提出自己能够解决的任务,因为只要仔细考察就可以发现,任务本身,只有在解决它的物质条件已经存在或者至少是在形成过程中的时候,才会产生。大体说来,亚细亚的、古代的、封建的和现代资产阶级的生产方式可以看做是社会经济形态演进的几个时代。①

李大钊还撰写了《唯物史观在现代史学上的价值》②和《唯物史观在现代社会学上的价值》③,宣传其科学意义及学术指导作用。“唯物史观在史学上的价值,既这样的重大,而于人生上所被的影响,又这样的紧要,我们不可不明白他的真意义,用以得一种新人生的了解。我们要晓得一切过去的历史,都是靠我们本身具有的人力创造出来的,不是哪个伟人圣人给我们造的,亦不是上帝赐予我们的。将来的历史,亦还是如此。”④

1924 年 5 月,李大钊的著作《史学要论》由商务印书馆出版,署名李守常。《史学要论》以唯物史观为指导,论述了“什么是历史”,“什么是历史学”,“历史学的系统”,“史学在科学中的位置”,“史学与其相关学问的关系”和“现代史学的研究及于人生态度的影响”,是我国第一部以马克思主义为指导的史学概论著作。

---

① 《马克思恩格斯选集》第二卷,人民出版社 1972 年版,第 82 ~ 83 页。

② 发表于《新青年》第八卷第四号,1920 年 12 月 1 日。

③ 系《史学思想史》讲义之一,由北京大学出版部讲义课印发。

④ 《唯物史观在现代史学上的价值》,见《史学要论》,河北教育出版社 2000 年版,第 194 页。

“五四”时期，尽管李大钊等人积极宣传马克思主义唯物史观，扩大了它的积极社会影响，但是还来不及将唯物史观运用到具体的中国历史问题的研究中去。李大钊曾经在北京女子高等师范学校的课堂上“惋惜地对同学们说：‘现在还没有人用唯物史观的观点编出一部中国历史来。现在历史教材不好，就是因为缺少这样一本书。’”①这正表明，中国马克思主义史学还处在孕育之中。

20 世纪 30 年代，在延续数年的社会史问题论战中，中国马克思主义史学得以形成。郭沫若、吕振羽、翦伯赞、侯外庐、李达、何干之等人为之作出了重要贡献。尤其是郭沫若积数年之功于 1930 年 1 月出版的《中国古代社会研究》一书，自觉地、系统地运用马克思主义唯物史观来研究中国历史，打破了中国传统史学和资产阶级史学的学术垄断局面，在马克思主义史学的形成史上，具有里程碑的作用。郭沫若在该书的序言里声明，本书可以说是恩格斯《家庭、私有制和国家的起源》的“续篇”，“研究的方法便是以他为向导”。《中国古代社会研究》论证了中国历史上奴隶制的存在，论证了奴隶制由原始公社制转化而来，又发展为封建制，从而证明马克思主义关于人类社会发展学说是普遍真理，驳斥了资产阶级学者用以反对马克思主义唯物史观的“中国国情特殊论”。虽然今天看来，书中的某些结论并不准确、甚至有错误，作者本人也曾加以否定、修改，但它仍不失为中国马克思主义史学的奠基之作。正如郭沫若所说：“草径已经开辟在这儿，我希望有更伟大的工程师出来建筑铁路。”

吕振羽在 20 世纪 30 年代初期即树立了马克思主义的史学观。他的《史前期中国社会研究》(1934)、《殷周时代的中国社会》(1936)、《中国政治思想史》(1937)，都是相关领域自觉运用唯物史观研究中国历史问题的开山之作。他注重社会经济形态、社会阶级结构的分析，进而探索社会意识形态的变化。他提出，殷代为“奴隶制社会的时代”，

---

① 李星华：《青年的良师——回忆父亲李大钊在女子高师教学二三事》，《文汇报》1979 年 5 月 14 日。

周代为“初期封建社会时代”，秦代到鸦片战争前为“变种的封建社会时代”，“鸦片战争到现在，为半殖民地半封建社会时代”。特别应该指出的是，吕振羽是第一位明确论述中国资本主义萌芽问题的马克思主义学者。1933 年，他在题为《中国上古及中世纪经济史》的讲义中指出，“到清代的前半期，封建经济已临没落，而开始跌入社会自身之突变的过渡期，历史的新因素已在形成的过程中”①，稍后更明确肯定，清代前半期，“中国之资本主义的因素，却已开始孕育”②。1937 年 6 月，他在《中国政治思想史》一书中，首先使用了“都市布尔乔亚的社会因素”的概念，认为“到明清之际，布尔乔亚的都市经济的成长，已成为社会经济领域中之一个重要因素”。根据唯物史观经济基础决定上层建筑的原理，吕振羽还指出，“由于布尔乔亚势力的成长而开始其独立性的表现，便产生具有革命性质的黄宗羲、戴震、王夫之等人的布尔乔亚的政治哲学”③。40 年代，吕振羽关于中国资本主义萌芽问题的思考更加系统完整。1940 年，他在《中国历史研究提纲》中肯定，到明末，中国已经“出现了资本主义性的手工业工场的雏形”④。在 1948 年问世的《简明中国通史》中，吕振羽使用了专门的章节来讨论资本主义萌芽问题。“由于自由商人原始资本积累的增高，国内外市场的扩大，大量贱价劳动力不断由农村流入都市，以及社会一般生产力与技术的进步，又引起资本主义工场手工业的萌芽。”对于它的发育程度，吕振羽的分析是：“这种资本主义原始形态的东西，还只是在这里那里出现，并非普遍存在；在明清之际，又受到致命的摧残。”⑤在中国第一代马克思主义史学家中，吕振羽是率先关注并探讨“资本主义萌芽”问题的第一人。他的研究，具有重要的学术史意义。

翦伯赞积极参加了 20 世纪 30 年代的中国社会性质论战。他在

---

① 《中国上古及中世纪经济史》（讲义），北京聚魁堂 1933 年装订。

② 《史前期中国社会研究》，北京人文书店 1934 年版，第 276 页。

③ 上海黎明书局 1937 年版，第 491、492 页。

④ 见《中国社会史诸问题》，上海耕耘出版社 1949 年版，第 174 页。

⑤ 见《简明中国通史》下册，大连光华书店 1948 年版。

1930年11月发表《中国农村社会之本质及其历史的发展阶段之划分》①,认为"中国的农村社会的本质,实在不是一个独特的或是亚细亚的生产方法,而是封建的生产方法"。他肯定中国农村社会属于半殖民地半封建的性质。1938年,翦伯赞出版了系统宣传唯物史观原理的著作《历史哲学教程》。他在该书的《序》中表示:"在这样一个伟大的历史变革时代,我们决没有闲情逸致埋头于经院式的历史理论之玩弄;恰恰相反,在我的主观上,这本书,正是为了配合这一伟大斗争的现实行动而写的。"他在阐述了唯物史观的基本原理及社会形态学说之后,特别辨明"中国现阶段的社会,决不是资本主义社会,而是半封建半殖民地的社会"。强调"正确的认识中国现阶段的社会性质,这对于我们现在正在实践中的伟大的民族解放战争,是一个必要的政治任务"。

侯外庐1927年加入中国共产党。30年代,他致力于《资本论》的翻译工作,并于1936年出版了《资本论》第一卷的全译本。1934年,侯外庐完成了《中国古代社会与老子》,由山西国际学社出版。这是他运用唯物史观研究中国思想史的起步之作。他认为,老子是南方地区民族公社制度崩溃阶段的思想代表。老子消解矛盾的主观意象,是其思想的核心。老子的哲学由自然天道观走向了唯心主义。

何干之在20世纪20年代中期即开始接受马克思主义的世界观。1934年,他出版《中国经济读本》,分析帝国主义入侵之后中国经济的变化,总结了中国经济的三大特点:1. 半殖民地性;2. 半封建性;3. 民族资本"死路一条",没有前途。他进而提出,中国现阶段的革命任务是"推翻地主资产阶级在全国的统治,驱逐帝国主义出中国,建立自由独立领土完整的新中国"②。1937年,何干之又完成了《近代中国启蒙运动史》。书中点明判断近百年中国社会性质的"症结",就是"对帝国主义、民族资本和封建势力那三种社会势力的相互关系的了解"③。他针

① 北平《三民半月刊》五卷六期。

② 《中国经济读本》,上海现实出版部,1934年版,第161页。

③ 《近代中国启蒙运动史》,上海生活书店1937年版,第165页。

对陶希圣等人的责难，辨析中国的"半封建经济"是一种"过渡形式"，"半殖民地"是指不同于印度的"全殖民地"，这其中决不是什么百分比的数字游戏。

邓拓是中国马克思主义史学形成时期的年轻战士。30年代的中国社会性质论战中，他在《新世纪》、《时代论坛》等杂志发表《论中国历史上的奴隶制社会》等论文，运用唯物史观分析中国历史，辨析中国社会的半殖民地半封建性质。1936年，24岁的邓拓在商务印书馆出版了《中国救荒史》。书中论道："纯粹拿自然条件来解释灾荒发生的原因，实在是很肤浅的。""如果在一定的历史阶段，生产关系能够与生产力相适应，因而促进生产力的发展，那么，即使在当时的技术水平下，也可能避免天灾的袭击，或减轻灾荒凶险的程度。""从来灾荒的发生，带根本性的原因无不在于统治阶级的剥削苛政。"①这些论述无不贯穿着马克思主义史学的科学精神和党性原则。特别要指出的是，邓拓也是较早关注资本主义萌芽问题的马克思主义学人。30年代，他就专文论述《近代中国资本主义发展的曲折历程》，认为在外国资本主义势力入侵中国以前，中国封建社会内部已经有了某些资本主义的因素。但是，这些因素体现的只是经济生活中某种程度的量的变化，而非质的变化。资本主义的生产方法，并没有真正成熟。②

二、20世纪30年代关于"中国社会性质"问题的论战

新中国建立以后的60年间，中国史学界几度热议"资本主义萌芽"问题。从理论基础、学理内涵、价值体系和学术史脉络方面看，这些讨论都应当看做是20世纪30年代"中国社会性质"问题论战的延续、深化和超越。

1927年4月到7月，蒋介石、汪精卫集团先后发动反革命政变，轰

① 《中国救荒史》，三联书店1958年版，第46页。
② 见《论中国历史的几个问题》，北京三联书店1959年版，第138~157页。

轰烈烈的国民革命大好形势毁于一旦。国民党南京政府取代北洋军阀，逐渐控制全国政权。

严酷且血腥的政治现实逼迫人们深入思考这样一个严重的问题：中国的政治革新为什么如此命运多舛？短短30年间，戊戌变法、辛亥革命的先后失败，以及国共合作的大革命的夭折，是否因为我们民族在认识自身所处的文明发展阶段方面出了偏差，从而导致了政治革新、社会改造事业的一再受挫？在这样严峻而紧迫的疑问困扰下，从1928年开始，学术界、思想文化界发生了关于中国社会性质问题的大论战。

中国共产党人对于大革命的失败尤感创巨痛深。他们首先将中国革命的性质与对中国社会性质的认识问题联系起来。1928年11月，蔡和森在《中国革命的性质及其前途》一文中分析道：

> 中国革命性质问题是一个旧问题，同时又是一个新问题。因为这一问题还是在中国共产党生长以前摆在我们的面前，但在理论上从未获得正确的解决，所以这一问题是旧的；同时在最近三年伟大的革命时期中，革命进展的速度有如此之快，使革命的动力和革命阶段起了上述之巨大的变动，所以在这样历史事变之后提出这一问题，人们自然要感觉是新的。①

蔡和森指出，依凭中国是封建社会、半封建半殖民地社会抑或资本主义社会的不同立论根据，“中国革命是资产阶级革命呢？还是资产阶级性的民权革命，或已转变到无产阶级社会主义革命？这一根本问题将决定今后革命之一切战略与策略”。②这一段话非常鲜明地凸显了社会性质问题论战的政治色彩、现实功用和党派目的。

参加论战的学者大致可分为三派：

一是以陶希圣为代表、以《新生命》杂志为基地的“新生命派”。他们的基本观点是，中国商业资本主义向来发达，“中国社会是金融商业

①② 蔡和森：《中国革命的性质及其前途》，《布尔什维克》第2卷第1期。

资本之下的地主阶级支配的社会,而不是封建制度的社会”①。此派政治上明显依附于代表地主买办资产阶级利益的蒋介石政权。

二是以严灵峰、任曙、刘仁静等为代表,以《动力》杂志为基地的“动力派”。他们的基本观点是,“中国毫无疑义是资本主义关系占领导的地位”②,属于资本主义社会。这些人政治上追随大革命失败之后脱离了中国共产党的陈独秀。

三是以王学文、潘东周、吴黎平等为代表,以《新思潮》杂志为基地的“新思潮派”。他们的基本观点是,“资本主义经济、资本家的生产方式,除去沿海大都市或少数地方外,我们在广大的中国土地中,很难看见”③,强调中国社会的封建性质。《新思潮》杂志直接受中国共产党中央文化工作委员会领导。

论战围绕三个主要问题展开。

第一,关于帝国主义与近代中国社会经济发展的关系。

“新生命派”认为,帝国主义的经济势力“发展中国的城市经济并破坏中国的农村经济”④,改变了中国的社会构造。“动力派”认为,帝国主义侵入中国,“绝对地破坏了中国封建势力”,“促进和发展了中国城乡的资本主义”⑤,他们称颂帝国主义“把落后的中国拖进了一步”,是中国资产阶级的“好兄弟”。他们判定中国已是资本主义社会。“新思潮派”分析了帝国主义入侵对中国经济影响的两重性。帝国主义的商品—资本输入,一方面破坏了中国传统的封建自然经济,刺激了资本主义的发展;另一方面,帝国主义又阻止了中国资本主义的独立发展,

① 陶希圣:《中国之商人资本及地主与农民》,《新生命》第3卷第2期,1930年2月1日。

② 严灵峰:《中国是资本主义的经济,还是封建制度的经济》,《动力》第1卷第1期,1930年7月15日。

③ 王学文:《中国资本主义在中国经济中的地位的发展及其前途》,《新思潮》第5期,1930年4月15日。

④ 陶希圣:《中国到底是什么社会》,《新生命》第1卷第10期,1928年10月1日。

⑤ 严灵峰:《再论中国经济问题》,《动力》第1卷第3期,1930年9月30日。

加紧了乡村中的封建剥削。因此,“中国经济实在是帝国主义侵略下的一个半殖民地的封建的经济”①。

第二,关于中国资本主义发展的程度。

“新生命派”认为,中国商业资本主义自古发达,商人资本构成中国经济的重心。“动力派”认为,中国资本主义已经发展到压倒封建经济的程度,他们断言,“中国同整个世界经济的发展没有两样:已经过渡到金融资本主义统治时代”,并且“中国社会经济资本主义化的过程,还有蒸蒸日上之势”②。“新思潮派”则指出,中国民族资本自出生之日便受到帝国主义和封建势力的两面夹攻。从根本上看,中国民族资本在原料、市场、技术、资金等方面都竞争不过帝国主义侵略资本,加之农业、手工业等行业内封建经济关系的顽强存在,中国民族资本主义的发展是不充分的和畸形的。

第三,关于封建势力在中国农村经济中的地位。

“新生命派”承认封建势力仍然存在,但是中国社会经济却在金融商业资本的控制之下。“动力派”认为,农村封建势力已多被资本主义排挤。他们说封建地主已不存在,现在土地集中在民族资本家、商人以及高利贷者转化而成的资产阶级化的“新式地主”手中。“新思潮派”则分析了农村土地所有权与使用权相分离的事实,地主对农民的超经济剥削正表明了剥削关系的封建性质。中国经济生活中大量存在的不是地主的资产阶级化,而是资本家的封建地主化。他们的结论是:“土地革命,是数万万农民群众的切身的急迫的要求,是中国革命目前阶段上的中心问题,是中国资产阶级民主革命的关键。”③

讨论中国当下社会性质问题的大论战在历史维度的拓展,形成了关于中国社会史的论战。这是中国社会性质问题论战的延伸和深化,

---

① 王学文:《中国资本主义在中国经济中的地位的发展及其前途》,《新思潮》第 5 期,1930 年 4 月 15 日。

② 严灵峰:《中国是资本主义的经济,还是封建制度的经济》,《动力》第 1 卷第 1 期,1930 年 7 月 15 日。

③ 吴黎平:《中国土地问题》,《新思潮》第 5 期,1930 年 4 月 15 日。

更加紧张激烈。

在中国社会史论战中，郭沫若处在唇枪舌剑的风暴中心。1930年3月，他的《中国古代社会研究》问世，一著既出，石破天惊。郭沫若开创性地运用唯物史观原理，将典籍文献分析和考古实物验证结合起来，揭示中国历史先后经历了原始社会、奴隶社会和封建社会阶段，论证了马克思主义的社会发展规律学说完全适合于中国国情。吕振羽等人热烈赞同郭沫若的学术方向，认为其对中国社会史研究的功绩，不在于具体见解是否完全正确，而在于他首先应用唯物史观来系统研究中国历史，开创之功，不可否认。而"新生命派"的陶希圣，追随陈独秀的杜畏之、李季，以及自称"自由人"的胡秋原等，则对郭沫若群起而攻之。

中国社会史论战的争论焦点有三：

（一）什么是"亚细亚生产方式"

"亚细亚生产方式"是马克思在《政治经济学批判》序言中提出的概念，但未展开论述。各国学者对此一直聚讼纷纭。郭沫若认为，"亚细亚生产方式"就是原始共产主义社会的生产方式，是奴隶制以前的一个历史发展阶段。王亚南等人赞同郭沫若的这一理解。杜畏之反对郭沫若的意见，认为"亚细亚生产方式"和奴隶社会、封建社会同是氏族社会瓦解之后出现的几种并行的社会经济形态，而中国历史上并不曾有过这种生产方式。李季同意中国历史上存在过"亚细亚生产方式"，但这种方式是和奴隶制并行而先于封建社会的经济形态。胡秋原和王宜昌认为，"亚细亚生产方式"就是东方专制主义的农奴制，是东方封建社会的一种特殊形态，是前资本主义。值得注意的是，反对郭沫若观点的诸人，尽管对"亚细亚生产方式"的理解五花八门，但都有一个共同点，即既否认中国历史上有过奴隶社会，又认为中国封建社会早已瓦解。这种异中之同的锋芒所向，是力图证明马克思主义唯物史观不符合中国国情，从而否定了它对于中国革命的普遍指导意义。

（二）中国历史上是否存在奴隶制社会

郭沫若深入研究周代的社会经济、政治制度和意识形态，认为西周属于奴隶社会,肯定了中国历史上经历了奴隶社会这个阶段。吕振羽、翦伯赞、邓拓等人虽然在具体断代问题上与郭沫若有分歧,但他们也都肯定中国历史上奴隶社会的存在。而陶希圣、杜畏之、李季、胡秋原等人在其他问题上看法不一,但却异口同声否认中国历史上有过奴隶制社会。陶希圣划分中国历史为"宗法社会"、"封建社会"和"资本主义社会"。杜畏之说,中国没有划然的奴隶社会一阶段,更无东方社会一阶段。胡秋原更断言,不是奴隶社会先于封建社会,而是封建社会先于奴隶社会。

(三)鸦片战争以前中国社会的性质

郭沫若认为,秦统一中国之后,直到最近百年,封建制度岿然存在。吕振羽对封建社会的上限与郭沫若观点不同,但也肯定鸦片战争前中国社会的封建属性。陶希圣认为,早在战国之时,封建制度就已崩溃,鸦片战争前中国是"含有封建要素的前资本主义社会"。李季将秦汉到鸦片战争前的历史称为"前资本主义的生产方式时代"。胡秋原和王礼锡提出"专制主义社会说",称"东周的封建主义,因商业经济的分解,发生变质而为专制主义,自秦至清末,就在这一阶段"。

20世纪30年代的中国社会性质论战、中国社会史论战,发生在阶级矛盾和民族矛盾空前剧烈的政治环境中。动荡的时局和紧迫的阶级斗争的需要都决定了论战不可能是平心静气的学院、书斋式的纯粹学术研讨。论战各方都十分自觉地将学术与政治挂起钩来,各种观点无不直接服务于现实的政治功利目的。这就不能不严重地影响到论战的科学性。就郭沫若等人而论,自觉地以论证中国共产党人的革命实践的历史合理性为己任,当然无可厚非。但是他们也确实忽视甚至完全否定了论敌方面的一些有价值的观点,如中国传统商品经济的发达,士大夫在中国社会结构和社会生活中的特殊作用,帝国主义入侵客观上促成了自然经济的瓦解,中国古代社会确实存在与西方不同的发展特点,等等。今天来看当年的中国社会史论战,其政治意义明显遮蔽了学术意义。从学术上看,陶希圣、李季、胡秋原等援引苏联学者拉狄克、波格丹诺夫等人的观点,也有相当根据,并非一派胡言。而郭沫若等马克思主义学人运用唯物史观来阐释中国古史的若干结论,也有值得商榷甚至明显失误之处。直到今天,类似的学术争鸣仍未完全平息。不过,在当时特定的时代条件和政治背景下,郭沫若等人的研究直接服务于中国共产党领导的人民革命斗争的理论需要,其政治意义不可轻易抹杀,更不可完全否定。

三、两件大事

论战平息后不久,20世纪30年代末期发生的两件大事,对于中国学人如何理解和掌握唯物史观来分析中国的历史和现实,特别是运用这一理论来探索中国资本主义萌芽问题,产生了异常重要的影响。

第一件大事是《联共(布)党史简明教程》的编成。

“北方吹来十月的风”。20世纪上半叶的几十年间,中国人主要是通过学习苏联的经验来理解、掌握马克思主义的革命理论、唯物史观。1938年,在斯大林主持下,联共(布)中央特设委员会编写的《联共(布)党史简明教程》出版。这部简要叙述苏联共产党(布尔什维克)历史的著作,立即成为中国共产党人及其领导下的进步学人学习马克思主义、学习唯物史观的最权威的教科书。

《联共(布)党史简明教程》的第四章设专节“论辩证唯物主义和历史唯物主义”。其中所论述的内容被中国思想理论界、学术界长期认为是马克思主义的理论经典。书中写道:

> 辩证唯物主义是马克思列宁主义党的世界观。
>
> 历史唯物主义就是把辩证唯物主义的原理推广去研究社会生活,把辩证唯物主义的原理应用于社会生活现象,应用于研究社会,应用于研究社会历史。
>
> 随着社会生产力在历史上的变化和发展,人们的生产关系、人们的经济关系也相应地变化和发展。
>
> 历史上有五种基本类型的生产关系:原始公社制的、奴隶占有

制的、封建制的、资本主义的、社会主义的。①

这就是对中国学术界影响极为深广的“五种生产方式”之说的来源。②

根据“五种生产方式”说，世界各国、各民族都必然会经历从封建社会向资本主义社会的过渡，区别只是时间的早晚和过程的长短。正是在这一思维定式的导引下，许多学人不证自明地坚信，中国历史肯定如西欧一样，存在一个资本主义的发生、发展过程，因此，学人们要做的工作，只是根据经典作家的教导，到中国历史的长河里去寻找资本主义的生命迹象，并判断其是否达到了“萌芽”的程度。可以毫不夸张地说，《联共（布）党史简明教程》里关于“历史上有五种基本类型的生产关系”的说法，实际上就是连绵数十年的“中国资本主义萌芽”问题讨论的全部理论“前提”。

第二件大事是中国共产党的领袖人物毛泽东对中国历史和中国社会的发展（包括资本主义萌芽问题）发表了自己的明确看法。

1939 年 12 月，毛泽东在延安窑洞里写出了《中国革命和中国共产党》③。其中关于中国社会、中国历史的分析部分，明显地受到来自遥远的克里姆林宫、来自《联共（布）党史简明教程》的理论影响。

毛泽东说：

> 中华民族的发展（这里说的主要地是汉族的发展），和世界上别的许多民族同样，曾经经过了若干万年的无阶级的原始公社的生活。而从原始公社崩溃，社会生活转入阶级生活那个时代开始，经过奴隶社会、封建社会，直到现在，已有了大约四千年之久。
>
> 中国自从脱离奴隶制度进到封建制度以后，其经济、政治、文

① 《联共（布）党史简明教程》，人民出版社 1975 年版，第 115 页，第 116 页，第 137 页。

② 新中国建立之初的知识分子思想改造运动中，《联共（布）党史简明教程》被指定为基本的学习书目之一。在 20 世纪 50 年代以后的 30 年间，该书中关于马克思主义理论体系的论述，一直被学界奉为经典。

③ 在延安的历史学者也参与了文稿的写作，但基本思路及最后定稿由毛泽东亲自负责。

化的发展，就长期地陷在发展迟缓的状态中。这个封建制度，自周秦以来一直延续了三千年左右。

关于资本主义萌芽问题，毛泽东指出：

> 中国封建社会内的商品经济的发展，已经孕育着资本主义的萌芽，如果没有外国资本主义的影响，中国也将缓慢地发展到资本主义社会。①

毛泽东认为，外国资本主义对中国的入侵，一方面破坏了中国自给自足自然经济的基础，促进了城乡商品经济的发展，另一方面又勾结中国的封建势力压迫中国资本主义的发展。总之，帝国主义侵入中国以后的新的变化，"就是把一个封建的中国变为一个半封建、半殖民地和殖民地的中国"。因此，现阶段中国革命的任务"就是对外推翻帝国主义压迫的民族革命和对内推翻封建地主压迫的民主革命，而最主要的任务是推翻帝国主义的民族革命"②。

1939年，毛泽东已经是中国共产党领导的人民革命事业公认的领袖人物。他的如上论述，本来其直接理论意义是辨明中国历史的特点和中国社会的性质，用以指导中国共产党人带领中华民族反帝反封建，推倒"三座大山"，争取民族独立和人民解放。其中关于中国历史问题的一些具体判断，并非确凿无疑的研究定论。但是，为严酷的政治、军事斗争所必需的领袖权威地位的确立，以及毛泽东个人毋庸置疑的巨大思想及人格魅力，极大地扩张了这些"语录"的价值内涵和适用范围。这样一来，毛泽东关于中国社会发展、特别是关于资本主义萌芽问题的具体论述，也就成为那个时代以及此后数十年间马克思主义学人研究中国资本主义发生、发展历史的绝对圭臬。

---

① 《毛泽东选集》(一卷本)，人民出版社1967年版，第585页，第586页，第589页。

② 《毛泽东选集》(一卷本)，人民出版社1967年版，第600页。

四、政治语境·思想范式·学术内核

中国史学素有“资治”的传统。在政治的语境中叙述学术的话题，历来是中国史家的强项。从孔子到司马迁、司马光，“资治”传统一以贯之。20世纪初期，梁启超大力呼吁建立“新史学”，猛烈批判旧史学的“四弊”（“知有朝廷而不知有国家，知有个人而不知有群体，知有陈迹而不知有今务，知有事实而不知有理想”）、“二病”（“能铺叙而不能别裁，能因袭而不能创作”），力图将史学发展转入现代学术的轨道。即便如此，史学与政治的关联，不但没有削弱，反而更为加强。另一方面，20世纪以降中国社会的剧烈动荡和新陈代谢，也不允许史学在纯学术的象牙塔内自说自话，孤芳自赏。疾风暴雨式的政治斗争，你死我活的军事搏斗，唇枪舌剑的思想论辩，都需要得到来自历史学的学术声援。正是在这样的时代条件下，中国的马克思主义历史学从无到有、从弱到强地发展起来。中国史学直接服务于政治的传统优势得到完全地继承并且发扬光大。这一“定势”一直持续到新中国建立以后。就资本主义萌芽问题研究而论，其风靡一时的直接起因并非学术自身的缘由，而是为了响应政治领袖人物发起的批判敌对阶级思想意识形态的革命运动。具体地说，是从分析一部古典小说的时代社会背景开始的。更重要的是，积极参与其中、观点各不相同的学者在进行分析时，自认为所采取的基本立场，无一不是指导中国革命走向胜利的马克思主义的历史唯物主义。这就从大的格局方面决定了政治因素对学术的强烈导引和规范。

在强大的政治语境的控摄之下，史学家的思想范式被打上深深的时代的烙印。50年代的“五朵金花”盛开之际，所谓“以论带史”风靡一时。表现在资本主义萌芽问题的研究中，就是以马克思、列宁关于资本主义萌芽问题的论述来“带”中国历史上的相关材料。具体做法是，将马克思《资本论》、列宁《俄国的资本主义萌芽》中涉及生产关系方面的论述一一摘录出来，以此为标准，从中国典籍里发掘与之相符合的材料，作为中国资本主义萌芽发生、发展的依据。而毛泽东关于中国资本主义问题的寥寥数语的表达，更成为“绝对真理”式的金科玉律。这种研究的路数，几乎是当时所有研究者遵循的共同法则。无论研究者的具体学术观点如何，也不论将中国资本主义萌芽的发生时期定在什么朝代，其论证方法，都惊人地“一致”。一旦有人的观点与革命领袖人物的论述不相吻合，便被扣上“政治反动”的大帽子，遭受猛烈的批判。改革开放以后的七八十年代，中国政治的主题从人为制造的“阶级斗争”转变为社会主义的经济建设。在这种政治语境下，“革命大批判”式的学术研究退出历史舞台。思想解放推进了史学基本理论研究的深化与拓展，长期占据绝对主流地位的“五种生产方式”说开始受到质疑，资本主义萌芽问题的研究，开始突破僵化的思想范式，显示出新的生机。90 年代以后，史学领域内的思想解放更加深入。表现在资本主义萌芽问题的研究上，第一，越来越多的论者不再坚持以马克思、列宁、毛泽东的具体论述作为资本主义发生学解释的唯一理论依据；现代化理论等新的解释系统开始被运用于资本主义萌芽的研究领域。第二，即使坚持历史唯物主义指导的论者，也不再仅仅将目光盯在生产关系方面，而对于生产力的发展水平，也给予了越来越多的关注。第三，资本主义萌芽问题被纳入更为广阔的社会经济史的学科层面，而不再以单一的学术“热点”或“冷门”的形式出现在学术界和社会大众视野之中。这一变化昭示着，对资本主义主义萌芽问题的研究，终于回归到学术的本真轨道上来。

无论特定的政治语境和不无偏颇的思想范式在多大的程度上影响了资本主义萌芽研究的科学性，几十年间，这一研究所蕴涵的学术内核及其价值都是不可否认的。对于有的论者全盘否定资本主义萌芽问题研究的学理意义的看法，笔者不敢苟同。这也是本书写作的重要动因之一。

上编 “五朵金花”之一的灿烂开放

1949年,新中国成立。意气风发的中国共产党人在领导中国人民推翻“三座大山”、夺取政权以后,不仅积极推进国民经济建设,而且努力建设以马克思主义为理论指导的社会主义新文化。1949年9月21日,毛泽东在中国人民政治协商会议第一届全体会议开幕词中豪迈地向全世界宣布:“占人类总数四分之一的中国人从此站立起来了。”他接着说道:“随着经济建设的高潮的到来,不可避免地将要出现一个文化建设的高潮。中国人被人认为不文明的时代已经过去了,我们将以一个具有高度文化的民族出现于世界。”①很显然,毛泽东这里所寄予无限希望的“文化建设的高潮”,不同于中国历史上任何时期曾经出现的文化兴盛局面。它将是在马克思主义的指导之下,服务于中国共产党的政治路线和思想路线、服务于社会主义建设事业、服务于广大人民群众的新文化运动。这种新文化的建设,又与解放之初毛泽东所十分强调的对知识分子的团结、批评、改造密切相关。1951年2月,毛泽东在一份党内通报中写道:“知识分子,工商业家,宗教家,民主党派,民主人士,必须在反帝反封建的基础上将他们团结起来,并加以教育。”为了“教育”知识分子,“改造”他们的思想,50年代初,毛泽东连续发动了对电影《武训传》的批判、对《红楼梦》研究专家俞平伯“唯心论”的批判、对胡风文艺思想乃至“胡风反党集团”的斗争。正是在这样的

① 《毛泽东选集》第五卷,人民出版社1977年版,第6页。

历史背景下,历史学界的“资本主义萌芽”研究,出现了一个小小的“高潮”。

一、“小人物”引发的大事端

“五四”时期,胡适依本“大胆的假设,小心的求证”的科学实证精神,“整理国故”。他研究、考证《红楼梦》,批评“索隐派”旧红学家“收罗许多不相干的零碎史事来附会《红楼梦》里的情节”,造成“牵强附会的《红楼梦》迷学”。他另辟蹊径,从考察《红楼梦》作者的身世入手,艰苦搜寻爬梳,于 1921 年 11 月写成《红楼梦考证》改定稿,得出该书是“曹雪芹的自叙传”的结论。一言既出,学界轰然。同年,亚东图书馆新式标点本《红楼梦》问世,“新红学”由此呱呱坠地,并在以后 30 年间,成为“红学”主流。胡适的得意门生俞平伯,沿着老师开辟的方向,继续拓展,于 1923 年完成《红楼梦辨》一书。解放以后,在长期钻研的基础上,俞平伯修订了《红楼梦辨》,改名《红楼梦研究》,于 1952 年 9 月由上海棠棣出版社出版,反响强烈,连续六次重印。1954 年 3 月,俞平伯又在《新建设》杂志上发表《红楼梦简论》,陈述自己的观点。

两个“小人物”李希凡、蓝翎读到了《红楼梦简论》。他们是山东大学中文系的同学。1953 年毕业后,李希凡来到中国人民大学哲学系研究班继续深造,蓝翎也来到北京,在北京师范大学工农速成中学任教。两人读了俞平伯的文章,认为其中的观点和结论都有错误,合作撰成《关于〈红楼梦简论〉及其他》一文,提出了尖锐的批评意见。文章投到哪里去发表呢?李希凡写信给《文艺报》,询问可不可以批评俞平伯,没有得到回音。于是,两个年轻人求助于母校的老师,文章最终得以在山东大学学报《文史哲》1954 年第 9 期上发表。李希凡、蓝翎认为:“俞平伯先生未能从现实主义的原则去探讨《红楼梦》鲜明的反封建的倾向,而迷惑于作品的个别章节和作者对某些问题的态度,所以只能得出模棱两可的结论。”“俞平伯先生不但否认《红楼梦》鲜明的政治倾向性,同时也否认它是一部现实主义作品。”“俞平伯先生的唯心论的观点,在接触到《红楼梦》的传统性问题时尤为明显。”

尽管有些曲折,文章毕竟发表了,事情本可告一段落。但是,后来的事态发展,大出李希凡、蓝翎的意料。

毛泽东看到了这篇文章,认为不错,希望《人民日报》转载。江青找到《人民日报》总编辑邓拓,邓拓立即派人通知李希凡、蓝翎,让他们将文章修改一遍,准备在《人民日报》发表。文章小样出来后,分管文艺的中宣部副部长周扬得知此事,不赞成这样的文章在“党报”登载。9月中旬,江青再次来到《人民日报》社,与周扬、林默涵(中宣部文艺处长)、邓拓、林淡秋(《人民日报》副总编辑)谈话,明确指出,发表李希凡、蓝翎的文章是毛泽东的意思。周扬依然不改变自己的态度,以文章“很粗糙”,而且“党报不是自由辩论的场所”为理由,提出由《文艺报》转载。《文艺报》主编冯雪峰并没有理解毛泽东的真实想法,但还是非常重视此事,亲自找李希凡、蓝翎谈话,“有些地方我要替你们改一改,发表时还要加个编者按语”。

很快,《文艺报》转载了《关于〈红楼梦简论〉及其他》,主编冯雪峰亲自加上了“编者按”:“作者是两个才开始研究中国古典文学的青年,他们试着以科学的观点对俞平伯先生在《红楼梦简论》一文中的论点提出了批评,我们觉得这是值得引起大家注意的。”按语同时指出:“作者的意见显然还有不够周密和不够全面的地方,但他们这样的去认识《红楼梦》,在基本上是正确的。只有大家来继续深入地研究,才能使我们的了解更深刻和周密,认识也更全面。”

在毛泽东的支持和鼓励下,李希凡、蓝翎又写出《评〈红楼梦研究〉》一文,在1954年10月10日《光明日报》“文学遗产”专栏发表,发表时同样附有编者的按语。

毛泽东密切注视着事态的进展。他十分不满有关部门负责人的消极态度,看了代表两家报纸立场、态度的编者按语,更是觉得“问题严重”。10月16日,毛泽东提笔写下了这样一封信:

> 驳俞平伯的两篇文章附上,请一阅。这是三十多年以来向所谓红楼梦研究权威作家的错误观点的第一次认真的开火。作者是

两个青年团员。他们起初写信给《文艺报》，请问可不可以批评俞平伯，被置之不理。他们不得已写信给他们的母校——山东大学的老师，获得了支持，并在该校刊物《文史哲》上登出了他们的文章驳《红楼梦简论》。问题又回到北京，有人要求将此文在《人民日报》上转载，以期引起争论，展开批评，又被某些人以种种理由（主要是“小人物的文章”，“党报不是自由辩论的场所”）给以反对，不能实现；结果成立妥协，被允许在《文艺报》转载此文。嗣后，《光明日报》的《文学遗产》栏又发表了这两个青年的驳俞平伯《红楼梦研究》一书的文章。看样子，这个反对在古典文学领域毒害青年三十余年的胡适派资产阶级唯心论的斗争，也许可以开展起来了。事情是两个“小人物”做起来的，而“大人物”往往不注意，并往往加以阻拦，他们同资产阶级作家在唯心论方面讲统一战线，甘心作资产阶级的俘虏，这同影片《清宫秘史》和《武训传》放映时候的情形几乎是相同的。被人称为爱国主义影片而实际是卖国主义影片的《清宫秘史》，在全国放映之后，至今没有被批判。《武训传》虽然批判了，却至今没有引出教训，又出现了容忍俞平伯唯心论和阻拦“小人物”的很有生气的批判文章的奇怪事情，这是值得我们注意的。

俞平伯这一类资产阶级知识分子，当然是应当对他们采取团结态度的，但应当批判他们的毒害青年的错误思想，不应当对他们投降。①

值得注意的是，毛泽东指定的这封信的阅读对象竟有 28 人之多。他们是：刘少奇、周恩来、陈云、朱德、邓小平、胡绳、彭真、董必武、林伯渠、彭德怀、陆定一、胡乔木、陈伯达、郭沫若、沈雁冰、邓拓、袁水拍、林淡秋、周扬、林枫、凯丰、田家英、林默涵、张际春、丁玲、冯雪峰、习仲勋、何其芳。他们中间既有党和国家的最高领导，也有党的宣传部门的首脑，还有文学艺术主管部门的负责人。很显然，毛泽东关心的绝非简单

① 《毛泽东选集》第五卷，人民出版社 1977 年版，第 134 ~ 135 页。

的对《红楼梦》的学术研究与评价，而是以此为话题，开展批判"胡适派资产阶级唯心论"的斗争。表面上看，是支持"小人物"批评俞平伯的学术观点，实际的真正动机，则是发动一场肃清在知识分子中间很有市场的"胡适派资产阶级唯心论"的大规模思想改造运动。

二、从《红楼梦》到"资本主义萌芽"

毛泽东的信揭开了问题的实质，让各级领导明白了他的意图之所在。两天以后，中宣部和中国作家协会党组就召开会议，传达贯彻毛泽东的重要指示精神。轰轰烈烈的大批判由此发端。

从毛泽东的本意看，批判"胡适派资产阶级唯心论"的斗争绝不应当仅仅局限在《红楼梦》研究领域，甚至也不应当仅仅局限在文学领域。作为《人民日报》的总编辑、党主管意识形态领域的高级领导干部，邓拓是了解此事的来龙去脉全过程的少数人之一。看了毛泽东非同寻常的信，他立即理解了党的最高领导人的良苦用心。从《红楼梦》研究打开突破口，在哲学社会科学的各个学科的广泛领域内，全面加强马克思主义唯物史观的指导地位，成为邓拓思考的紧迫问题。

邓拓早年曾就学于上海光华大学社会经济系、上海法政学院、河南大学社会经济系，受过正规的学术训练，具有良好的政治经济学、社会学、历史学的知识背景。20世纪30年代中期，曾发表过不少有关中国社会历史问题的论文，如《论中国封建社会"长期停滞问题"》、《论中国经济发展史中的奴隶制问题》、《中国历代手工业发展的特点》等等，与严灵峰等人就中国社会性质问题展开论战。1937年，他还出版了历史学专著《中国救荒史》。由于具有扎实的学术基础，邓拓很快写出了长文《论〈红楼梦〉的社会背景和历史意义》，在1955年1月9日《人民日报》发表。

在文章的开篇，邓拓即点明了文章的批判矛头之所向：

> 中国18世纪批判的现实主义的伟大作品——《红楼梦》鲜明地反映了当时的社会背景，具有巨大的历史意义。只有胡适派的

资产阶级唯心论者，才故意抽掉它的社会背景，歪曲它的历史意义，而把它说成是为“忏悔情孽”而作的。胡适一流人戕贼中国古典文学、扼杀古典作家的现实主义传统、毒害青年读者的不可告人的用心是显而易见的。

至于文章的研究路数和学术目标，邓拓的打算是，从小说所描述的事实中关于当时（即清代的康熙、雍正、乾隆三朝，主要的是18世纪的上半期）社会经济生活的若干主要线索，联系到一些重要的历史材料，就它的社会背景和历史意义作正面的说明。

对于《红楼梦》所描述的中国社会的基本性质，邓拓的判断是：当时的中国是处在封建社会开始分解、从封建经济体系内部生长起来的资本主义经济因素正在萌芽的时期。新的生产力和生产关系已经萌芽，代表着资本主义关系萌芽状态的新兴的市民社会力量有了发展；同封建主义思想意识相对立的市民思想明显地抬头了。当时的中国社会，除了农民与地主这一主要矛盾以外，还存在新兴市民社会力量与封建统治的矛盾，在这个矛盾中，还夹杂着民族矛盾和封建统治阶级内部矛盾的复杂内容。就小说的具体内容而论，邓拓认为，《红楼梦》不但揭露了当时贵族官僚大地主阶级的腐败、虚伪、残酷、暴虐，揭示了深刻复杂的社会矛盾，而且还反映了新兴的市民社会力量追求民主和个性解放的生活而又找不到出路的痛苦。

邓拓援引马克思主义经典作家的相关论述，作为自己的理论依据。这一做法，也是当时“资本主义萌芽”问题讨论、争鸣、批判、答辩的所有参与者的共同思路和准则。毛泽东在《中国革命和中国共产党》一书中说：“中国封建社会内的商品经济的发展，已经孕育着资本主义的萌芽，如果没有外国资本主义的影响，中国也将缓慢地发展到资本主义社会。”邓拓认为，分析康熙、雍正、乾隆时期的历史材料，正可以进一步认识毛泽东的正确论断。马克思在《政治经济学批判导言》中说：“关于艺术，谁都知道，它的某些繁荣时代，并不是与社会的一般发展相适应的，因而也不是与那可以说构成社会组织骨干的社会物质基础相适应的。”根据这一原理，马克思认为，希腊人的艺术“在我们面前所显示的魅力，是与它生长于其上的未发展的社会阶段不相矛盾的，相反，它正是这个未成熟的社会关系的反映”。在援引了马克思的以上论述后，邓拓自信地提出，《红楼梦》应该被认为是代表18世纪上半期的中国未成熟的资本主义关系的市民文学的作品，其理由就在这里。

邓拓尽可能地从《红楼梦》的文本中发掘材料，并结合相关史料，来说明封建社会土地占有关系的变化，说明在此基础之上所产生的新的社会矛盾，说明官僚、地主和高利贷、商业资本之间的密切关系。他还以曹雪芹的家庭为很有价值的研究材料来源之一，分析城市手工业和工场手工业的发展情况，并据以判断当时资本主义经济因素的萌芽究竟达到了什么程度。他的结论是，当时的手工业已有相当细密的分工；计日受值的雇佣制度已经流行；雇主和雇工之间虽有经常的相对固定关系，但已经是属于自由的契约关系了；出卖劳动力的劳动市场已有较大规模。

邓拓提出，代表资本主义关系萌芽状态的市民社会力量的发展，与清朝封建统治者形成了相对立的关系。这种对立关系已经超出了封建社会中农民和地主对立的范畴，因而带有新的社会意义。他进而明确指出，《红楼梦》的作者曹雪芹就是属于贵族官僚家庭出身而受了新兴的市民思想影响的一个典型人物。人们都看到了《红楼梦》具有强烈的反封建、追求个性解放的思想，但更重要的是要分析，曹雪芹究竟是站在什么立场上来反封建呢？应该说他基本上是站在新兴的市民立场上来反封建的。邓拓强调，必须从这一点来分析，才能更清楚地认识《红楼梦》的政治意义。

邓拓认为，曹雪芹笔下的“正面人物”是没落的封建贵族官僚地主家庭中向往自由生活的一群青年人。他们一方面控诉以贾政、贾母、王夫人为代表的伪善、残酷的封建家庭统治者，一方面揭露以贾珍、贾琏、凤姐为代表的唯利是图、肆意暴虐的当权派。曹雪芹的思想就是要反对这两方面戕贼个性自由的封建恶势力，而追求着符合个性解放的目的的新的社会生活和家庭生活。

在文章的最后，邓拓写道：《红楼梦》描写了整整一个时代。这个意义并不因为它带有自传的性质而减弱。当然,《红楼梦》及其作者的思想是有弱点的。曹雪芹所处的社会环境限制了他的世界观,给它蒙上了虚无主义和宿命论的色彩。他强烈憎恨封建制度的罪恶,却找不到出路。《红楼梦》描写的历代悲剧所留给读者的消极方面的影响,其根源就在这里。但是,这并非曹雪芹的过错。因为,这正生动地反映了18世纪上半期的中国代表着资本主义关系萌芽状态的新兴市民社会力量的脆弱性和它的历史命运。

邓拓的文章发表以后,史学界立即表示响应。短短几个月内,相关成果陆续面世。

历史学家翦伯赞撰写了近4万字的长文,参与讨论。这就是他发表于《北京大学学报》(人文科学)1955年第2期的《论十八世纪上半期中国社会经济的性质——兼论《红楼梦》中所反映的社会经济情况》。

与邓拓一样,翦伯赞首先明确地将批判胡适的资产阶级唯心主义定为本文的宗旨。他认为,《红楼梦》这部杰出的作品“一直到最近以前,从来没有得到正确的科学的分析,而是长期地遭受地主、资产阶级的所谓新旧‘红学家’的歪曲,特别是胡适派资产阶级唯心主义的歪曲”。胡适说,《红楼梦》一书是与曹雪芹的现实生活毫无关系的“空中楼阁”,是“随手拈来,初无成意”的自然主义作品,《红楼梦》的价值就在于它的“平淡无奇的自然主义”。这样的结论是荒谬绝伦的。翦伯赞指出,胡适的目的是企图抽出《红楼梦》的社会背景和时代精神,从而取消它的思想内容,并以此否定思想意识是客观存在的反映,否定社会现实生活的发展规律对思想的决定作用。“一言以蔽之,就是通过《红楼梦》的所谓‘考证’,宣传唯心主义的世界观,反对唯物主义的世界观。”

翦伯赞对于《红楼梦》和曹雪芹的基本看法是:曹雪芹通过《红楼梦》中的典型性人物,深刻揭露了18世纪上半期中国社会的主要内容,鲜明地反映出当时社会各种矛盾的复杂性、尖锐性和不可调和性。曹雪芹描写了新旧两种人物、两种思想,而他的立场是站在新人物、新思想方面的。虽然由于历史条件和阶级性的限制,曹雪芹没有找到出路,但是他一贯地在与陈腐的传统、过时的当权的人物的斗争中,开辟自己前进的道路。

在表明立场和态度后,翦伯赞进入学术研究的层面。他认为,要说明《红楼梦》的时代背景,必须对18世纪上半期的中国历史进行全面系统的研究。就经济方面而论,研究不可避免地会涉及中国资本主义萌芽的问题。在中国,萌芽状态的资本主义因素最初出现在什么时期,史学界说法很多。有人认为出现在明嘉靖、万历年间(1522~1620),有人认为出现在明成化、正德年间(1465~1521),还有人认为可以上溯到宋朝。翦伯赞的意见是:“我以为最初出现在明嘉靖、万历之间的说法是比较符合事实的。”他引用了《红楼梦》中有关经济的资料和清代的官书、地方志和笔记杂录来论证自己的观点。

关于土地集中和阶级分化,翦伯赞的看法是:当时土地兼并、小地主的没落、农民离村外出现象普遍发生,由此而来,一方面是大土地所有者,另一方面是从土地上被剥夺和驱逐出来的出卖劳动力的农民,这就是隐蔽在18世纪上半期中国农业繁荣背后的社会的真实内容。

关于农业生产,翦伯赞的看法是:第一,农业生产关系中出现了大土地占有者和农民无产者的两极分化;第二,已经有部分土地所有者把土地变成商品,转向商业性的农业经营;第三,农业经营的商业化、专门化,扩大了商品交换的关系,替国内市场的形成创造了条件;第四,适应于商业性的农业经营,实物地租正在向货币地租过渡,有些地方出现了货币地租。尽管农业生产中已经有了资本主义的萌芽,但是占统治地位的还是封建地主经济。

关于手工业生产,翦伯赞的看法是:明代的棉织业是否已经发展到大作坊或工场手工业的规模,不能从明初徐一夔《织工对》一文中得到资料证明。当时棉织业还停止在家庭手工业阶段,参加生产的主要是家庭成员,很少使用雇佣工人。已有包买商人组织大规模收购和贩卖,他们开设的字号还兼营棉布的加工。对于总体手工业生产情况,翦伯赞概括为:某些大的作坊或工场已经吸收了几十、几百乃至成千的工匠,而采矿、制盐业使用雇工更数以万计。建立在契约之上的雇佣关系已出现。分工相当发达,工人的技术专门化现象很普遍。出现了手工业的中心城市和市镇,它们吸收了很多农民无产者,使他们转化成工匠。商业资本已经开始渗入手工业生产。这一切都说明了当时的手工业生产中已经有了资本主义的萌芽。

关于商业与商业资本的活动,蓊伯赞的看法是:第一,商业资本已经开始和手工业生产、特别是工场手工业结合;第二,这种历史性的结合促进了商品生产的发展,促进了原有的及新兴的工商业城市的扩张,扩大了劳动市场;第三,由于农村人口向城市移动,改变了城市人口的成分乃至生活方式;第四,商品流通关系在一定程度上紧密了工商业城市之间的联系,替国内市场的形成打下了基础;第五,国际贸易发展,中国在一定程度上和世界经济发生了愈来愈多的接触。

在完成了全部论证后,蓊伯赞的结论是:18 世纪上半期,中国的封建社会已经发展到烂熟的程度。它的内部孕育着从明朝中叶以来就已经萌芽的资本主义的因素。这一因素以极其复杂多样的形式和不同的程度,出现在某些地区的封建社会经济结构的各组成部门中,出现在农业生产、手工业生产以及商业资本的活动中,并对当时的封建经济起了一定的分解作用,但是还没有达到足以摇撼封建社会经济基础的程度。当时的中国社会已经出现了一种新的矛盾,即代表萌芽状态的资本主义因素的新的市民与封建地主阶级及其政府之间的矛盾。由于发展程度的限制,市民代表的力量还没有成为封建统治阶级的威胁。

具体到《红楼梦》这部作品,蓊伯赞认为,曹雪芹明确地把一个走向没落的封建贵族地主家庭作为它的主题,他的目光越出了大观园的围墙,投射到广阔的社会生活中,有意无意地在大观园的周围安置了18 世纪上半期中国的历史。与邓拓的观点不同,蓊伯赞认为,曹雪芹所属的阶级是封建地主阶级,但他背叛了自己的阶级。他对于地主阶级、特别是其当权派,表示了深恶痛绝的态度,而把最大的同情放在那些追求个性发展、向望自由生活而又被压迫、被剥削、被侮辱的人们身上。曹雪芹反对封建家长制度,鄙视功名富贵,也不愿意在封建社会中寻找自己的出路。所有这一切决不仅是他个人性格或者人道主义精神的表现,而是在一定程度上不自觉地反映了正在成长中的新的市民的要求。虽然曹雪芹始终没有找到摆在他面前的历史道路,但是这并不影响《红楼梦》成为一部具有鲜明的倾向性、思想性和人民性的杰出的现实主义的文学作品。

在有关主管部门的引导下,以《红楼梦》研究为突破口,批判"胡适派资产阶级唯心论"的斗争在社会科学各个领域大规模地开展起来。在历史学界,关于《红楼梦》的时代背景的研究成为一时的"热点"。

1955 年第 1 期《文史哲》杂志发表了吴大琨的《略论〈红楼梦〉的时代背景》,引起了一番热烈的讨论。

吴大琨的文章首先辩证了《红楼梦》所反映的封建社会究竟是什么性质,究竟是什么阶段的封建社会。他不赞成何其芳所谓"濒临崩溃瓦解的前夕的封建社会",也不赞成李希凡、蓝翎所谓"《红楼梦》是中国三千年的封建社会走向崩溃时期的历史性的记录与总结",认为这些说法太笼统或是太夸张,没有抓住《红楼梦》里所真正反映的时代特点。吴大琨的观点是:《红楼梦》里所反映的,仅仅是 18 世纪中叶的满清统治王朝。此时的满清王朝确已发展到了它的力量强大的最高峰,并从此走向衰落,但毕竟还没有到"崩溃瓦解的前夕"。他特别强调,乾隆朝由盛趋衰的原因,是中国封建社会的固有发展规律在发生作用,而并非是由于当时社会里产生了什么"资本主义的萌芽",或者甚至发生了什么"资本主义的原始积累过程"。

吴大琨辨析道:乾隆时代,土地兼并盛行,激起了失地农民的反抗,例如"白莲教"、"天理教"起义。因此,真正动摇了当时满清王朝统治的,依旧是封建社会内部的固有矛盾所造成的农民起义。乾隆朝确实有商业资本的发展,但是这种商业资本、乃至高利贷资本,早已与土地资本结合在一起,所以只会更加促进土地的兼并,而不会像欧洲社会那样产生出什么独立的资本主义工商业资本来。吴大琨援引马克思《资本论》里的论述,批评有的同志误把商业资本的发展看成了资本主义的萌芽。至于较大规模的手工制造业,不仅乾隆时代有,而且以前很久就有,但它们绝大多数是“官营”而非“私营”,因此也不能称为“资本主义生产的萌芽”。

吴大琨进一步指出,要彻底了解《红楼梦》的背景,必须特别注意两条。其一,《红楼梦》所反映的并非一般的封建官僚地主家庭的生活,而是满清皇朝特有的满洲贵族地主家庭的生活。其二,《红楼梦》不仅揭露了满洲贵族家庭中奴婢制度的黑暗、奴婢命运的悲惨,而且也描写了这些家庭中贵族妇女们的痛苦与死亡。他最后总结道:“《红楼梦》这部作品的人民性,就在于作者采取了现实主义的写作方法,给18世纪中叶的满洲贵族地主的家庭社会作了一个典型的描写,从而也使我们具体了解了当时整个清代封建社会统治阶级的腐朽、荒淫与黑暗,以及在这种黑暗统治下的被迫害者的惨痛命运。”

几个月后,吴大琨又在1955年第3期《文史哲》上发表《关于〈中国历史纲要〉明清史部分几个经济问题的意见》,就尚钺先生在《中国历史纲要》第六章中所论,进一步阐明自己关于中国“资本主义萌芽”的观点。

吴大琨认为,中国不同于欧洲,中国封建社会后期虽然也产生了所谓“资本主义生产的萌芽”,但这种“萌芽”发展的很缓慢,以致一直到外国资本入侵以前,中国并未能发展成为一个资本主义社会。所以,中国的资本主义是从外国资本侵入后才逐渐发展起来的。他批评尚钺的著述使用了不很妥当的术语,因而没能明确说明中国封建社会的特点,以及这些特点如何阻碍了中国资本主义生产的发展。

尚钺使用了“资本主义因素”这一术语,吴大琨认为这很容易使人误会它等于是“资本主义的萌芽”,其实这是两个内容很不相同的科学术语。吴大琨引用了毛泽东的两段话来强调两者的不同。其一,毛泽东在《中国革命和中国共产党》中说:“中国封建社会内的商品经济的发展,已经孕育着资本主义的萌芽,如果没有外国资本主义的影响,中国也将缓慢地发展到资本主义社会。”其二,毛泽东在《新民主主义论》中说:“自外国资本主义侵略中国,中国社会又逐渐地生长了资本主义因素以来,中国已逐渐地变成了一个殖民地、半殖民地、半封建社会。”

吴大琨说："由此可见，中国在外国资本（主义）侵入以前的封建社会内部就已经有了'资本主义的萌芽'，但要到外国资本侵入中国以后，中国才逐渐地生长了'资本主义因素'。"

吴大琨进一步辨析道，"资本主义因素"这个术语在中文译本《资本论》中被翻译为"要素"。马克思说："资本主义社会的经济结构，系由封建社会的经济结构产生出来。前者的要素，由后者的瓦解而被解脱出来。"马克思这里说的"要素"，指的是没有生产资料而有个人自由的工人和握有生产资料并剥削工人的资本家。这两个阶级，就中国来说，都是在外国资本侵入以后的19世纪下半期才形成的。"这也就是我认为，为什么毛主席要认为'资本主义因素'，就中国来说，是在外国资本侵入以后才逐渐地生长起来的理由。"根据以上分析，吴大琨断言，因为商品、货币都是在奴隶社会就存在的东西，所以我们不可以把商品、货币经济的发展看成是"资本主义因素"。

接下来，吴大琨批评道，尚钺把当时一切为封建制度服务的工商业的发展都看成是"资本主义因素"的增长，因此也就把封建社会内部手工业者、中小商人与官僚统治阶级的矛盾，看成是与当时整个封建势力相对抗的"市民运动"。尚钺对中国当时的"资本主义生产的萌芽"作了过高的估计，因而没有正确叙述封建专制主义的生产关系对于新生产力的束缚阻碍作用。像欧洲一样的"市民阶层"，在中国的历史上，并未发展起来。"我猜想人民日报邓拓同志之所以会把曹雪芹看成是代表'市民阶层'中的人物，这与他的信服尚钺同志的〈中国历史纲要〉的一书中第六章中的理论，恐怕是有密切关系的。"

吴大琨的这两篇文章篇幅不长，但是发表之后的反响十分热烈。

李之勤撰文《关于中国清初资本主义生产萌芽的发展水平问题——和吴大琨同志商榷》①，引证了大量矿冶业、织物业、陶瓷业、航运业方面的材料，反驳吴大琨的观点。

李之勤认为，且不谈吴大琨对马克思所提出的"资本主义生产的

---

① 发表于《教学与研究》1956年第2期。

萌芽”这一名词所作的解释是否正确，至少其论证本身就有下列问题：第一，单纯地从大规模的资本主义手工制造业的数量来确定资本主义生产萌芽的程度。第二，强调清代前期绝大多数规模较大的手工制造业都是官营的，而且似乎清代的官营手工制造业与很久以前的官营手工制造业并没有任何区别。第三，作为资本主义生产萌芽的私人所有的手工制造业，在所有规模较大的手工制造业中所占比重很小，数目又少，且只限于某些特殊地区。由此而得出的逻辑上的结论，必然就是资本主义生产的萌芽还只在个别的地方产生，发展水平微不足道。

李之勤强调，在讨论中国封建社会中资本主义生产萌芽时，必须特别重视马克思和列宁关于资本主义工场手工业时期特点的指示：“小作坊之占优势，而大作坊在这里只占极少的一部分。”而在“所有规模较大的手工制造业”中“私营”与“官营”的比重问题上，李之勤的看法正好与吴大琨相反。他说，以矿产开采、冶铸、制造业、织物业、制瓷业、水上运输和船舶制造业为例，“在所有规模较大的手工制造业中占主要地位和绝大多数的，却正是私人所有的手工制造业——资本主义的工场手工业”。

李之勤就当时资本主义工场手工业发展的情况来推测资本主义生产萌芽发展的大概水平，也得出与吴大琨相反的结论。他认为，从生产规模看，清代前期在许多行业中已经出现了许多规模极大——运用着巨额资本，具有庞大复杂的生产设备，使用大量雇佣劳动者的手工业工场。最足以说明其规模的是森林采伐和加工业、矿产开采、冶炼业和井盐开采业。这些大手工工场同时使用的雇佣劳动者可多达数万以至数十万，设备所用资金高达数百万之巨。从内部分工看，已达十分细致的水平。如井盐开采、制瓷业中，分工均达十余种。从产品销售市场和原料供应市场看，铜、铁、纸张、瓷器、茶叶等手工业产品都已行销各地，几乎取得了全国性的市场，个别手工艺品甚至远销海外。而生产所需要的原料，已不是取给于附近的农村，而要仰给于遥远的、甚至外国的市场来供应了。从行业分布和地区分工看，资本主义手工业工场普遍存在于当时比较发展的许多行业之中。不仅经济比较发展的苏、浙、闽、粤等东南沿海省份，就是内地的冀、鲁、赣、湘、鄂、晋、豫、川，甚至偏僻的陕、甘、滇、贵等省，都有了大规模的资本主义手工工场。此外，还出现了一些手工业集中地区和专业城市，如太湖流域为织物业中心，苏州、杭州、江宁、镇江、盛泽、南浔为丝织业专业城市或市镇。总之，以上情况的出现，“不会不给当时封建社会的经济基础以相当作用，并促使封建的上层建筑也起相应的反映”。

李之勤的结论是：吴大琨关于清初资本主义生产萌芽发展水平的论断，不论从理论上和历史事实上看，都是没有根据的。实际情况是，中国资本主义的生产萌芽，在鸦片战争前夕的清代封建社会中不仅早已产生，并且已有相当高的发展。虽然资本主义生产萌芽在当时并没有得到充分发展所必需的条件，而且还遭受着清朝封建政权的各种限制、剥削和压迫，但它已经发展到的水平，是不能因此而抹杀的。

与此同时，陈湛若也在《文史哲》1956年第4期发表《略论〈红楼梦〉社会背景——评吴大琨先生的几个论点》，表示自己的商榷意见。

陈湛若认为吴大琨的两个主要论点是错误的，这两个论点是：1. 对于乾嘉时代资本主义萌芽的否定。这种否定不是直接而是间接的。2. 否认乾嘉时代是中国封建社会濒临崩溃的前夕，强调当时只是清王朝“统治力量的最高点”，亦即“由盛而衰的转折点”。

关于吴大琨的第一个论点，陈湛若指出，一方面承认乾嘉时代有资本主义萌芽，另一方面却否认有“资本主义因素”（工人和资本家），是完全自相矛盾的。这一矛盾只能有两种解释：1. 承认手工制造业的资本主义性质却又无视其内部的工人和资本家；2. 以为当时私人所有的手工制造业只是“在某些特殊的地区得到一些发展”，微不足道，因而把“资本主义因素”的存在否定掉。“二者必居其一，而二者都是不正确的。”

陈湛若不想抽象争论“因素”与“萌芽”的异同，而试图用史实说明，乾嘉时代在我国东南各省的大城市里，已经出现了“资本主义因素”，它们是“稀疏”的，但并不是微不足道。如南京、苏州存在的“帐房”、“机户”都是经营手工制造业的初期资本家，而“机包子”、“机工”

则是有个人自由的雇佣工人。矿业、糖业、运输业中也有类似情况。中国资本主义萌芽的成长,也不是“牧歌式”的过程。从一些文献的片段记载里,我们可以看到“中国资本主义的曙光中的中国工人阶级前身的血和泪”。因此,无可否认的事实是,在外国资本主义入侵之前,我国已有了“资本主义因素”,某些个别地区已有了“没有生产资料而有个人自由的工人与握有生产资料并剥削工人的资本家”稀疏地出现。

关于吴大琨的第二个论点,陈湛若指出,吴大琨没有从发展与变化去观察历史,把个别的王朝从整个的历史发展过程中人为地割裂出来,避而不答乾嘉时代属于中国封建社会的哪一阶段。陈湛若论道:诸封建王朝间,某些类似的现象一再出现是客观事实。但是,问题的关键在于前后一再出现的现象有无变化以及变化的程度。就商业资本、土地集中等问题而论,乾嘉时代不仅发生了变化,而且变化深刻。商业资本积累规模惊人,决非前朝所可比拟。商业资本的基本形式具备,并对于自给自足经济以强烈破坏作用。商品经济空前发展,出现了新的商业城市,不仅如南京、苏州、杭州,而且还有江西赣州、湖南湘潭、广西北流等等。在土地集中问题上,经济力量代替政治力量,成为土地集中的杠杆,“这一巨大变化,正是封建社会濒临崩溃前夕的鲜明征候”。不是在荒年,而是在平时,出现庞大的农民失业群,并且有开始转化为雇佣劳动的迹象。

陈湛若得出结论:1. 在东南沿海等经济较发展地区,在乾嘉时代(或者更早些),社会经济已经发生了重大的变化,其程度足以说明中国封建社会已面临“山雨欲来风满楼”的崩溃前夕。2. 本文的史料仅限于东南地区,正表明其他广大地区由于经济发展之不平衡,仍处于较迟滞状态。因为当时封建经济仍居支配地位,所以只是封建社会崩溃的前夕。在文章的最后,他特别强调,吴大琨“望文生义”地引用经典著作,几乎把中国封建社会看成循环反复的运动,不自觉地朦胧地给予读者以这样的错误印象:帝国主义侵略者是瓦解中国封建经济并使其资本主义发展的决定力量。而实际上,帝国主义正是使中国长期地陷于半封建半殖民地社会的罪魁祸首。

在《文史哲》编辑部的精心组织下，吴大琨在刊发陈湛若商榷文章的同一期杂志上发表了回应之作。

吴大琨首先表明自己的基本看法：由于讨论《红楼梦》而引起的有关清初资本主义生产萌芽问题的论争，目前还不易一时即行完全得到结论。因为它牵涉中国封建社会末期的商品生产问题和中国社会的"资本原始积累"问题，情况很复杂。关于封建社会末期的商品生产问题，我们不能随便把"货币经济"以及"商品经济"的发展简单地看成"资本主义"的发展。商品生产是比资本主义生产更老的东西。奴隶制度、封建制度下的商品生产与资本主义制度下的商品生产是有根本区别的，不能混为一谈。在这一点上，过去苏联的历史学界犯错误的人是很多的。陈湛若的文章里列举了许多材料，但是其中究竟有多少可以真正算做是"资本主义的萌芽"，是不明确的。他没有充分说明：当时的私营工商业者，究竟有多少是纯粹的私营工商业者，还是同时是官僚与地主；当时大城市中的商业与工场手工业是否挣脱了官僚与"行会"的控制；工场手工业中的雇佣劳动者，身份是否完全自由；清初社会发展的工商业，究竟是为封建社会服务，还是在分解封建社会；当时中国的商业资本与高利贷资本主要是在帮助发展"资本主义生产的萌芽"，还是在妨碍它的发展。如果不就这些问题充分研究，只是单纯地引用"史料"来证明"资本主义的萌芽"，是很容易把封建的商品生产与资本主义的商品生产混为一谈的。

接下来，吴大琨回答了陈湛若认为自己"错误"的两点。

关于第一点，"我是依照了我所理解的经典著作中使用这两个术语时的含义而分别使用这两个术语，而不是在通常意义上使用'因素'这一类术语的"。我们应当把封建社会后期出现的"工场手工业"等称作"资本主义生产的萌芽"而不称作"资本主义因素"。我所说的"资本主义因素"，是指"资产阶级"和"无产阶级"。我不同意在清初就有了现代意义上的资产阶级与无产阶级，而只同意当时已经有了私营的工场手工业。因此，"我既承认中国在乾嘉时代有'资本主义萌芽'，又不承认有'资本主义因素'，这是一点也不'自相矛盾'，因此也并不'错误’的”。

关于第二点，吴大琨声明，“我是在把《红楼梦》里所反映的清代社会与其他清代社会的小说在心目中做比较时”，才说乾嘉时代只是清王朝“统治力量的最高点”，亦即“由盛而衰的转折点”。我认为，《官场现形记》这部小说的时代背景，真是反映了清代社会“崩溃前夕”的情况，而它与《红楼梦》里所反映的时代情况就很不相同。“陈先生误解了我的意思”，在他的文章中离开了《红楼梦》的原书，而从中国的封建社会整个的发展过程来看问题。

最后，吴大琨批评了陈湛若扣“大帽子”的做法不利于健康地发展学术讨论。他认为，关于《红楼梦》的社会背景问题的讨论中，翦伯赞的《论十八世纪上半期中国社会经济的性质》是一篇好文章，比邓拓的《论〈红楼梦〉的社会背景和历史意义》说得更具体、更深入，而且也更细致。

《文史哲》杂志编辑部在组织关于《红楼梦》的讨论中做了许多积极的工作，刊发了若干有分析、有见解的文章。除了上述吴大琨、陈湛若的文章，《文史哲》1955 年第 1 期发表的张维华的《〈红楼梦〉写作的历史背景》，也是短小精悍、言之有物的力作，可惜以前被人们所忽视。

张维华认为，晚明到清前期，中国社会内部确实起了很大的变化。资本主义因素的出现和发展虽然很迟缓，但是逐渐瓦解着早已成熟的封建主义，使之必然地由衰落而走向死亡。从明正德、嘉靖时代起，资本主义因素逐渐出现，到万历期间，更加明显。其表现有八：1. 大量的土地集中在统治者与统治集团（包括宗室、宦官、外戚、勋臣）手里，一般的封建官僚地主虽然也拥有很多土地，但是更广泛、更紧密地与手工业、商业资本和高利贷资本结合在一起；2. 逐渐脱离农业经济的“附庸”地位而走向独立的手工业和商业资本愈来愈多，丝织、棉织、瓷器、造纸、造船、印刷、矿产等行业出现了较大规模的作坊或初步工厂，分工复杂，出现了很多很大的商业资本家，而且初步与手工业主发生了联系；3. 货币经济的地位更为提高，银的使用量大大增加；4. 都市与市镇也在发展，这自然意味着市民阶级的增多；5. 商业资本活动的区域日渐扩大，海外贸易大大拓展；6. 由于手工业生产的发展，明后期更加重视科学研究和机械的使用；7. 由于市民阶级的壮大，明后期手工业者在农民起义中形成一股重要力量，这意味着反封建主义的开始；8. 在思想意识上，也出现了一些反封建主义或反封建道德的因素，如李卓吾、黄宗羲的学说。

联系到《红楼梦》这部作品，张维华认为，曹雪芹生活在“日落西山”的乾隆时代，不管他是否主观地认识到当时社会发展的必然规律，总是面对着这样一个现实；而在他的创作中，也不可能不反映这一现实。《红楼梦》描写的贾府盛衰的情形，就是当时整个封建社会的一个缩影，尤其是满洲贵族地主经济的一个缩影。《红楼梦》流露了某些反封建的因素，是一部伟大的古典现实主义的作品。

作为引发资本主义萌芽问题的《红楼梦》时代背景讨论的始作俑者，邓拓在繁忙紧张的行政、宣传工作的间隙，密切关注并继续参与相关的研究。他亲自来到北京西郊门头沟矿区，实地考察、采访，搜集有关明、清时期矿业资本主义萌芽的实证材料。邓拓在门头沟发现了100 座民间煤窑的遗址，搜集了大批有关的契约文书，其中截至乾隆末年的有 137 份，另外还有账单、家谱、诉状、窑图等等。他还访问了许多老窑主，记录了他们的回忆材料。根据这些第一手的资料，邓拓写出《从万历到乾隆——关于中国资本主义萌芽时期的一个论证》，发表于《历史研究》1956 年第 10 期。

邓拓认为，将中国资本主义萌芽时期提得太早的人，提出的证据都不充分。个别的例子无力证明元代甚至唐代就出现了什么资本主义萌芽。他开宗明义提出自己的观点：“可靠的历史记载和调查材料，使我有理由认为，从明朝万历年间到清朝乾隆年间，约当公元 16 世纪 80 年代到 18 世纪 90 年代，是中国资本主义因素的萌芽时期。其中，从万历到明末和从清初到乾隆又可以分为两个阶段。前一阶段是资本主义萌芽开始的阶段，后一阶段是资本主义萌芽发达的阶段。”邓拓分析，万历以后，中国的封建经济制度基本上还是老样子，但是由于社会经济发展的不平衡，发达地区与落后地区之间，情况不同。在发达地区，资本主义萌芽因素找到了自己的据点。在这些地区,封建社会内部妨碍资本主义萌芽的历史条件发生了变化,特别是清乾隆以后,变化更明显。生产资料在少数人手中变成了资本,半无产者变成雇佣工人。私营手工业工场里出现新的生产方式的萌芽,新兴市民社会力量开始集结。万历年间,全国各地普遍开矿,给了资本活动许多便利。“一条鞭法”的推行给货币经济的新发展打开了方便之门。西方的传教士将资产阶级的文化科学输入中国。这些条件都有利于资本主义的萌芽。虽然清初社会经济发展有所停顿,但到乾隆以后,“在中国经济发达的主要地区,资本主义因素就从萌芽时期进入成长的时期了”。

邓拓通过在门头沟地区采集的资料,同史籍记载相印证,来论证中国北方地区资本主义因素萌芽发生的具体过程及其特征。他的研究表明:

门头沟地区,元代已有官营煤窑。明中叶以后,出现民间采煤业。万历年间开始,这里官窑衰落,民窑兴盛。“这是一个非常值得注意的变化”。万历年间,太监王朝在这里放肆地勒索民窑,甚至调军队武装催索税款,激起民窑业主的激烈反抗。他们联合煤工、脚夫,进京向政府请愿。“这个事件实际上是在中国资本主义萌芽时期出现的新兴市民社会力量和最初的雇佣劳动者群众联合向封建统治阶级举行的震动全国的大示威。”事件的结局是朝廷让步,民窑被承认为合法,更加促使了民窑的发展。到了清初,民窑更加发达,“就连许多在旗的人看到民窑也有些眼红,极力想插足进去,追逐煤窑的利润”。

门头沟地区民窑私人资本活动的特点,表明了中国资本主义萌芽时期私人资本的形成过程和它们的活动规律。分股合伙是显著特点,现存相关契约中的“日”就是收益分配计算的单位。而“好汉股”的存在,又说明最初私人资本的活动总要受到封建势力的种种限制。窑主与“户部王老爷”互相利用,而窑主们实际上得到更多的好处。同业公会虽然已出现,但发挥不了大的作用。若干煤窑联合经营,是分股合伙形式发展的必然趋势,也是私人资本由小而大的一般规律。民窑业主有意识地利用当权的封建势力(如康熙皇后的母家)来维护自己的利益,是当时私人资本活动的另一特点。由于封建统治阶级的严重压迫,民营煤业的发展非常缓慢,许多民窑的经营规模长期不变,这是康、雍、乾时期私人资本活动的又一个特点。

门头沟民营煤窑日产几十万斤煤炭,当然不是以自给自足为目的,而是完全的商品生产。煤窑吸收了农村大量流亡的劳动力,促使了封建经济的瓦解。乾隆四十九年的一份官方文告,透露了民窑数量多、管理难、威胁到社会秩序的安定,官府为此忧心忡忡。从这份文告看,民窑业主有矿山的所有权或使用权,有生产工具,有管理机构和技术力量,有流动资金,可以雇佣大批工人。一座中等规模的煤窑,本钱即需1000 多两银子,经营管理的账本有 13 种之多。民营煤窑之间"大鱼吃小鱼"的自由竞争已经出现。在劳动力商品化的同时,雇工们还遭受到超经济强制的剥削,因此,"聚集滋事"时有发生。民窑的"平均利润可能比年利五分还高"。工人收入很低,"早先挖煤的,人家叫他煤黑子,一个月顶多挣三吊钱,没法子,这总比种地扛长工的强"。由于民窑的存在和发展,门头沟也慢慢变成了一个新兴的工商业小市镇。

门头沟民营煤窑的发展,对封建经济发生了瓦解性的影响。雍正年间的民窑文约中出现了股权转移的记载,它表现了资本的最初集中形式,意义非同小可。而且,门头沟附近的农村中,货币地租已随着商品经济的发展而日益流行。当地贫苦农民往往因为负债而出卖土地的所有权,或者出让自己租种土地的使用权,转变为农业雇工,或者"走窑",去当煤窑工人。但是,总括而言,"从清朝嘉庆初年到鸦片战争的期间,中国资本主义因素仍然没有顺利地成长起来,没有达到成熟的程度。真正的资产阶级和工人阶级这时候也没有完全形成"。

实事求是地说,邓拓这篇论文的材料基础是相当扎实的。但是,对于他处理、运用这些一手材料的方法,有学者提出了商榷意见。这就是汤明檖等人在梁方仲教授指导下完成并发表于《历史研究》1958 年第1 期的《对邓拓同志〈从万历到乾隆〉一文的商榷和补充——并试论处理和运用实地调查材料的方法》。

汤明檖等人的文章首先肯定了邓拓的研究将实地调查材料与史籍

相互印证,代表了一种新的研究方向,值得钦佩。然后,文章批评“邓同志对于手里掌握的契约文书等等,似乎没有经过系统的整理和深入的钻研,因之,没有能够清楚认识当时民窑的整个面貌”。其具体表现是:关于“分股合伙的制度”、“日”的概念、民窑的生产规模、民窑经营在质量上的变化等等,不是经过周密对比全部材料,找出其规律性,而是仅仅以一两张合同作为依据,将片面的现象误作整体。对于合同中的名词和概念、甚至对于某些合同的基本内容,在没有彻底搞清以前就轻率地作出结论。

汤明檖等人认为,合同里的“日”的意义,只是为了确定各个权益关系人在卖煤收益中所占的份额。所谓“土地入股”问题,合同材料表面的意思与邓拓理解的正相反,其实地主在参加窑伙后仍然保持着他的土地所有权。当时民窑既有独资经营,也有合资经营,但无论哪种方式,都应该严格地与现代资本主义生产方式下的合伙公司或股份公司区别开来。清代存在着两类不同性质的民窑,一类是由认采商承充的煤窑,一类是民间自行开采的煤窑。前者须向政府领取“窑照”并交税,后者则不必要领照纳课。邓拓将两者混淆起来,根据乾隆年间一张发给认采商的“窑照”来论证万历到乾隆这一段时期的一般民窑的情况,是很不严谨的。

文章最后指出,要从万历到乾隆年间中国北方地区采煤业的情况来论证中国资本主义因素的发生、发展过程,除了应当注意中国社会经济的总面貌之外,在邓拓之文所论的范围内,还必须明确当时采煤业所赖以存在和发展的具体条件,如煤矿开采制度、民窑经营方式以及封建政府的相关政策等等。这些都是有待于史学工作者进一步深入研究的。

三、“路漫漫其修远兮,吾将上下而求索”

从关于《红楼梦》社会历史背景的讨论发端,20 世纪 50 年代中期到 60 年代中期,史学界形成了资本主义萌芽问题的研究热潮。与此同时，中国古代史分期问题、中国封建土地所有制形式问题、中国封建社会农民战争问题、汉民族形成问题也在史学界成为关注的热点。围绕着这五个基本理论问题，在马克思主义唯物史观的指导下，各派观点纷纭呈现，相互辩难，一时蔚为大观。有人借用当时一部妇孺皆知的电影的名字，将史学界热烈争鸣的这五大问题，戏称为“五朵金花”。“五朵金花”的灿烂开放是解放后马克思主义历史学兴盛繁荣的象征。半个世纪以后再回首检视，其取得的成绩与暴露的偏差一样地鲜明清晰，一样地不可否认。受本书主题所限，这里仅就这一时期资本主义萌芽问题的争鸣，展开论述。

20 世纪整个五六十年代，资本主义萌芽问题的讨论是在严格依循马克思主义唯物史观原理的前提下展开的。经典作家的有关论述，是参加讨论者首先须烂熟于胸并引以为据的。马克思、恩格斯多次阐述了资本主义生产方式的萌芽在“古代”就存在的道理。毛泽东在《中国革命与中国共产党》里说道：“中国自从脱离奴隶制度进到封建制度以后，其经济、政治、文化的发展，就长期地陷在发展迟缓的状态中。这个封建制度，自周秦以来一直延续了三千年左右。”又说：“中国封建社会内的商品经济的发展，已经孕育着资本主义的萌芽，如果没有外国资本主义的影响，中国也将缓慢地发展到资本主义社会。”马克思、恩格斯和毛泽东的话，指导着史学工作者努力在“封建社会”的内部去寻找“孕育着资本主义的萌芽”，而毛泽东确定的“封建社会”的起点是“周秦以来”，那么，从理论和逻辑上讲，从“周秦以来”一直到鸦片战争之前，都可能是中国资本主义萌芽的孕育期。史学工作者正是在这样的理论导向下，把自己的目光投向时间长以千年计的古代中国，在纷繁的历史图景中，努力发现新的生产关系、生产方式乃至新的社会形态的“萌芽”。“路漫漫其修远兮，吾将上下而求索”。

从最早发生时间看，有的学者认为唐、宋时期即出现了资本主义“萌芽”的“历史前提”，有的学者甚至认为北宋时期已经“产生”了“资本主义关系”。

傅筑夫、李竞能在《新建设》1956 年 10 月、11 月号上发表《中国封建社会内资本主义的萌芽》。文章首先从理论上分析了资本主义生产关系在封建社会内部的萌芽，或者表现为小商品生产者分化为资本主义企业主与雇佣工人，或者表现为以商人为代表的商业资本直接控制了生产而转化为产业资本。因此，商品经济的高度发展，是资本主义因素产生的历史前提。

接着，文章分析了中国商业的发生、发展史。从战国到秦，商业资本已有大量积累。自秦汉以至隋唐，国内外商业基本上都是贩运贸易。贩运贸易不但不能成为资本主义的历史前提，反而会促使社会生产的萎缩，这就是马克思在《资本论》里说的“商人资本的独立发展与资本主义生产的发展程度成反比例”。中唐开元年间以后，商业蓬勃发展，在性质上也发生许多变化。过去偶然的交换或土特产品贩卖，发展到固定的城市商业。同业行帮的组织形式出现。服务于商业的邸店、柜坊和汇票制度(“飞钱”或“便换”)产生。已经开始了实物货币向贵金属货币(白银)过渡。海外贸易开始了一个新时代。茶叶生产中已出现雇佣工人。私营手工业基本上都是商品生产。行业分工和行业内的地域分工显著、清楚。偶发的、分散的雇佣劳动出现，但带有极其浓厚的封建色彩。宋代(尤其是南宋)商业规模更大，都市商业自由发展，外贸范围、数量均大大超过唐代，手工业的组织规模和生产技术远比唐代进步。宋代商业虽然还没有动摇封建自然经济在广大农村的统治地位，但它已经是马克思在《资本论》中所说的“大规模的而不是以少数顾客为对象的销售当作前提来假定的”商业生产。

文章认为，唐代是中国封建社会发展的高峰，商业与商品生产开始有长足的发展，固然在唐代还谈不到有什么资本主义因素的萌芽，“但无论如何，唐代商品经济的发展已在形成中国资本主义因素萌芽的历史前提”。宋代(尤其是南宋)，商品经济更加发达，已促成货币资本的大量积累。商品生产发达的手工业部门中，大型作坊出现，且有一定程度的分工，雇佣劳动日益多见，“可能在南宋年间，在商品生产比较发达的地区和部门(如苏杭的丝织业)里，资本主义的萌芽已经稀疏地出现了”。

比傅筑夫、李竞能更进一步,孔经纬认为,唐代中叶以后,在个别地方已出现了商业资本与家庭手工业相结合的最初资本主义萌芽形式。他在《中国封建社会手工业中的资本主义萌芽》一文①中,引用了唐后期温庭筠的小说里窦某的发家史,证明当时已有普通的工商业者,“由于剥削雇工,组织商品生产,不断获得利润和积累金钱而成为食于人的资产者”。孔经纬认为,资本主义萌芽在宋代继续发展。私人作坊的经营利润率可达33%甚至300%,相当惊人。开封已出现私人出卖劳力的工夫市。私人制墨作坊出售的商品上已经印上了商标。到了南宋,根据《马可·波罗游记》的所述,临安(今杭州)手工业十余种,作坊雇工规模有几十人。私人大小铺户林立,市民等级的经济势力逐渐抬头,行会组织增多,“在当时的历史条件下,行会或公会还没有达到束缚普通工商业者发展的地步,而是起着保护作用的”。他还分析冯梦龙《古今小说》里“新桥市韩五卖春情”一节所描写的,宋朝临安城外新桥市上的富户吴家,收买农家或家庭手工业者的丝绵,并将收下的原料发卖给在城机户,另有放债行为,其经营的商铺已“具备了商业资本与工业资本相结合的发展趋向”。在叙述了南宋以后直至明、清时期资本主义萌芽的生长情形后,孔经纬总结道:直到鸦片战争前后为止,中国资本主义性质的手工业还是处于萌芽期,并没有经历工场手工业的特定历史时期。资本主义工场手工业之在全社会中普遍成长并构成一个特定的历史时期,只有与盛行的“原始积累”相伴随才有可能。

吴海若也在《中国资本主义生产的萌芽》一文②中提出,“我们至少可以说从南宋起中国就出现了资本主义方式的萌芽”。吴海若界定,“资本主义萌芽”不是指资本主义生产方式产生的基本因素,“而是指资本主义生产方式发展的初期阶段,即指雇佣劳动的大作坊和手工工场,也就是通常所说的资本主义的简单协作和工场手工业阶段”。他

① 发表于《新史学通讯》1955年12月号。

② 发表于《经济研究》1956年第4期。

分析，资本主义在工业中发展有简单协作、工场手工业、机器工业三个阶段，不论中外，前两个阶段都是在封建社会内部萌芽的。作为一种经济成分的生产方式和作为一个独立社会经济形态的生产方式是有区别的。因此，“承认鸦片战争以前出现了资本主义生产方式，并不改变那时中国是封建社会的结论”。

吴海若和孔经纬一样，注意到了《马可·波罗游记》中记载的南宋时期杭州的手工业发展情况。杭州有12种销路很广的手工业，各业均有上千的工场，每个工场雇佣数十个工人。工人与手工业工场主之间还可能存在人身依附关系，“但这不能否定雇佣关系的资本主义性质。行会束缚看来是在解体中，因为老板已经可以不世守父业”。

吴海若进而发问：中国资本主义生产方式的萌芽是否还可以推到南宋以前？材料虽然不多，但也值得关注。从唐到宋，种蔗制糖都是商品生产，须要多数人的协作，“糖霜户”已经分化为上户、下户，“其中必然有资本主义萌芽”。《太平广记》所录“仙传拾遗”“阳平谪仙”条中有茶园经营的内容，雇工百人，“看来这是经营地主的经济”，一方面有封建性，另一方面也有资本主义性质。

吴海若论道：中国历史进入封建社会比西方早1000多年，秦汉以后，劳役地租已经成为残余形式，实物地租成为基本形式，货币地租部分出现，雇佣劳动制就已经产生，“那么为什么中国资本主义萌芽不能比西方早几百年”。至于中国早期的资本主义关系中存在若干封建关系的成分，这是不足为奇的。我们不能因为人格依附、工资低廉等情况，就否定它是资本主义的萌芽。吴海若用了很大的篇幅来详细论证唐宋以降直到鸦片战争前工业（包括丝织、棉纺织、陶瓷、造纸、冶铁）、农业中资本主义萌芽的生长情况。结论是：“资本主义生产方式的萌芽，从什么时候开始，暂时还不能做结论，但至少可以说，在明代、在清代，资本主义生产方式已经在许多工业部门和农业方面都出现了。”

对于鸦片战争前中国为什么没有产生机器工业并过渡到资本主义社会，吴海若的回答是：中国不同于英国。中国的封建剥削和压迫极其残酷，阻碍了资本主义幼芽的生长。中国资产阶级无力维护自己的利益，始终没有取得政权，因而无法进行资本的原始积累。中国历史上反复受到落后部族的侵入、统治，这也是延缓资本主义发展的重大原因。总之，“在中国的封建社会的母体中，孕育了资本主义生产方式的胎儿，——这就证明中国的历史发展并没有例外的规律；但是，中国的资本主义胎儿没有冲出母体，则是由于种种历史条件没有具备”。

柯昌基探讨宋代的雇佣劳动，认为当时已经有了“个别地方性的资本主义雇佣关系”。他在《历史研究》1957 年第 3 期发表《宋代雇佣关系的初步探索》，说明自己的观点。

柯昌基指出，雇佣劳动很早就有，秦汉间便有相关记载。按恩格斯的说法，它包含着全部资本主义生产方式的萌芽，但只是一种可能性。只有当资本与自由劳动者结合起来，才是所谓资本主义的雇佣劳动。他分析宋代的情况：商品经济飞速发展，封建制度逐渐开始解体，农村中分化出大量失掉生产资料的农民，这些人是“可能的自由劳动者”。“雇佣劳动的使用在社会上无论公私皆极普遍”。农民可以自由出外佣力，既可形成非资本主义的雇佣关系，也可形成带资本主义性的雇佣关系，还可形成资本主义的雇佣关系。

关于带资本主义性的雇佣关系，柯昌基认为，宋代制墨、印书一类的作坊工业，在为市场生产之下，内部已有一定的分工，但这是与作坊内雇有一定量的工匠分不开的。假如这些作坊扩大规模，增加雇工数量，则可从中生长出资本主义的作坊来。

关于资本主义的雇佣关系，柯昌基认为，宋代肯定出现了以资本与劳动对立而又统一为特征的生产形式的物质基础。火药、罗盘针和印刷术三大发明本身，“便是宋代社会生产力突飞猛进、资本主义雇佣关系出现的最鲜明的标识”。他列举了采矿冶金业、陶瓷业、煮盐业、造纸业的众多相关文献材料来证明自己言之有据。在商品经济发展的基础上，在雇佣劳动普遍和资本主义雇佣关系或多或少的影响下，城市面貌改观，农业中个别部门的面貌也发生变化。甘蔗、荔枝、柑橘、茶叶进入商品市场，其生产也往往以资本与雇佣劳动的结合为基础。

柯昌基的结论是：“宋代已有了个别具有地方性的资本主义雇佣

关系，它在一般非资本主义的雇佣关系中比重是不大的；而后者在整个居统治地位的封建生产方式中比重又是很小的。但它的出现却证明我国晚期中世纪与资本主义准备阶段开始于宋代，证明中国社会若无帝国主义侵略，是可以正常地、合乎规律地发展到资本主义社会。”

王方中不同意柯昌基的看法，在《历史研究》1959年第2期发表《宋代民营手工业的社会经济性质》一文，表述了商榷的意见。

王方中分析宋代手工业的发展概况：宋代的家庭工业存在相当广泛，这首先是由于自然经济的统治地位所造成的。当然，封建的实物赋税制度也阻碍了家庭工业同农业的分离，例如丝织业。由于农家必须向政府缴纳一部分丝织品作为赋税，这就给它与农业分离的过程增添了许多困难。宋代手工业者同土地的联系牢固，其劳动也没有超出自然经济的范围。手工业中的小商品生产者面前的市场是十分狭隘的，因此，生产规模不可能很大，彼此间的竞争和分化也不会太剧烈。机户、纸户、糖霜户、磨户等都是在变成小商品生产者以后才与农业分离或者开始与农业分离的。而一旦他们脱离了农业，就只能以商品的形式从农业中获取原料，而农户也只有以商品的形式从手工业中获取成品了。

王方中重点讨论了瓷器、矿冶和制盐三个行业的情况。

关于瓷器业。官窑不论，民窑中有没有家庭工业和手工业这些工业形式？估计是存在的。从龙泉窑、吉州窑的相关资料看，技术“传媳不传女”，“耕且陶焉”，与农业未脱离的小商品生产者显然是存在的。徐州邹姓民窑的“总首”，性质近似于“行头”，带有几分行会领袖的味道。至于景德镇，柯昌基显然夸大了民窑的生产规模。说宋代景德镇有几十万人，很难让人相信。柯昌基可能是把乾隆年间的情况误植到宋代了。从元人蒋祁的《陶记》所载景德镇的情况推测，宋代这里的民窑技术发展，分工细致，家内劳动力数量不够，且不能完全胜任技术性较高的要求，因而可能使用了一部分雇佣劳动力。但是，这还不能肯定它的资本主义性质。

关于制盐业。宋代盐的生产有官营的，但主要的是民营官卖与官督民营两种方式。宋代政府严禁私盐，但人民吃不起官盐，斗争的主要办法就是生产私盐。文同《丹渊集》所载四川私人盐井的情况，可供分析。这里每一井所用劳力最多不过四五人，这些雇佣工人失去了生产资料，虽然来去自由，但都是"变易名姓"的"抵罪逋逃"之人。"难道我们能把这种没有坚实的社会经济基础的'自由'同资本主义条件下的劳动者的人身自由混为一谈吗?"

关于矿冶业。舒州宿松铁冶的主人汪革率领"冶下之众"500人起兵反抗政府，柯昌基认为这反映了"新的经营方式的利益必然要破坏封建制度的束缚并和它的毅力相冲突，而最初的工人却是帮助他的雇主来反抗封建主的"。这个论断可商榷。汪革与封建政权之间早已存在矛盾，他率领"群盗"起兵，绝不是什么"市民斗争"，"而是反映了作为封建主的汪革同封建政权在争夺权益上的矛盾，反映了农民力图摆脱封建政权的苛政，反映了汪革与这些劳动者之间存在着封建的主从关系，如此而已"。苏轼在《徐州上皇帝书》里叙述了利国监三十六冶(铁矿)的情况。每冶百余人，共约4000人。苏轼建议由冶户每冶选择十人，登记于官，由官家发给武器，负责训练成军队以维持治安，同时开放铁禁。柯昌基认为，这些工人是失去了土地、出卖劳力的劳动者；而苏轼建议的内容反映了"新兴手工工场主"需要国家的支持、帮助，需要在政治上与王权结成联盟，以发展资本主义手工工场这种新的经营方式。这个论断也可商榷。铁冶工人是"饥寒亡命"之徒，姑且也认其为雇佣劳动者。但一旦有了苏轼建议组建的军队，这些人还有什么"自由"可言？劳动力不自由，这就不是什么资本主义的手工工场。至于苏轼建议建立军队，他代表的其实是封建政权的利益，而非作坊主的利益。

四、关键史料《织工对》辨析

在20世纪50年代中期开始的资本主义萌芽问题讨论中，一条关键的史料屡屡被论者引用。这就是徐一夔在《始丰稿》卷之一《杂述》

中记录的《织工对》。其内容为：

余僦居钱塘之相安里，有饶于财者，率居工以织。每夜至二鼓，一唱众和，其声骦然，盖织工也。余叹曰：乐哉！旦过其处，见老屋将压，杼机四五具，南北向列，工十数人，手提足蹴，皆苍然无神色。进工问之曰：以余观若所为，其劳也亦甚矣，而乐何也？工对曰：此在人心。心苟无贪，虽贫，乐也；苟贪，虽日进千金，只戚戚尔。吾业虽贱，日用为钱二百缗，吾衣食于主人，而以日之所入，养吾父母妻子，虽食无甘美，而亦不甚饥寒。余自度以为常，以故无他思。于凡织作，咸极精致，为时所尚，故主之聚易以售，而佣之直亦易以入。所图如此，是以发乎情者，出口而成声，同然而一音，不自知其为劳也。顷见有业同吾者，佣于他家，受直略相似。久之，乃曰：吾艺固过于人，而受直与众工等，当求倍直者而为之佣。已而，他家果倍其直佣之。主者阅其织，果异于人；他工见其艺精，亦颇推之。主者退自喜曰：得一工胜十工，倍其直不吝也。久之，又以吾业织且若此，舍此而他业，当亦不在人下。去事大官，善其逢迎之术，竭其奔走之力，富贵可得也。奈之何终为织家佣？其后果事大官，厕在众奴中，服役于车尘马足者五年，未见其所谓富贵之机也。又如是者五年。一旦以事触大官怒，斥逐之，不使一再见。又所业已遂遗忘，人亦恶其狂不己分，不肯复佣以织，至冻饿以死。若人也，吾谨用以为戒，如之何而弗乐？余叹曰：工知足者也。老子曰：知足之足常足，工之谓也。因著于篇。工凡十人，与余言者，姚姓云。①

1936年，吴晗在《十四世纪之纺织工厂》②一文中就引用过这一材料。20年后，资本主义萌芽问题的讨论者们大多数依然认为这是比较可靠的有关资本主义萌芽最早的记载③。吴晗在1955年发表于《历史

① 光绪甲午钱塘丁氏嘉善堂刻本。

② 载《清华周刊》卷四五，第五期。

③ 见杜真：《关于中国资本主义萌芽问题的讨论》，载《历史研究》1956年第7期。

研究》第3期的《明初社会生产力的发展》一文里，谈到“棉花的普遍种植和工商业”问题时，依然用它来说明“大作坊资本家对手工业工人的剥削关系”。在具体的解释上，论者说法又各有不同。对这一材料所反映的时期，有的认为是元末，有的却认为是明初；对这一材料所反映的行业，有的认为是棉织业，有的则认为是丝织业。针对这一重要分歧，有学者专门对《织工对》的史料意义和价值进行了深入的辨析。

郑天挺撰文《关于徐一夔〈织工对〉》①，发表了自己的看法。

郑天挺分析，徐一夔从洪武五年(1372年)起作杭州府学教授，任职很久。根据《始丰稿》对所收之文按年分组的编排体例，《织工对》收在前稿第一卷内，所以应当判断为元末至正年间的作品。《织工对》关于雇工的工资，有“日佣为钱二百缗”一句。“缗”就是“贯”，即一千钱的意思。这是元代的说法。徐一夔在说到明初的货币时，一律说“贯”而不说“缗”，区别非常清晰，这也说明“织工对”所记为元末之事。再者看元、明钞值的比较，“就钞币贬值情况来看，元末是远比明初严重的。因此，织工食宿而外每日还给二百缗工资的这种情况，在元末出现的可能性远比明初出现的可能性高”。以上几方面的分析综合印证了一个结论，即《织工对》说的是元末之时的情况。

但是，郑天挺对“日佣为钱二百缗”一句的意思，表示怀疑。他援引了《元史》中的多条材料，说明当时一般工资每日不过三五贯，即便按至元钞折合中统钞计算，也只有十五贯到二十贯。当时，四万贯可以造衙门，几十贯可以买官，五十贯可以买古董。在这样的货币币值下，织工每天工资二百贯的说法，实在难以使人相信它的准确性。至于明初，洪武年间在京城应役的夫役，日工钱才五百文。洪武末年，户部拟议的散骑舍人之职的官价，也只五百贯，折米一百石，合白银五十两，合黄金十两，相当于“农民数口之家一年之资”。因此，在明初，“日佣为钱二百缗”更是不可想象。

于是，郑天挺怀疑“日佣为钱二百缗”之句中，一定有错字。“缗”

① 载《历史研究》1958年第1期。

字笔画多，出错的可能性较小。“日”为“月”之误，或“二百”为“二十”之误，都有可能，可是都没有找到其他确凿的根据，只好存疑。

关于《织工对》说的是丝织业还是棉织业，郑天挺也进行了仔细分析。这方面直接的材料不多，“我们没有解决这个问题的正面证明”。那么，从旁证看，他同意黎澍通过织机与织工数目比例来求证明的方法①。根据宋应星《天工开物》记载及所附图样表明，织出有花纹的丝绸需用两名工人，一人在下踏织，一人在上提花。如不提花，则只需一人。而织棉布机，每架只需一名工人。据此，郑天挺分析《织工对》所记的“杼机四五具”，“工十数人”，“工凡十人”，“织工数多于机具数一倍，正好两个人用一架机。这正是丝织的情况而不是棉织的情况”。所以，徐一夔《织工对》叙述的是元末杭州丝织业织工。

彭泽益也撰文讨论了徐一夔《织工对》记事的年代和织业问题。

针对有论者从“日佣为钱二百缗”之“缗”字入手来推论史料的时代性的做法，彭泽益表示了不同的意见，“在历史文献中记计钱之数用‘缗’，就不仅习见于宋元人的记载，也常见于明清人的记载。如果单凭一个抽象的‘缗’字来判断这篇史料的时代性，论据显然是很不充分的”②。他认为，要考订《织工对》的写作年代，首先要研究徐一夔著作《始丰稿》成书的时间。按照《始丰稿》依时为序的编次规则，《织工对》写成于元代至正年间，绝无疑问。在此基础上，彭泽益进一步明确该文写作的具体时间。《织工对》第一句说“余僦居钱塘之相安里”，考徐一夔在元时寓居杭州钱塘的年份，至少连续六年以上，即至正十年到十五年间（1350～1355）。《织工对》应当是在这一段时间内写成的。

彭泽益又试图根据《织工对》所记姚姓织工的工钱与元代通货关系的史事来验证以上考订的可信度。元代从至正十年开始发行至正交

① 见黎澍：《关于中国资本主义萌芽问题的考察》，载《历史研究》1956 年第 4 期。

② 《徐一夔〈织工对〉记事的年代和织业问题》，见《中国资本主义萌芽问题讨论集》续编，三联书店 1960 年版，第 476 页。

钞,到至正十六年所谓元代法定通货的纸币“绝不用”的期间,正是徐一夔写作《织工对》的时期;而文中所记计算织工工价的钱缗,“当指这时以钱本位的至正交钞(或至元通行宝钞)的纸币收入而言,应是没有疑问的”。在当时纸币急剧贬值的情况下,“日佣为钱二百缗”从数量上看似乎很高,但姚姓织工技艺高超,待遇本来就比一般工匠稍好,工价的纸币数量随着通货贬值的速率增长起来,并不奇怪。“在实际上,这个织工所拿到的至正交钞(或至元通行宝钞),不过是一种最不值钱的视若‘弊楮’的一堆废纸。”①

对于《织工对》所记的织工究竟属于什么织业,彭泽益认为有三点可以证明它所记述的是丝织业生产。第一,从生产工具和生产者人数看,平均两个生产者使用一具织机,正符合丝织生产的分工形态。棉织生产则是一人一机。第二,从劳动产品看,所谓“织作精致”,“艺精”,也是指绸缎类而非棉织的土布。第三,从劳动过程本身看,“手提足蹴”,“一唱众和”,明显是丝织花机运转时的工人劳动形态的描摹。

彭泽益判定,《织工对》是徐一夔 14 世纪 50 年代寓居钱塘县时所写,是一篇记述元代杭州路元和县丝织手工业的史料。

在考订了《织工对》的写作时间和记述对象的基础上,彭泽益撰文继续探索该文所述的生产究竟是什么性质。这就是发表于《经济研究》1958 年第 4 期的《〈织工对〉史料能说明中国手工业资本主义萌芽的问题吗?——兼论中国资本主义萌芽研究在运用史料与论证方法上存在的问题》。

彭泽益不赞成众多论者得出的《织工对》所述生产是资本主义生产性质的结论。“我以为所有持这种见解的论著,论断显然是缺乏对客观经济历史情况作比较全面的分析,不能不说,这只是从片面的史事,由概念和逻辑的推演上作出来的结论。”众多论者判定《织工对》所述生产是资本主义的性质,根据是认为织工的劳动是自由雇佣劳动,即

① 《徐一夔〈织工对〉记事的年代和织业问题》,见《中国资本主义萌芽问题讨论集》续编,三联书店 1960 年版,第 483 页。

织工不仅一无所有,而且“没有其他身份隶属关系”。元代的历史事实不是这样的。

在元代,社会生产中浸透了落后统治部族所带来的奴隶性生产关系。农民佃户乃是封建领主和封建地主的私民或农奴。手工业者在“匠户”制度下,更身受着残酷的封建奴役。全国绝大多数手工工匠被编入“系官匠户”的匠籍,一部分未编入的则归入封建贵族所谓“投下户”的匠籍。元代的封建劳役不仅繁重,而且带有奴役强制性。当时各种人户都为了逃避杂泛差役而争取依附权势者的荫庇,民间手工业者自然也不例外。这就更加重了人身的依附关系,更加的不“自由”。此外,行会强制,也是导致元代手工业者人身依附特点的重要因素。

宋代以后,行会组织日益周密。杭州的手工业发达,各行业都有自己的行会。马可·波罗记载元代杭州有12个不同的手工业行会,只是涉及他所注意到的规模较大的一些重要行业,“但不能由此得出结论说,当时杭州的手工业仅有此12个是行会手工业”。杭州的丝织业是否行会手工业?彭泽益认为,据马可·波罗在游记中对杭州丝织品的注意赞赏来看,“其中必然包括丝织这一重要著名的行业在内”。杭州丝织手工业的起源,由唐人褚遂良的九世孙褚载所传习。褚载死后,当地人在仁和县忠清里为他修了一座通圣庙,将他作为机神来祭祀。从历代的记载看,“杭州丝织业至少元明清三朝都是行会手工业,当地丝织手工业者始终是以唐人褚遂良的九世孙褚载作为本行业的祖师而加以祭祀,并以通圣庙即机神庙作为行会集议的会所”。通过对元代封建社会中手工业者的身份地位和雇佣劳动本质所进行的分析,彭泽益认为,现有论著对《织工对》史料解释所赖以建立的所谓自由雇佣劳动的根本论点是难以成立的。

在对元代杭州的丝织业一般状况进行了考察之后,彭泽益又从《织工对》史料本身所反映的情况,来具体论证当时杭州丝织业的强烈的行会强制性。

《织工对》里,姚姓织工讲述了另一个织工的故事。该人手艺高超,能比一般织工挣得更高的工价。但是他并不满足,而想“去事大官”,甘心做大官的仆役。结果,脱离了丝织行业,“人亦恶其狂不己分”,指责他破坏了行规。等到他想再回来重操旧业时,当然地遭到各“织家”的拒绝,“不肯复佣以织,至冻饿以死”。这就是行会的强制力量施加在该织工身上的后果体现。据《织工对》所记,该织工在“去事大官”之前,确实可以为了赚取更多的工钱而随意地转到愿出高价的业主作坊里做工。有的论者把这解释为“自由雇佣劳动”的表现。其实,这不过是在当时封建行会的行规允许限度内的一种“自由”。但是,当此人脱业之后再想复业时,尽管他仍然是个一无所有者,可是却再也不能“自由”地受雇于任何一家作坊了。这就说明当时的丝织工人不是自由的雇佣劳动者。

从元代杭州丝织业的内部关系看,它表现的是封建行会手工业组织的生产关系的特征。姚姓织工“衣食于主人”,正充分反映了行会手工业老板与帮工之间的依存关系。在生产规模和织工待遇方面,《织工对》反映的作坊内,除去担任“提花”工作的学徒,只有四五个从事全劳动的工匠,显然属于“细户”或“小户”生产。手艺高超的姚姓织工“日佣为钱二百缗”,在纸币膨胀恶化的情况下,也不是什么很高的收入。辛苦工作“每夜至二鼓”,“苍然无神色”,也只能维持家庭“食无甘美,而亦不甚饥寒”的低下生活水平。

再看元代杭州丝织业的外部关系。对《织工对》所记“有饶于财者,率居工以织”,有论者将其解释为资本家直接开设作坊,雇工生产经营。彭泽益认为这一解说是值得商榷的。“饶于财者”不应理解为泛指一般拥有财富的人。按元代史事,当指“贵族官僚地主僧道以及具有特殊身份的势要兼并之家”。这些人亦官亦商,是封建政治与封建经济相互结托而人格化了的体现者,而不是其他一般占有财富的人。“率居工以织”,就是这些人利用丝织手工业者在自己家内或作坊内为其生产织造。《织工对》所记的这个丝织业的外部关系,有很大可能是属于元代“本位”或“投下”匠户生产的类型。这是元代丝织业最广泛盛行和最基本的一种生产形态。

彭泽益的结论是:《织工对》所记元代杭州路仁和县丝织业的一个

生产组织，它本身是属于一个封建行会手工业。作为这个“织家”的业主，一方面是行会老板，另一方面又当是属于“投下”匠户。所以这个丝织手工业，即使我们对它的外部关系存而不论，只从它的生产本身直接表现出来的生产关系而言，就已充分证明它完全是封建性质的，根本不具有资本主义的性质和特点。徐一夔《织工对》的记事，不能说明和论证中国手工业资本主义萌芽开始于元末杭州丝织业的问题。

五、众目聚焦在明、清

根据马克思《资本论》以及列宁《俄国资本主义的发展》中关于资本主义因素产生条件及辨别标准的理论，联系中国社会经济形态演进的具体情况，大多数史学工作者将自己探讨中国资本主义萌芽问题的目光聚焦在明、清时期。

钱宏援引马克思《资本论》第一卷中的论述：“资本主义生产，事实上，是在这个地方开始，在这个地方，同一个资本同时雇佣较多数的劳动者，以至劳动过程扩大了它的范围，而以较大的量的规模来供给生产物。较多数劳动者在同时，在同地（或在同一工作场所），在同一资本家的命令下，生产同种商品，在历史上，和在概念上，都是资本主义生产的出发点。”他认为这就是判定手工业中资本主义萌芽的标准。根据这个标准来看中国，“在明代已经出现了资本主义的萌芽，而且在往后直至鸦片战争以前的几百年间有着一定程度的发展。有些手工业部门中已经出现了规模巨大和分工精密的手工工场，进到了工场手工业的阶段。但是，从当时中国社会经济的全貌来看，不但封建经济依然占着主要的和统治的地位；而且在整个手工业生产中，主要的也还是与小农业结合的家庭手工业，其次是城市小手工业和官府手工业，资本主义手工业只占其中很小的一部分。所以，对当时中国的社会形态说来，资本主义的生产关系虽在不断发展，但仍然还只是孕育在封建社会形态内部的新的社会形态的萌芽"①。

钱宏分别叙述了几个手工业部门中资本主义萌芽的情况。

在江南的丝织业,资本主义萌芽的大发展表现在:1.织机和工人人数的增加。明万历年间,仅苏州一地,就有完全以出卖劳动力为生的丝织工人数千人。如果再加上南京、杭州的丝织工人,"数量一定是很可观的了"。清代乾嘉之时,南京的织机"以三万余计",道光时代更增加到五万。苏州的织机数量远不及南京,但工人总数也在一万人左右。2.作坊规模的扩大和工场手工业的确立。明代已有小生产者上升为手工业资本家,如张瀚《松窗梦语》中的记载,丝织业作坊已有二十多架织机。清道光时,出现了拥有五六百张织机的工场。3.资本主义萌芽在地域上的扩展,丝织工场从南京、苏州、杭州等大城市扩展到震泽、盛泽等小市镇。从明至鸦片战争以前的几百年间,江南丝织业资本"不但组织着资本主义的手工工场,而且还组织着资本主义的家庭手工制的大生产。手工业资本家不但奴役着手工工场中的雇佣工人,而且还奴役着大批的小生产者"。

江南的棉纺织业大大落后于丝织业。从明至鸦片战争以前的几百年间,这里的棉纺织业始终停留在农村副业阶段。"在这方面我们还没有看到任何可以确定为资本主义作坊或手工工场的材料。"在棉纺织业最发达的松江,出现了专织棉布的商品生产者"机户",但是我们缺乏材料来判断他们是不是雇佣工人的作坊主。从万历到乾嘉,随着棉布业商业资本的发展,出现了不用货币而以棉花来收买布匹的包买主。"其中一部分也应该承认它是在发展较低阶段上的资本主义萌芽。"

明代江西景德镇的制瓷业非常发达,其中的官窑绝不是属于资本主义性质的手工工场。民窑的情况,难以确切地判断它的生产性质。清代的情况有所变化,有民窑二三百处,陶户数千家,工匠数十万人。

① 钱宏:《鸦片战争以前中国若干手工业部门中的资本主义萌芽》,原载《中国科学院历史研究所第三所集刊》第二集,上海人民出版社1956年版。

有高度复杂、精密的分工。在生产关系方面，“已经形成了少数拥有生产资料的窑户剥削大批一无所有的雇佣劳动者的制度”。雍正年间谢闵《记景德镇广济堂》的记载，可以证明窑户与雇工之间的冷酷无情的现金交易关系。

广东佛山镇的铁器业在明代已经相当发达，明末曾发生过两起铁器工人反对封建统治者和炉主的斗争。佛山在清代成为商业都市，其中一部分商贾也是制铁业的作坊主。鸦片战争以前，这里已出现规模较大的作坊或手工工场，工人可达100人以上。虽然没有材料说明其中的雇佣关系的具体情况，但从其规模看，可以肯定它们是属于资本主义性质的作坊或手工工场。

钱宏总结道：从明至鸦片战争以前，中国的手工业生产中已经逐步出现了相当多的资本主义的萌芽，包括丝织、棉织、制瓷、造纸、冶铁、木材等手工业部门。鸦片战争以前，中国的手工业中不但有了资本主义作坊，而且还出现了不少规模巨大的资本主义手工工场。一部分商业资本已经由纯粹的买卖同一种商品发展到以原料收买小生产者的制成品，然后再大批出卖（如包买主）。有些更发展到把原料分配给小生产者，使他们为一定的报酬而制作进而转变成为组织资本主义家庭工作的工业资本（如账房）。由于明至鸦片战争以前的手工业中产生了属于未来社会的新的生产力和生产关系的萌芽，所以，当时的中国已经处在封建社会的末期了。

钱宏还分析了封建主义对资本主义萌芽成长的严重阻挠。作为封建社会的基础的地主土地所有制是阻挠与延缓中国资本主义萌芽进程的最重要、最根本原因。专制主义的上层建筑，也直接限制了民间工业的发展，阻碍了手工业技术的改进，延缓机器的发明和采用，使手工生产不能较快地转变为大机器生产。因此，“中国资本主义萌芽的发展过程就显得特别曲折，直到鸦片战争以前，它始终没有发展成为足以破坏封建制度、建立资本主义制度的独立力量”。

李光璧也讨论了明代手工业中的资本主义萌芽问题。他在《明代手工业的发展》一文①中,首先注意到明代手工业者的社会地位的变化,即由元代匠户的工奴身份中解放出来。明初匠户分为轮班和住坐两种。轮班工匠除定期轮流应役以外,其余时间可自己支配,产品也可在市场上出售,他们是“半自由身份的手工业者”。面对匠户纷纷逃亡的现实,明政府又规定,不愿意服役者,可以纳银折代。于是中世纪的官工徭役制度,基本上宣告废除,过渡到代役租制。这样,匠户的匠籍虽然保留,但是行动上与一般农民没有分别了。这就为手工业的发展,提供了较为宽松的环境。

李光璧具体分析了几个行业的发展态势。

民间纺织业进步显著。丝织业中心的苏州,出现了许多“机户”。机户的特点是:以家庭为生产单位,但雇佣工匠;生产者为男性;出现缎、纱、纺的专业分工;雇佣工人分长期和临时两类;工资以日计算;行帮的行头是机户和雇工的中间人。“机户出资,机工出力”,资本主义生产关系的萌芽逐渐滋长着。棉纺织业普及为农民家家户户的副业,且技术明显进步。江南为棉业中心,包买商十分活跃。上海在明末已经成为棉业的市场。“棉织业也显著地从家庭副业向独立的手工业作坊迈进”。

在景德镇,民间瓷器业大发展,“烟火逾十万家”,昼间白烟蔽空,夜晚红焰熏天。民窑的窑身比官窑大三四倍,每次可烧小器千余件。一般雇工在数十人,“已发展到了工场手工业的组织”。

明代铁矿、铜矿的开采和冶炼有巨大进展。洪武时期全国设十三个冶铁所,每年“输铁七百四十六万余斤”。洪武末年,朱元璋下令,允许民间自行采炼,每三十分抽税二分。这无疑大大鼓励、促进了民间铁业的发展。此外,造纸和印刷业的技术也日益精致完善,出现了许多精美的产品。

李光璧得出如下结论:明代手工业的发展在一定程度上促进了商业城市的繁荣,在某些方面,自然经济已开始被商品经济所逐渐破坏。

---

① 载《历史教学》1954 年第 7 期。

尤其是纺织业,更形成了南北相连的商品及原料市场。“因此,可以说明代手工业的一部分已经从家内副业走到市场,而倾向于工银劳动的使用,逐渐变化为小商品生产者,即资本主义因素的萌芽是在滋长着。但另一方面,这种资本主义因素,特别是在明中叶以后,受到了封建主的各种压制和打击,未能获得顺利的发展。”

傅衣凌对明清时代江南地区的资本主义萌芽问题进行了深入的研究。

傅衣凌注意到明代江南地主经济出现了若干新的因素,并专文论述了这一问题①。他认为,“从整个中国的经济发展史来说,能够把江南经济带到一个新的境地,那是在明代以后的事”。那时,江南的农业生产出现一片欣欣向荣的景象。其中最引人注目的,是商品化作物的种植在农业生产中被逐渐提高到重要的地位。桑、棉种植面积扩大,其商品化生产促进了手工业逐渐从农业里分离出来。苏州的丝织业、松江的棉织业、杭州的锡箔业,都达到很大的规模。在中古城市中出现万家以上的制造工场,不能不引起人们的重视。社会财富开始集中,正德、嘉靖以降,富室积银“常至数十万两”。富豪生活奢靡。另一方面,则是无数的直接生产者从土地上被排斥出来,在农村中形成广大的雇佣劳动者。地主剥削方式发生变化,即使用大批的僮奴,这自然是落后、野蛮的。但是其中也包含有一个值得注意的新动向,这就是土地集中后的大规模经营的出现。而且,一些地主还“企图把农业变成企业性的东西,并使用大量的雇佣劳动者”。常熟的谭晓、谭照兄弟和徽商吴荣让,都是典型的例子。这表明,明代江南地主经济逐渐排除了封建劳役制的束缚,而走向资本制的过渡阶段。傅衣凌认为,明代江南地主经济中已出现了雇佣劳动。富农阶级是促进雇佣制劳动发达的一个主要力量。明代雇工的身份还不是很自由的,尚保留着半家长制半奴役制的工作形式。其中的一部分短工,领取货币工资,身份也较为自由。

① 即《明代江南地主经济新发展的初步研究》,载《厦门大学学报》1954 年第 5 期。

而长工供给的增加也证实了明代中叶以后，原来借助于非经济强制的办法，已不能保证生产的进行，必须将传统的家长制关系改变为赤裸裸的物质关系。地主阶级中的开明者，力图调整生产关系，变封建劳役为契约关系，以发挥直接生产者的积极性。明末清初的张履祥《补农书》里的主张，就表达了这些人的心声。总之，明代农业中使用雇佣劳动者的数量是相当多的。但是，从整体来看，这还仅仅是传统农村生产关系表露的若干裂痕，"其进行总是那么迂回而缓慢，在每一个阶段中都有些进步，却始终未能突破旧有的生产关系"。

傅衣凌还撰写了《明清时代江南市镇经济的分析》①。他说，明代初年，集市发展成为较大规模的工商业市镇。尤其是江南地区，发展更为显著。这些市镇的经济活动，有的已超出地区性的限制，与全国各大都市发生了联系，其中已具有资本主义生产的初步萌芽，如吴江的盛泽镇。万历时期，这里的丝织业已逐渐从农家副业生产中独立出来，并出现了雇工经营。这正是小生产者自发地走向资本主义的一种生产形态。商人而非行会师傅支配生产的现象，也在作坊里出现。

傅衣凌分析了17世纪前后江南市镇内部的社会阶级结构，认为这时的市镇经济既有工商业的性质，又有农业的性质。商业资本、高利贷资本对于生产者的腐蚀作用，大大超过它在积累资金方面所应尽的历史任务，其影响便是市镇工商业经济的社会基础非常薄弱，难以独立发展。乡居地主住在市镇里，既进行商品生产，亦从事农业经营，且和高利贷结合在一起。因此，市镇就不可能成为封建经济的对立物而独自发展。"这是中国不易于走上像北意大利诸城市那样发展道路的一个重要的社会障碍。"他特别指出，中国封建经济的发展是不平衡的。在强大的封建势力的包围之下，江南市镇的发展原型，带有浓厚封建的、宗法的色彩。地主阶级往往把农村的封建土地所有关系带进新兴的市镇里，使商人的活动服从于地主的需要，甚至发生某些依附关系。总之，中国的工商业经济，在城市中既受到国家政权以及行会制的严重压

① 载《历史教学》1964年第5期。

迫,而在县治以外的市镇,又遭受地主阶级的干涉。在强大的封建势力的包围中,江南市镇经济虽有所发展,但尚未突破宗法的、封建的羁绊而独立前进,这正是中国资本主义萌芽发展缓慢的重要原因。

傅衣凌还研究了富户和手工业劳动者的情况。南宋以后,江南经济迅速发展,“财赋甲于天下”。明代的富户,数量惊人,财产可达“百十万”甚至“千百万”之巨。这些富户可分为三个类型①。

其一,地主型,即从事农业经营而致富者。“这般地主的共同点,看他们的出身多半是非身份制的,率从役属多人,改良水利土壤,力耕致富。这是江南地主中的一个新力量。”当然,他们中的许多人也利用政治上的力量和封建的特权来掠夺土地,或者用高利贷“抑价盘折田产”。这时,商品生产渗入农业中,出现了种植作物的专门化以及商业性的农业区。农村中栽种商品化作物(柚橘、桑、棉花等)和园艺作物的地价,较一般土地为贵。而地价贵贱的悬殊,就替级差地租的最初形态的萌芽创造了可能产生的条件。“因而也出现了带着资本主义意义的租地农”。一部分地主采取大规模经营的方式,使用雇佣劳动者,“把农业变成一种企业,与墨守成规决裂了”。

其二,商人型。明代江南商人的主流,是包买主。他们买贱卖贵,定期向小生产者收购他们生产的商品,然后拿到较大的市场去出售,“获致千金之产”。大商业资本家囤积居奇,操纵市场,取得暴利,产生了像安国、邹望、华麟祥这样的富室。部分商人富户在进行商品流通的过程中,逐渐与生产事业发生联系,进而直接从事工业上的活动。一般说来,江南商业资本有一大特点,即“江南大贾,强半无田,盖利息薄,而赋税重也”,然而,商人资本与土地资本之间还是有千丝万缕的关系。

其三,产业家型。这一类富户数量较少。明代江南手工业的发展已突破行会制度的束缚,手工业者中就逐渐有人由生产者变为商人或资本家。这一现象在丝织业中表现最完备。《松窗梦语》的作者张瀚

① 见《明代江南富户的分析》,载《厦门大学学报》1956年第1期。

的先世就是一个生动的例证。“这一种人物，我认为应是江南富户经济中的‘新人’。”

以上三个类型的富户经济里，都有新的成分与旧的东西交织着。“新的因素已显现其不可侮的力量。”富户经济里产生的市民阶层以资产阶级前辈的资格在旧阶级的身旁形成了，“这么一来，就动摇了自然经济，也改变了整个的社会阶级的比重”。

关于明代手工业劳动者的生存状态及反抗斗争，傅衣凌也给予相当的关注①。明代工业技术大大进步，某些工业部门向工场手工业的道路前进，出现了“计日受值”的长、短雇工。但是，“手工业劳动者基本上是和农民一样受着封建的压迫”。在明代人民的反封建斗争中，苏州织工因反抗税监孙隆的增税而爆发的起义是最值称述的。“这是中国城市手工业劳动者的第一次起义，固然，作为斗争的口号，还只于提出罢税的经济要求，然已能显出他们组织起来，反对压迫者的无比力量；且在行动中表现了‘分别敌我，不取财物’的革命纪律。同时，在这一次斗争中，机户与机手的行动一致，又给予这次反封建斗争含有近代的意义。”

明代矿业生产发生了许多新变化。其中有关资本主义萌芽的材料引起了研究者的注意。

白寿彝在《北京师范大学学报》1956 年第 1 期发表《明代矿业的发展》，分析了明代官矿的衰落和民矿的发展。白寿彝指出，明代矿业的封建所有制实际上是封建土地国有制的组成部分。矿藏作为国有土地的附属物，也可以作为土地来理解。因此，体现矿藏国有制的经济形式就是官矿和合法的民营矿业中的矿课。矿课本质上就是封建地租。他分明代矿业发展为三个阶段：第一阶段，从洪武元年（1368）到宣德九年（1434），特点是自然经济和官矿的统治，商品生产和民矿的微弱，矿藏国有制的巩固，以及劳役制剥削的支配形态。第二阶段从宣德十年

① 见《明代苏州织工、江西陶工反封建斗争史料类辑》，载《厦门大学学报》1954 年第 1 期。

(1435)到嘉靖三十五年(1556),特点是商品生产增长,民矿发展,官矿趋向衰落,非法采冶不断摇撼着矿藏国有制,官矿中的劳役制向工役制过渡,民矿以实物代役制地租形态提供大量的矿课。第三阶段从嘉靖三十五年(1556)到明亡(1644),特点是商品生产继续增长,自然经济的统治更为削弱,民矿和反矿禁的生产发展起来,官矿走向失败,矿藏国有制的剥削形态在实物地租外,出现了第二种工役制和货币地租。这里的所谓“第二种工役制”,源自列宁在《俄国资本主义的发展》中的论述。按照列宁的说法,第一种工役制是“劳役经济的直接残余”,而第二种工役制则是“向资本主义的直接过渡”,两者有“相反的意义”。对照明代矿业的情况,坑冶户的身份相当于劳役制或第一种工役制下劳动者的身份,官矿使用的矿徒的身份则相当于第二种工役制下劳动者的身份。矿徒的出现,实质上就是劳动者与其劳动条件相分离的过程。只是因为他们是在封建关系统治的官矿内为国家服务,所以还不能体现资本主义的生产关系,而只能体现“向资本主义的直接过渡”。

白寿彝指出,明中叶以后,矿业中的资本主义生产已经出现了工场手工业的组织。徽州府的矿业工场已拥有四五十人以上的雇佣劳动力,矿商租地开矿,体现了资本主义地租的出现。这时矿业中的资本主义萌芽与一般资本主义萌芽相比,具有自己的特点。首先,封建政权的压迫、摧残特别显著;其次,一方面,矿业的直接生产者中,已有无产者,但另一方面,具有农业和手工业相结合的生产者身份的人仍然存在;再次,民矿并不因为矿主依仗封建势力而妨碍其资本主义性质的存在。在文章的最后,白寿彝还针对一些学者的看法,强调:我们不能因为明代矿业中资本主义生产的不稳定,而否认它们存在和继续发展的可能;有人认为明代矿厂处在深山大谷之中,处于商品经济体系之外,这是完全错误的看法;清代官铜厂的现象不能说明资本主义萌芽的不存在。

李龙潜也专文讨论了明代矿业问题①。李龙潜认为,明代矿业的

① 李龙潜:《试论明代矿业中资本主义因素的萌芽及特点》,载《理论与实践》1959年第6期。

发展,表现在采矿区域扩大以及矿课数目所反映的产量的增长上。明代矿业分官营和民营,民营的经营形式又分为两种:一是政府批准,定税后发给执照,采炼出售;二是政府招商,官督商办。民矿一般都进行商品生产,因此,出现了不少以经营矿冶起家的商人。明代矿业的商品生产必然引起两个效果,一是资本的积累,刺激民营矿业发展;二是促使小商品生产者的分化。这时的矿业活动中出现了两种人:一种人是企业主或包买商,即生产资料的所有者;另一种人是"矿徒"或"矿手",即一无所有的"自由"雇佣劳动者。万历以前,官营矿业是最主要的、最普通的经营方式,成本高,产量低,"得不偿所费"。其中使用的劳动者大都是没有人身自由的"囚人"。在劳役制度下,这些人生活极端困苦,没有生产积极性,甚至纷纷逃亡。在官营矿业无法维持正常生产的严重情况下,万历年间,政府只好改变剥削形式,采取征银的办法。官营矿业的基石劳役制度由此瓦解和崩溃,官营矿业相应衰落。与此同时,民营矿业中资本主义性质的工场手工业应运而生。李龙潜继续论道,明代商人大规模经营矿业,说明以商人为代表的商业资本直接控制了生产,与矿业结合为手工业资本。这种商业资本的作用再不是仅仅担当商品交换的媒介了,它把封建手工业的学徒关系改变为资本家与雇佣劳动者的关系,因此,是封建生产关系过渡到资本主义生产方式开始的标志之一。关于明代矿业中资本主义因素萌芽的特点,李龙潜基本同意白寿彝的归纳,但对其中的第二点,即矿工中"具有农业和手工业相结合的生产者身份的人仍然存在",表示了不同意见。他认为,轮班人匠在劳役制度下进行生产,带有十分浓厚的封建性质,谈不上资本主义因素萌芽,必须将官营与民营矿业严格区分开来。

关于明代矿业资本主义因素萌芽的特点,李龙潜补充了三点。第一,矿业中资本主义工场手工业内部的精细分工,逐渐引起地域的分工,冶铁等专业性城镇出现,这决不是自然经济条件下的小手工业生产所能引起的。第二,从资本主义因素萌芽的角度看,明代矿冶业的发展是不平衡的。在商品经济较薄弱的地区,民营矿冶业还是在工役制度下进行生产,例如在云南。而在山西,铁业中甚至还存在物物交换的原始形态。第三，高利贷、商业资本渗进了明代矿业经营，牢固而密切地与工业资本相联系，共同剥削工人。李龙潜提出，明代矿业中的资本主义萌芽虽然如白寿彝所论，是“沿着保守的道路进行”，但是它毕竟打开了封建统治的缺口，直接与中国封建社会经济的发展相联系，“应该考虑为中国封建社会本身划分历史阶段的标志”。

明代商品经济、商业资本的发展状况及性质，是资本主义萌芽问题研究的重要方面。

柯建中认为，明代商业高度发达，白银的大量使用，交通运输的便畅以及商品生产的广泛的发展，将明代商业推向一个更新的阶段。① 明人的文集和笔记里，有很多商人发家致富的记载。豪商巨贾是当时社会经济生活中极为活跃的人物。巨商拥有庞大的经营机构，控制着许多小商品经营者，供其驱使。商业城市基本上遍及全国，城市之间“车马之交，达于四方”。明代商业高度发达地区集中在东南沿海的浙江、福建、广东等处。马克思在《资本论》中指出，商品生产只能“在资本主义生产的基础上，方才表现为生产之标准的支配的性质”。柯建中据此分析了商业资本与资本主义萌芽的关系。自给性经济的分解固然是社会生产发展的必然趋势，但商业资本却是推进它分解的巨大力量。在明代，这一力量是积极的，而不是消极的。他不赞成有些史学家在引用了马克思的“商人资本的独立发展与资本主义生产的发展程度成反比例”这一句话后，就不加推敲地得出了忽视或降低商业资本作用的结论。柯建中承认，商业资本的本身是不能独创任何生产方式的。但资本主义生产关系的萌芽总是意味着封建自然经济向商品经济的转化；意味着小商品生产向资本主义商品生产的转化；意味着资本雇佣关系的出现，亦即劳动力成为商品而进入交换市场。这些都是和商品生产与商品交换发生联系的。因之，媒介商品交换的商业资本就不能不在资本主义萌芽过程中发生应有的前提作用。这种前提作用的表现

① 柯建中：《试论明代商业资本与资本主义萌芽的关系》，载《四川大学学报》1957 年第 3 期。

是:第一,商品经济分解了自然经济,给城市手工业的更高发展与资本主义萌芽提供了前提;第二,当商人资本与手工业生产相结合的时候,商人就成为最早的资本家。

柯建中探讨了明代的实际情况。明代出现了经营地主,他们沿着商品经济的方向找到了新的生财之道。明中叶以后,商品生产高度发达的地区,土地的价值和使用率都是很高的。于是,“爱地重于金玉”的地主便打破陈规,走上“以谷则丰,以果则硕,以畜则蕃”的致富之路。他们从事大规模的、井井有条的农业经营;他们用“厚积薄费”的办法聚积财货,使农业生产带上企业的性质;他们亲自参与生产管理,直接剥削雇佣劳动者。在明代,与小农业相结合的家庭副业带上了小商品生产的性质。农民身受地主、商人和高利贷者的三重剥削,在残酷现实面前,他们不得不去和商品市场打交道,靠副业为生,努力争取通过市场解决“服饰日用之需”。江南的纺织业,闽粤的甘蔗、棉花种植业,山东的编织业和蜂蜜业,就是在这种情形下发展起来,成为农民的主要生活来源。这种有利可图的副业生产破坏了旧有的男耕女织的自给性,也体现了商业向农村的渗透。自然经济的解体这一社会经济生活的巨大变革,必然引起思想意识方面的相应变化。传统的“重农抑商”思想因此而发生改变,部分地主阶级知识分子违背“圣贤”的教导,弃本而从末。皇帝朱元璋把农商放在平等地位来考察,首辅张居正分析“农商之势常若权衡然”。比黄宗羲时代稍早的赵南星,把工、商均视为“本业”,说:“士农工商,生人之本业。治古之时,何人不贤,修好之人,何所不勉,岂必仕进而后称贤乎。”而与黄宗羲同时的金敞也说:“恒业耕读为上,商贾次之,工技又次之。”关于商业资本与手工业资本的结合,柯建中论道:中国封建专制国家拥有组织完整的手工业生产部门,其生产目的不是为了交换和扩大再生产,而是供给皇室的奢侈生活与庞大国家机构的消费。明代以前,基本上没有什么独立的大规模私人手工业。明初,手工作坊在杭州等地出现,一部分商人资本也随之从流通领域进入生产领域。从事副业的农民依附着商业资本,只有依靠商人的收购,才能把自己的产品送进流通市场,取得货币及日用之需。

另一方面,明代商人直接从事手工业生产的事例也普遍存在于纺织、矿冶、制盐、酿酒等行业。“当商业资本直接支配产业的时候,商人就把购买、生产和销售三个过程连为一气,直接与原料生产者、劳动力出卖者和消费者发生关系,他是商人,又是产业家,二重身份是很难分开的。”

韩大成也关注到与柯建中同样的话题,不过论证更加细密。他在《明代商品经济的发展与资本主义的萌芽》①一文中论道:明代社会分工更加发展,其表现是:1. 新工业不断产生,现有工业向新的地区扩展;2. 城镇数量增加,日益繁荣,逐渐形成分行业的工业中心;3. 农产品(甘蔗、烟草、茶、棉花、水果以及粮食)越来越多地成为商品,有些地区的农业变为生产商品的部门。从采集原料到制成消费品,不再全部由同类生产单位来进行,而是由各种不同的生产单位来分别进行。分工的细密促进了技术的提高、经验的积累和工具的改良,推动了生产力的发展。国内外的贸易更加繁荣。明代中叶以后,许多重要的日用品的贸易,不再局限在地方市场,而是远销到全国各地。商品中,奢侈品如珠宝、香料等占的市场比重相对日益缩小,与此相反,为广大人民所需要的棉布、铁器、纸张等所占比重却不断增加。随着贸易的发展,贵金属白银日益大量进入流通领域,逐渐排挤宝钞、铜钱的地位,成为普遍的交换手段。“这在中国货币史上可以说是进入了一个新的阶段”。

韩大成指出,在明代封建社会内部,资本主义萌芽产生出来。第一,在工业领域,小商品生产者的竞争与分化加剧。以制墨业为例,竞争的办法有:向别人隐瞒其有利的业务;改进工具,提高质量,降低成本;用假冒货色来与人竞争。商品生产者之间的激烈竞争,使他们分化为贫者和富者。对这种分化,不仅要看财富的量的差异,更要看质的变化。小说《醒世恒言》卷十八描写的吴江县盛泽镇织绸机户施复,就是晚明丝织业“小商品生产者分化为资本主义生产关系”的典型。施复

① 载《中国资本主义萌芽问题讨论集》(下),三联书店 1957 年版,第 994 ~ 1091 页。

的丝绸产品“光彩润泽”,人们“增价竞买”,所以他日渐富裕,生产规模发展到三四十架织机。与此同时,他的邻居却因破产而不得不出卖房屋。施复作坊的性质也发生变化,由简单商品生产变成资本主义的商品生产,施复也由完全靠自己劳动的小商品生产者逐渐变成“以剥削他人为生的资本家”。到明后期,商品生产者的分化更加明显,苏州出现了具有一定规模的劳动力市场。“大户张机为生,小户趁织为活”,“大户一日之机不织则束手,小户一日不就人织则腹枵,两者相资为生久矣”。这不仅反映了劳动力变成了商品,而且说明纺织业中使用雇佣劳动的情形不在少数。第二,农民经济有了新变化。不少农民开始从事商品作物的经营。明中叶以后租税的日益货币化更给它以有力的推动。史籍记载表明,农业上使用雇工的情形在江南以及河南、福建、山西、广东等地都可以看到。雇主们是“上农”或“富农”,这些人有土地,有工具,有资金,既雇长工,也雇短工。一般的雇工是“无恒产者”,可以比较自由地出卖自己的劳动力,雇主不能随便地虐待他们。“这是一个极其重大的进步和转变”。明中叶以后,在商品经济比较发达的地区,农民外出从事各种职业的现象不断出现。其后果是不少人口日益与农业相分离,工商业人口却因此而增加。大工商业城市和市镇日益繁荣。外出农业人口的生活必需品大部或全部依赖于市场,这就刺激了国内市场的发育。而这些转入工商业的农业人口的生活水平、文化水平有了一定的提高,这也反过来刺激了农业人口外出数量的增加。第三,商业资本在瓦解自然经济、促进资本主义生产过程中,起了巨大的作用。商业资本通过种种手段压榨奴役小商品生产者,著名如徽商、晋商者,积累了巨大的资本。明中叶以后,他们中的不少人向土地投资的兴趣减退,向工业转移、直接控制生产的趋势却日渐显露出来。这是明代商业资本发展的重要特点。

韩大成认为,资本主义萌芽产生后,腐蚀和冲击了封建制度。一条鞭法实施,租税徭役日益货币化,解放了劳动力的人身奴役关系,刺激了农产品的商品化,官营工业趋于没落。封建地主经济经营方式发生变化,地主从事商品作物的栽培,必然要参与市场竞争,这样一来,闭关自守、墨守成规的生产状况便逐渐被抛弃。封建等级秩序日渐陷入混乱。他小结道:虽然我们还不能断言中国资本主义萌芽最早出现在什么时候、什么地区和什么行业,但至少在14世纪时,杭州丝织业已有资本主义手工工场的存在。明中叶以后,矿冶、榨油、农业等部门也出现了资本主义的经营,部分商人实际上变成了工业资本家。总起来看,中国封建社会到明代可以说已进入了一个新的阶段,“旧的内部产生了新的要代替它的新的东西。明末大思想家王夫之所说的‘天崩地解’正是当时社会上这一重大变化的反映”。

与柯、韩两位的宏观视野不同,陈野将自己的研究目光集中到徽州这一个典型地区内的商业资本发育情况。他的论文《论徽州商业资本的形成及其特色》发表于《安徽史学通讯》1958年第5期。

陈野分析了徽州商业资本形成的条件和背景。在明代,徽州已是一个著名的商业资本的中心地。徽商的足迹几乎遍及全国。为什么徽州的商业资本特别发达?原因有四。首先,徽州多山,田地较少,人烟稠密,粮食常常不能自给,人们不得不外出经营工商业以谋生。徽州徒有富名,实则穷困。繁重的赋役本是封建政权对徽商的剥削,但实际上多落到农民身上,这更促使人们弃农而行商。其次,徽州地区物产丰富,可以与各地互通有无,这就提供了商业资本活动的物质条件。纸、笔、砚、墨被称为“文房四宝”,除笔以外,徽州竟占“三宝”之冠。此外,陶土、茶、漆器、木材也是徽州有名的土特产,很受客户的欢迎。再次,徽州地接各经济发达的地区,又有多水之便,交通舟楫,大大便利了商业活动。新安江直通富庶的浙江,婺源距景德镇仅一百五十里。“其地接于杭睦宣饶,四出无不通”。最后,南宋以后,经济重心南移。宋元时代,徽州的商业就很发达,到明嘉靖、万历年间,商业资本更见活跃。这个商业资本的历史传统,也不可忽视。

陈野认为,徽州商业资本的特色鲜明,作用显著。其一,它开始较大程度上摆脱了传统的商业资本与土地相结合的道路。如嘉靖《徽州府志》记载:“商贾虽有余资多不置田业。”中国前资本主义的商业资本的最大特征是与土地结合,商人是大地主,大地主是商人。而明代徽州的情况却相反。徽州富商常居外地,终年不归故里,籍居者多贫穷。土地收益远不如工商业为大为快,这是商业资本离开土地的原因。而商业资本离开了土地,就有可能转变为货币资本和产业资本,促进商品经济、城市经济的发展。其二,徽州商业资本的活动范围广(包括活动的部门和地区)。徽商"走吴越、楚、蜀、粤、燕、齐之郊,甚则逖而边陲,险而海岛,足迹几遍寓内",甚至还到海外经商。明代海寇首领汪直本是徽商,他的说法是:"中国法度森严,动辄触禁,孰于海外乎逍遥哉!"史籍记载表明,徽州商业资本在封建后期商品货币经济的发展上确实起过不少的作用,因此,我们不能简单地理解商业资本的发展对一般社会经济起反作用的。"据我看来,马克思所说商业资本的独立发展对社会经济发展成反比例这句话主要是对资本主义的产业资本而言的,是指与生产相脱离而言的。"根据马克思经典性的指示,徽州商业资本的作用有三:1. 在生产与交换间架起了桥梁,大大推动了商品生产;2. 对于瓦解以自给自足为基础的自然经济起了分解剂的作用;3. 推动了以工商业为基础的城市和市镇的发展。其三,徽州商业资本在某种程度上达到了"商人直接变为产业家"的情形,即商业资本直接投资于手工业来组织商品生产,与产业资本结合或变成了产业资本。这在铁冶业和浆染业中,有十分典型的例证。其四,徽州商业资本仍具有中国前资本主义商业传统性的特点,即与高利贷结合,经营典当或放母子钱等。其五,徽州商业资本带有浓厚的地域性和宗族性。村落公社的遗迹反映在徽商身上,外出经营时习惯结成地域性和宗族性的商帮,热衷于办同乡会或会馆,以保护徽商的群体利益。

陈野论道:对徽州商业资本的形成、特色、作用的初步研究,证明了明清时代商业资本主义瓦解自然经济、推动商品经济向资本主义经济过渡的巨大作用。此时商业资本已开始离开土地独立地发展,促进了货币资本的积累和集中,更重要的是有了与手工业结合而形成产业资本的雏形。徽州已出现了以技术分工为基础的、拥有较多数量的雇佣劳动者的手工作坊或工场,这就是资本主义的萌芽。

与众多论者认为明代社会生产力发展,江南纺织业等行业中已产生资本主义萌芽的看法不同，王仲荦强调：“明朝二百八十年的江南丝织业，始终只能成为封建社会的剥削渊薮。”他在《明代苏松嘉湖四府的租额和江南纺织业》①一文里发表了自己的看法。

王仲荦首先探讨了东方封建社会的剥削秘密。朱元璋从农民革命运动起家，懂得一些封建治术，并且已摸索到东方封建社会的剥削秘密，这就是“土地剥削之不足，转向纺织机的剥削”。这种剥削方式自古亦然，并非创始于朱元璋。正因为如此，朱元璋一做了皇帝，就命令全国普遍展开栽桑植棉运动，农民凡有田五亩到十亩的，栽桑、棉各半亩，十亩以上的加倍，田多的累加。不执行规定的要受罚。但是，皇皇诏令没有收到成效。这是因为，历代封建统治者的过度剥削，已经使农民对蚕桑事业存有戒心了。“徒劳无所获，养蚕持底为？”耕男织妇们对此不再存有幻想。朱元璋知道，北方的家庭丝织业急遽地走着下坡路，如果依循以前封建统治者的办法，也向江南纺织业作直接的硬性的剥削，那会使江南和北方一样，砍伐桑树，减低产量。为了避免这种情况发生，朱元璋只是旁敲侧击地加重江南苏、松、嘉、湖四府的赋额，“赋额重，人民自然地不得不靠纺织业方面来弥补不足。这样，他不就是变相进行对江南纺织业的剥削吗”？

王仲荦将江南纺织业的发展分为三个时期。第一时期，从东汉到唐末。东汉三吴的丝绵布帛之饶，可以复衣天下。南朝以后，江南地区的产丝量逐渐提高，但是麻葛织成品，还是占主要的地位。“我名之为麻绩业时代”。第二时期，从五代到明中叶。五代混乱，南方经济受破坏较轻。从那时起，江南不仅以出产麻布著名，绢绸的生产量也越居全国第一位了。宋元两代，江南的富庶，多半是因为蚕桑区域扩大、丝绢产量增多的缘故。这一时期，“我名之为丝织业时代”。第三时期，从元初到鸦片战争以后中国家庭手纺织业解体。木棉在宋元之间开始传入中国，明朝才普遍种植。木棉的成本比蚕丝低，劳动力消耗比蚕丝少，而它的质地却远过麻葛，因此很快受到广大的劳动者和城市市民的

---

① 载《文史哲》第一卷第2期。

欢迎,代替了麻葛的地位,也限制了丝绢的发展。这一时期,“我名之为家庭棉织业时代”。

王仲荦指出,明朝二百八十年间,苏、松、嘉、湖四府的纺织业,有丝有棉,种类不同,困难的境遇,因此有些不同,但受封建统治者和高利贷地主两者的残酷剥削,却并无二样。他分析道:农民选择适当的手工业,本来是为了追求自给。种棉织布,便是如此。但是丝织品本来就不是农民所能享用消费的,所以就提升为商品了。它的生产范围,已不在广大的农村扎根,而是只由少数有经验和技能的工人来担承制造了。这就和家庭自给体生产制有很大的差别。最明显的不同是,男子也参加了劳动。以往的家庭两性分工,进而成为社会的劳动分工。在明代,除了政府在江南设立的大规模的国营丝织工场外,苏州出现了许多的“机户”。机户的特点是:仍是以家庭为生产单位,却雇佣工匠;参加生产活动的是男子而非女性;有缎、纱、纺等专门的技术分工;雇工分长期和临时两种;工资以日计算;有行帮的行头作为机户雇工的中间介绍人。据此情况,“雏形的手工业工场,在明代是出现了”。这工场一出现,封建统治者即全力进行剥削。小商品生产者立即组织起来展开英勇的斗争,“造成明代工人运动的空前大胜利”。这就是苏州织工反织造太监孙隆的斗争。斗争虽然胜利,“可是封建的剥削,却永远在他们的头上盘旋”。因此,苏、松、嘉、湖四府的丝织业,虽然相当发达,机户人数也相当多,但他们在封建统治者和地主高利贷的双重剥削下,艰苦挣扎,求生不易。在这种情况下,要想使他们积蓄资本,改良工具,扩大再生产,是不可能办到的。地主商人方面,看到市场的继续扩大受限,自然也不会去投资。因此,“明朝二百八十年的江南丝织业,始终只能成为封建社会的剥削渊薮,而无法使它发展成为破坏封建社会经济体制的原动力,从封建的生产关系下解放出来”。

至于松江棉织业的情况,王仲荦论道:木棉不同于蚕丝。蚕丝成本高,消耗劳动力多。木棉则不同,成本便宜。元初,松江开始种棉,各地尚未普及,所以它能够独占南北的市场。明中叶以后,木棉的种植普及全国。据《农政全书》记载,北方生产的原棉,大量南运。北方的田赋比江南苏、松、嘉、湖四府为轻，因此原棉的成本就低。这样一来，松江的家庭棉织业者，就放弃租佃的土地，而改用北方的原棉，但是封建统治者不允许他们放弃租佃之地，于是不得不带着纺织机逃亡，侨居异乡。这正是松江荒田日多，人口日减的缘由。明中叶以后，松江的户口逃亡了三分之二，可是租额总数并没有减少，全部压在留在松江的劳动人民头上。超额的租赋把耕男织女压得窒息，家庭纺织业又受到封建统治者和高利贷者的双重剥削。这就最终造成家庭纺织业无法自给，又不得不取助于耕作。于是，本来想脱离农业而自立的纺织业，却又非抓紧土地不可。农业和纺织业都养不活人，两者结合起来，正好成为封建统治者和高利贷者的剥削渊薮。

王仲荦的总结是：明代江南丝织业已由家庭两性分工进为社会劳动分工。苏州一带，陆续出现小型的家庭手工业工场。由于封建统治者和高利贷者的双重压迫，丝织业直接生产者无法积累资本扩大再生产。商人方面，也因市场扩大受到限制，不肯出资自为工场场主，因此无法使商品生产制的工场发展成为使用进步工具的工场。在松江，耒耜机杼，两者结合起来，以最坚韧的抗力，阻塞了纺织机械化的道路，成为封建社会剥削的渊薮。

与王仲荦的看法有相近之处，黎澍认为，好些史学家企图证明我国在明朝即有资本主义萌芽或资本主义生产的大量存在，这是“一项很吃力的工作”①。他批评有许多关于资本主义萌芽的论文“脱离了资本主义发展所需要的条件，把非商品生产和商品生产混淆起来，把农奴式劳动当作雇佣劳动，把农村副业和行会手工业当作工场手工业，从商业资本引出工业资本主义，表现了显著的片面性，贴标签的基础并不稳固”。

黎澍论道，非商品生产和商品生产被混淆起来，在关于丝织业的论述中表现得最为明显。几乎所有的论文都只对丝织业做了一个简单的分类：一部分属于政府的织染局，这是从事非商品生产的手工业；一部

① 见《关于中国资本主义萌芽问题的考察》，载《历史研究》1956 年第 4 期。

分是机户，这是从事商品生产的手工业。在弄不清楚究竟是非商品生产或商品生产的地方，就一律看做商品生产，并且断言在这里存在着手工工场，存在着资本主义生产关系。但是事实并不如此简单。《农政全书》摘录郭子章《蚕论》中“今天下蚕事疏阔矣”一句，说明的是养蚕业和丝织业在明末的衰败状况。如果从潞安机户取给于阆茧便得出商业资本活跃或区域分工的结论，而不区分非商品生产和商品生产，那是完全错误的。《苏州府志》记载“机户名隶官籍”，而织造官又管理严格，那么，所生产的究竟是商品或非商品，就很难说。同时，雇佣劳动的存在也不足以证明江浙有大量的丝织工场。

关于农奴式劳动和雇佣劳动，黎澍认为，中国封建社会中的所谓“雇”“佣”具有很特别的性质。采矿业中，“雇”“佣”动辄万计，但是，稍加考察可以发现，这些“雇”“佣”并不是自由雇佣劳动者，他们是一种因为无以为生而自愿在一定时间内按照农奴条件出卖自己的失业者。他们所卖掉的不仅是劳动力，而且包括整个人身和人格。他们一经受雇便在野蛮的封建管理制度下丧失了全部自由，变成了农奴式的劳动者。至于城市手工业中所谓雇佣的性质是否与穷乡僻壤有根本的不同，还是一个需要进一步证明的问题。

关于奴役制度和行会制度对于手工业生产的阻碍，黎澍考察了明朝景德镇瓷业的状况，认为当时无论官窑、民窑，数量都只有几十座，瓷器产量并不大。而且，朝廷经常、大量的派造，迫使民窑服从官窑的需要。因此，在这样的奴役和剥削下，民窑产生资本主义经营，已经是很困难的了，更何况它还没有完全脱离农业，且受到行会制度的束缚。黎澍断言，“景德镇瓷业的资本主义经营在明朝和清朝是不存在的”。

关于把农村副业和家庭手工业当做资本主义工场手工业，黎澍指出，吴晗举出徐一夔《织工对》的证据，但未说清是丝织还是棉织，而且仅此一条材料，不能判定杭州是棉纺织业的中心城市。至于松江，不但不是生产中心，甚至还不是集散和加工的中心，在棉纺织业发展中并不起什么作用。如果说松江是一个棉纺织业中心城市，那就把农村副业错作工场手工业，不免要作出一连串不正确的判断了。有的论者把

《木棉谱》作者褚华自述其六世祖的活动看做包买主经营，是没有根据的。那位褚老先生不过是个兼代布商收买布匹的客店老板而已，他赚取了本来应为本地布商和牙行所得的利润，所以“其利甚厚”。“至于真正意义上的棉纺织业包买主，我相信严中平同志的判断是谨慎和可信的，这就是，在文献里，‘还没有发现’”。

黎澍认为，明朝社会经济的基本特征仍旧是农业和家庭手工业的统一，而不是它们的分离，更不是城市工场手工业的独立形成。自然经济决定了人民的生活方式，也决定了皇室和地主阶级的剥削方式。人民必须依靠农业和家庭手工业的统一才能生存，皇室和地主阶级也只有从这个统一中才能榨取到自己的利益。明朝的暴政对于其维持甚至巩固农业和家庭手工业的统一起着显著的作用。明代徭役、捐税极重，农民大量逃亡，但城市里还没有从事大生产的工厂，能为他们提供的出路非常狭窄。农民从这里逃到那里，最后还是不能不继续被束缚在土地上。与此相联系，明朝手工业的发达突出表现为个体农民的普遍兼营副业，这就使城市手工工场的发展受到极大的限制。谈到对于中国封建社会内资本主义生产方式的萌芽的估计问题，黎澍以为“清朝社会经济的发展比明朝更显著一些”。“在清朝的记载中，我们就不仅在江南地区的丝织业中，并且在其他地区的其他行业中，都可以看到有个别的类似手工工场生产组织的出现。”总之，在没有外国资本主义影响的情况下，中国商品生产中资本主义萌芽的发展是缓慢的。“如果说，这个发展甚至在明朝和清朝就是很快的，并且在上层建筑的许多部分如此灵敏地反映出来，如像有几位历史学家所说的那样，那就未免言之过甚，连近代史的许多问题都要因此而成为难于说明的了。”

韩大成不同意黎澍的上述观点，撰文商榷①。

韩大成批评黎澍对于中国封建社会里的“雇”“佣”，没有根据不同时期和不同情况去加以区分，都作了绝对的理解，认为雇工们与资本主

① 见《对黎澍同志〈关于中国资本主义萌芽问题的考察〉一文的几点意见》，载《历史研究》1956年第7期。

义自由劳动者不同,不仅卖掉了劳动力,而且也卖掉了整个人身和人格。好像中国封建社会中只有这样一种雇工。黎澍实际上否认明代丝织业中有资本主义萌芽的存在。这是与实际情况不完全相符的,甚至是错误的。韩大成认为,中国封建社会的雇佣,完全可能有自己的特点,但是无论如何不只是一种。必须看到封建社会后期所产生的一种新的资本主义性质的雇佣。资本主义的雇佣,除了受资本主义剥削以外,完全可能还受着前资本主义制度残余的剥削,但这不影响他们自由劳动者的实质。

韩大成又批评黎澍把明代中叶商业繁荣归结于官僚富豪的奢侈生活是与历史事实不符的。明代商业繁荣的根本原因,不是官吏富豪的奢侈和疯狂榨取,而是生产力提高和社会分工不断发展。当然,官僚富豪的奢侈生活对商业的发展是起了某些刺激作用,但绝非根本原因,而且这种刺激作用是有一定限度的。在不少场合,由于他们榨取过甚,给商业带来的就不是刺激和推动,而是摧残和绞杀。此外,从皇帝到一般官吏富豪,为了满足奢侈生活的需要,除征收各种实物外,往往奴役自己统治范围内的劳动者为之生产,而不是完全依靠商人,这突出表现在官工业方面。很显然,这种情形,对商业的发展是不会有什么推动作用的。

黎澍在文章里引用郭子章《蚕论》说明明朝末年养蚕业和丝织业衰败的状况,又说潞安地区的丝织业后来不是生产商品的。韩大成对此也提出异议。郭子章的《蚕论》写于万历十六年,他将古代的记载与明代丝业进行比较,本身就很不恰当,而且“今天下蚕事疏阔矣”也不是描述明末丝织业衰退情况的。至于潞安地区的丝织业,不仅生产贡品,而且更大部分的生产是为了市场,不仅行销国内,而且远销国外。从明初到万历,潞安丝织业一直进行着商品生产。韩大成最后表示,在对资本主义萌芽问题进行研究时,必须注意两种不正确的倾向:一种是脱离事实的夸大,如说唐代已有资本主义萌芽等;另一种是主观上肯定资本主义萌芽在中国存在的稍“早”就是“错误”,从而对事实加以抹杀或贬低。

除了直接讨论资本主义生产关系的萌芽与否,学者们还对明代社会经济生活中的重要事物表现了很大的兴趣,例如对包买主和牙行。

李之勤深入讨论了"包买主"问题①。他援引列宁的说法,包买主"是商业资本的代表"。"包买主的基本经济活动,就是购买商品(生产品或原料)来转卖。"这种商业活动"通常使小工业者在某种形式下服从于自己"。明末清初时代,中国出现的包买主有他们自己的特点。

第一,如果19世纪后期俄国的许多包买主是为适应远距离的大批出卖而"从那些最小的生产者中间造成的",中国明清时代的包买主却更多的由于大商业资本家为远距离集中购买,而逐步支配和奴役小商品生产者而来。李之勤根据史籍材料绘制了图表,来说明作为小商品生产者的机户与包买主的关系及其发展情况。在图表里,直接生产者与包买主间的中介人越来越少,以至消灭,和直接生产者与原料和制成品市场联系的逐渐断绝,正好说明了直接生产者越来越接近于名副其实的雇佣工人,而大包买主也越来越接近于产业资本家。

第二,正因为中国明清时代的包买主多由经营远距离大量购买的商业资本家形成,而较少由小商品生产者为解决远距离销售而产生,所以,对包买主的"包买"二字,就不能理解得太死板,或者竟以为他们与列宁在《俄国资本主义的发展》一书中所举的,对某一地区的某些小商品生产者一样具有完全的垄断地位。在中国,小商品生产者虽有选择任何一个包买主来出售自己的产品的自由,但他终不能逃出包买主们之手。因为被"官租"、"私债"盘剥的小生产者为使生产和生活能够继续维持下去,终究不得不忍痛出卖自己的产品于许多包买主中的一个。

刘重日、左云鹏则探讨了"牙人"与"牙行"问题②。"牙人"俗称"经纪",最早叫"驵会",《史记》的《货殖列传》里即有"节驵会"一语。牙人大抵最早出现于牲畜的买卖之中。在北宋落后的集市中,还可以

① 见《论明末清初商业资本对资本主义萌芽发生和发展的积极作用》,载《西北大学学报》1957年第1期。

② 见《对"牙人""牙行"的初步探讨》,载《文史哲》1957年第8期。

看到牙人的形貌。牙人的产生,是经济自身发展的产物。在商品经济极少发展的时候,小生产者和家内手工业者只限于在当地市场上出卖制成品。交换关系的偶然性,需要一个经验丰富的老人来衡量物品的等价,但最初还为数极少,且并非脱离生产的专业者。唐宋以来,社会经济发展,以"牙人"为专门职业的人大大增加。北宋开封,南宋临安及其他"贸迁之会",牙人大量存在。元明时期,有身份的士人,也有习为牙侩的。明末思想家唐甄,就曾做过多年的牙人。牙人与官府及封建性的传统有很大关系,儿子可以继承父业。在《明律》中,牙人的充任和惩治都有明文规定。在明代,"私牙"之外,又有"官牙"之设。这是商、牙与官府税收斗争的产物,也是明政府加强对商民剥削的政策体现。官牙在好多场合里排挤了"私牙"的利益。

关于"牙行",刘重日、左云鹏认为,它既是封建社会里一种通常的"行帮"组织,又是习惯上一种标明职业类别的称谓。商业繁荣以后,有富者开设"牙店",设有宽敞的店邸,可供远道客商宿卸货物,并在店内直接为客商"发卖"和收买。这种"牙店",通常称为"牙行"。"牙店"的产生,大抵在元明之间。明清时代主要通商口岸,同样有牙店。清初,牙行开始了蜕变。一部分有资产的从事了商业活动,直接加入商品买卖之中,变成了大商人,或把自己的牙行在实际上变成"屯迟卖快"的大商店。唐甄曾做过牙人,从他的《潜书》所述看来,当时牙人绝非商人,更非包买主一类的人物。牙人牙行所得的唯一报酬,是在他们主持交换之后抽收的"牙钱"。这种抽取有一定的比率,大体是"十金而税一"。当然,由于牙人"明抽暗骗"的行为,其实际收入往往不限于此。"牙钱"的来源是商人商业利润的一部分,归根结底是生产者剩余劳动的一部分。

刘重日、左云鹏总结道:牙人的产生,属于古老的经济范畴。在商品货币经济有了发展的时候,便成了自由买卖的障碍,从而在一定程度上妨害了商业的发展。在封建社会里,它能够长期存在,是和统治者的需要和它本身的"行帮"组织分不开的。在资本主义萌芽的讨论中,有人认为牙人是"包买主"或具有这种性质,有人则认为,明代有些地方的市场被当地“牙行”所控制。“我们以为都是不恰当的”。

在明代资本主义萌芽问题的讨论中，“市民运动”也是一个引人注意的话题。刘炎撰文《明末城市经济发展下的初期市民运动》①，就此发表意见。

刘炎认为，明初统治者在农民起义的教训下，采取让步政策，恢复发展社会经济，取得了实际的成效。在国内外市场扩大、商品货币关系发达、手工业发展等诸多条件的作用下，晚明时期，城市经济取得了长足的进步。由于全国封建经济发展的不平衡，城市发展偏重在东南沿海地区。他将全国城市按其经济发展特点分为三类：一是手工业中心的城市，如苏州、松江、杭州、浮梁等。二是对外贸易的重要港口，如广州、漳州、泉州、福州、宁波等。三是交通要道，像运河、长江沿岸的城市，如天津、济宁、淮安、武昌、汉阳、荆州。明末城市还是整个封建经济的一部分，不能和西欧的“独立”、“自由”的城市相比。但是我们还要承认，明末城市里有新的因素在增长，有新的阶级和阶层出现。这些新因素是瓦解封建社会的不可战胜的力量。

刘炎分析，当时城市里有势力的是从事手工业、商业活动，并与地方官僚、士绅地主有勾结的城市“市豪”。例如小说《金瓶梅》里的西门庆。他们实际居于城市贵族的地位。城市里的手工工场主这一阶级，已有所发展，但是作为整个阶级来看，力量还很薄弱，然而他们却是近代市民阶级的雏形。城市中广大的小商品生产者、手工工人、家庭手工业者、小商贩是被剥削被统治的人民群众。在商品生产法则的支配下，他们正在日益分化、破产。因此，在反专制主义和官僚乡绅的斗争中，他们是最坚决最勇敢的先锋。高居于城市之上的是一个庞大的封建专制主义上层建筑。它在政治上压迫城市，在经济上掠夺城市，尤其是对待城市小商品生产者更是如此。“这就是明末城市的阶级结构”。

刘炎着力剖析了明末城市的“民变”。嘉靖、万历以后，明政府加紧征商和开矿，对于商业、手工业的课敛骤然剧烈起来。朝廷在重要城

① 载《历史研究》1955年第6期。

镇、关隘、交通线派有专门收税的"税监",衔命出征的太监遍布天下。商业和手工业遭受到严重的摧残。这就给生长中的资本主义萌芽以阻挠和限制。而生产力的发展又力图突破这种摧残、阻挠和限制。明末国内商业、海外贸易的大量武装走私,以及连续发生的城市"民变",都是这种斗争的反映。万历末到天启初,较大的"民变"有20多次,大半都是因反对税监的劣行而起。明末城市的"民变"的特点是:1. 规模很大。发生地区既有经济发达的东南各省,也有经济比较落后的辽东、云南、山西、陕西,时间从16世纪末到17世纪30年代,连续40余年,有的"民变"坚持数年之久。2. 参加运动的阶级和阶层包括手工工人、手工工场主、城市小商品生产者、城市商人乃至部分缙绅和地方官僚,形成了一个反专制主义的广泛的联合战线。参加运动的成分复杂,他们的表现也各不相同。其中斗争最坚决的是手工工人。缙绅和官僚则多带妥协色彩。3. 运动带有自发性和原始形态,分散孤立地进行,除了极少数例外,大多缺乏最低限度的组织和纪律。在斗争方式上,多采取纵火、鼓噪、斗殴等暴力手段。

关于明末城市"民变"的性质,刘炎认为,不能说明末城市"民变"和西欧封建社会末期的城市反专制主义的"市民运动"完全是一个东西。相比西欧的情况,明末城市"民变"是幼稚和原始的。它既缺乏明确的斗争纲领,又缺乏明确的政治目标。所有"民变"的主要斗争目的不过是要减轻对商业、手工业的暴力掠夺,要求商品生产的自由发展,没有超出经济的范围。我们只可以说,"民变"是明末市民发展的自发表现。但是,我们又不能因此而否定"民变"的意义。它和农民反封建地主的斗争不是同一性质的东西。"民变"反对封建统治者的征商课税,要求商业和城市的自由发展,反映的是发展中的市民的要求,而不是农民的要求。"因此,明末城市'民变'是中国封建社会末期市民运动的幼芽,只不过它的锋芒不是针对封建领主,而是针对封建中央集权的专制主义。"

左云鹏和刘重日则讨论了著名的东林党与市民运动的关系①。他们的目的是“就阶级关系的变化来说明明代社会经济结构的变化的实在性”。

左云鹏、刘重日指出，我国中古时期，以皇帝为代表的国家是全国土地的最高所有者。和皇族共同享受农民劳动成果的，还有身份性的豪强地主。他们是封建皇朝的统治基础，可是在法律观念上，他们对于土地的所有权是不合法的。这就造成二者间既统一又斗争的形势。魏晋以后，南方经济迅速发展，自耕农分化，大批的非身份性的“寒族”地主出现了。中唐以后，由于武则天的掖进，非身份性的地主开始走进政府，在政治、经济上都成为与皇族、豪族相颉颃的一种新力量。随着土地国有制的破坏和土地买卖的盛行，豪族地主日渐衰落，非身份性地主的势力日渐发展，这就使二者间的矛盾日益扩大。到了明代，形势有了新发展。一方面，大批地主财产被没收，国家占有的土地大大增加，绝对皇权建立起来；另一方面，非身份性地主在经济的发展和政治待遇上受到了压抑。二者之间形成了严重的对立。明中叶以后，货币商品经济发展，非身份性地主也要求朝着新的方向，“自由”地发展个人财富，这就和垄断矿山、对外贸易和土地的皇族进一步冲突，形成了地主阶级反对派。与此同时，城市居民的成分也起了极大的变化，它不再是封建经济的附庸，也与封建特权发生尖锐矛盾，成为城市中等阶级和平民阶级反对派。

左云鹏、刘重日注意到，明初以来，商人反对封建特权的斗争，在许多经济领域内展开。如开采银矿问题上，对少数民族地区的贸易问题上，东南沿海的对外贸易问题上，斗争都很尖锐激烈。更应重视的是，这些斗争中，历来都有官品士大夫参加。这其中所反映的错综的阶级关系，必须进一步探讨。

官品士大夫是闽浙一带非身份性地主集团的政治代表。他们参与

① 见《明代东林党争的社会背景及其与市民运动的关系》，载《新建设》1957年10月号。

反封建特权的斗争,是从其自身利益出发的。在土地占有关系上,皇族地主集团与非身份性地主集团、特别是与东南沿海和商业有密切关系的地主集团矛盾尖锐。皇族地主集团利用特权露骨地掠夺土地,且不负担租赋。差徭赋税压在非身份性地主身上,使他们趋于破产,竟至“卖妻鬻子,自缢投井,富室不复有矣”。因此,非身份性地主出身的官品士大夫竭力反对皇族集团无限制地扩张土地。另一方面,闽浙沿海的地主生活奢靡,经营商业的很多,因此,非身份性地主出身的官品士大夫又必然支持城市工商业者和平民,反对皇族政权对商业的繁苛征敛。明代嘉靖以后,由于制度上的演变,形成皇族专制局面,官品士大夫不断地因“忤旨”的罪名被排挤出中央政权。他们与非身份性地主相与牵结,形成东林党。《明史·顾宪成传》说:“当时抱道忤时者,率退处林野,闻风响附。……讲习之余,往往讽议朝政,裁量人物,朝士慕其风者多遥相应和。”可见东林党确是一个政治团体,而非单纯的学术性组织。

左云鹏、刘重日归纳要点:1.东林党是在反对极端皇权的斗争过程中形成的。从万历到崇祯,斗争依然余波未尽。2.东林党是江浙地区非身份性地主与商人阶级的利益的代表。他们要求在经济上自由发展合法化,在政治上开放政权,实行地主阶级的民主制,反对皇族集团的经济独占和政治专制。3.东林党所代表的非身份性地主多倾向于工商业,且遭遇到皇族的掠夺,与市民的利益在某些方面有一致性,所以它始终支持并参与市民阶级反对封建特权的斗争,因此也得到了市民的支持与拥护。这是与历代党争的本质不同处。4.东林党的性质与市民运动的广泛兴起,反映了明代中期以后社会经济结构的巨大变化,说明这一时期的社会经济中已经产生了新的生产关系的萌芽,否则,就无法说明这一时期阶级关系和斗争的复杂性的社会原因。

关于清代社会经济的发展与资本主义萌芽的关系,也有一些论文问世。虽然数量要远少于讨论明代社会的,但是其中也不乏见解独到、论证充分的力作。

王明伦研究了云南铜矿业的情况①。云南的铜矿，元明两代已有开采。康熙二十一年(1682)，清政府为了筹措当地军饷，明令广开云南矿藏。当时实行的办法是：广招商人富户雇工开采，政府派员驻收十分之二的矿税。其余部分自由发卖。二十多年间，在税率未变的情况下，矿税增加二十多倍，反映了矿业的巨大发展。从雍正五年到乾隆二十七年，清政府先后五次提高铜价，又允许商民自由卖铜十分之一。这些办法刺激了生产，给铜矿业带来了雍正、乾隆、嘉庆时代的繁荣。年产铜超过一千万斤。大厂的厂民曾达十数万。总计云南铜矿业工人达到数十万人。

云南矿场的管理组织是官府设立的行政机构。政府委派的主管官员称“场主”，下有维持治安的“练役”和“壮练”。官役之外，还有指定或推举出来协助场主管理的“七长”，即客长、课长、炉长、锅头、硐长、镶长、炭长，分管各项行政事务。“七长”虽然来自场民，但依仗场官的威势而有很大的统治权力。

王明伦认为，鸦片战争前云南铜矿业中存在着资本主义萌芽。云南铜矿业中的生产单位是“硐”和“尖”，每一个矿场有很多的“硐”或“尖”，也就是说其中有若干大小不一的分属于不同投资者的生产单位。采矿和炼铜，都是分工协作的手工工场。它们的投资者大多是三江、两湖、川、广的富商大贾。他们都从事商品生产，都雇佣工人，自己不参加直接的劳动，最终转化为资本家。开矿和冶炼需要的大量工人，“非独本省穷民，凡川、湖、两粤力作功苦之人，皆来此以求生活”。资本家对工人的剥削分雇佣和“米分”两种形式。遭受资本家雇佣剥削的是“月活”和临时工。“月活”是长工，按月得到工资，保持着人身自由，“去留随其自便”。这是纯粹的资本主义性质的雇佣劳动。遭受资本家“米分”剥削的是“亲身弟兄”。所谓“亲身弟兄”就是“出力采矿分卖”的矿工。他们平时由资本家供给饭食，没有按月计算的工资。

① 见《鸦片战争前云南铜矿业中的资本主义萌芽》，载《历史研究》1956年第3期。

按采矿实物给酬,分配比例是领班一分,所有矿工三分,资本家独得六分。就剥削程度看,比雇佣剥削更残酷。“米分”制虽然落后,但实质上也是资本主义的剥削方式。根据以上史实,“我们可以肯定地说,云南铜矿业中存在着资本主义萌芽”。当然,云南铜矿业中还存在着小规模的贫民伙开的边远小厂。他们“苟图谋食”,显然是小商品生产,与前述的以剥削矿工劳动为基础的大生产是不相同的。

清政府的掠夺政策严重地阻碍了云南铜矿业中资本主义萌芽的成长。云南铜矿业始终不能摆脱为封建统治服务,不能免除繁重税收和官役掠夺,加之缺乏交通运输业、燃料业和商品谷物业与之配合,且采炼技术极其落后,因此铜矿业中的资本主义的萌芽“不能有较高的发展”。而清政府“预发工本,收买余铜”的掠夺政策,更是直接阻碍了这种发展。官发工本,有“月本”和“底本”两类。“月本”上月发放,下月即行收铜。“底本”则只有开采年久的老矿才“准预借”,按规定年限逐月分批扣铜。清政府通过借贷资金的办法控制了铜的生产,垄断了铜的买卖,并且通过官定价格进行野蛮掠夺。官价买铜是向来不敷成本的。以乾隆四十一年为例,官价低于成本六钱至一两六七钱。这种情况不仅使得开矿商民赔本,迫使他们转业,而且也严重地阻碍了富户向矿业投资。当然,不能说“预发工本,收买余铜”的办法排除了铜矿业中的投资,完全改变了它的生产性质。官府并不管理生产,官本只不过是预支的铜价,因而也就在基本上保持了商品生产和私人投资的形式。总之,完全否认鸦片战争前云南铜矿业中存在着资本主义萌芽的看法是值得商榷的。

关于农业方面的资本主义萌芽问题研究,则有李文治的《清代鸦片战争前的地租、商业资本、高利贷与农民生活》①。

李文治的文章基本是原始资料的汇编。他用图表及史籍资料归类的方式,依次揭示了地租剥削(包括地主占田示例,实物或货币地租形态件数统计,地租剥削深度——租额和租率、押租和预租、佃农承租花

① 载《经济研究》1956 年第 1 期。

费及各种附加租，地主对农民的人身迫害）；商业资本在农村的活动（农业商品化概况，与农业相结合的家庭手工业，商品资本对农民的剥削）；高利贷在农村的活动（高利贷的复杂形式——一般借贷、典当和质押贷款，高利贷的季节性，高利贷剥削的残酷性）；农家收支与农民分化（农家收支不敷，农民离村与游民增加，农业中的雇佣劳动，雇佣身份关系）。虽然全文没有明确表达对于农业方面资本主义萌芽程度的判断，但是其编撰意图明显是想说明农村经济生活中的新的生产关系因素，其提供的大量资料，也有助于这方面研究的深化和细化。

与上述李文同样关心农村问题的还有陈振汉。他的《明末清初（1620～1720）中国的农业劳动生产率、地租和土地集中》①比李文更明确地表达了自己的不同观点。

陈振汉判断，中国的农业生产力在明初有一个时期的恢复和发展，到明末又趋于衰滞。而在整个清代初期，未尝有所恢复。经过一番测算，陈振汉得出的结论是：“一个耕田十亩的农民，即令他是自耕农，不需要交纳地租，他的常年劳动生产物，在抵偿生产资料之外，只能维持一家五口的生活，不复能有多少盈余；也就是说，他只能年复一年地进行简单再生产，没有能力从事扩大再生产，提高农业生产力。”当然，农家人口里还可能有其他劳动力从事农业副产物和手工副产物的生产，因而增加了剩余劳动量。但是，封建国家的苛重赋役，不仅会攫夺所有的剩余劳动生产物，而且还会侵蚀一部分必要劳动生产物，以致农民“终岁勤动，不能免鞭扑之苦”。关于地租剥削的严重程度，陈振汉根据有限的零星片段材料推算，正额地租对亩产量的比率是五成乃至八成，达到了一个惊人的程度。

关于土地集中的情况，陈振汉论道：明朝末年，中国土地已经很为集中。皇室勋戚和大臣的庄田，在嘉靖年间达到二十多万顷，占纳税田亩总数的二十分之一。清初统治者更是强暴掠夺汉人耕地，《东华录》康熙四十三年（1704）的记载，“田亩多归缙绅豪富之家……约计小民

① 载《经济研究》1955 年第 3 期。

有恒业者十之三四耳,余皆赁地出租”,这就是说,全国直接农业生产者的十分之六七,都已是赤贫的佃户了。明末清初,“全国劳动力有大量的绝对减少”,耕地广泛荒芜,农业生产剧烈减缩,清政府财政收入发生严重困难。为了诱导农民耕作,增加依附农民,清政府的政策主要有二:其一,是以官僚地主和“殷实富户”为对象的奖励垦荒政策。从顺治到康熙,有关的诏令不下二十五道。这些诏令的目的,不是直接鼓励农民垦荒,而是鼓励地主富民招募农民垦荒,其作用不是减少地主阶级的土地占有,不是削弱地主阶级,而是扩大地主的土地占有,巩固其对农民的统治。其二,是以中小地主和独立农民为对象的严征田赋政策。明代钱粮最多只收足定额的七八成。康熙时,规定钱粮须按定额十足征收,按此要求考核、奖惩官吏。甚至有的州县官接连被参落职,但是均因钱粮未清,回家不得,只好同时在县城赁屋以居的。清政府如此严厉地催征赋役,并未收到打击豪强地主、阻遏土地兼并的效果,只是促使中小地主和农民个体所有的土地转移到高利贷者和大官僚豪强地主的手里。清初银价相当稳定,田价的跌落是统治者严厉征收钱粮的结果,而低落的田价便给了豪强缙绅和高利贷者以乘机兼并、扩充土地占有的机会。

黄逸峰撰文《中国资本原始积累的形式及其特点》①,讨论了晚清资本主义萌芽与资本原始积累的关系。

黄逸峰首先提出一个问题:中国资本主义生产方式的发生有没有经过资本主义萌芽和资本原始积累过程?如果有,这两个过程是平行发生的还是先后发生的?他指出,关于中国封建社会曾经孕育过资本主义萌芽,一般说来是没有争论的。但是对于萌芽的理解和中国何时发生萌芽,则有不同看法。黄逸峰认为,所谓“资本主义萌芽”,不仅是说在封建社会中已经广泛发生了雇佣劳动制,而且已经造成了“必需的历史前提”,能够从这样的萌芽发展成为资本主义生产方式。根据这样的理解,可以肯定,中国封建主义在1840年鸦片战争以前已经孕

① 载《江海学刊》1962年第3期。

育着资本主义萌芽是毫无疑义的。现在的问题是:在资本主义萌芽的同时,是否已经开始了中国的资本原始积累过程呢?

黄逸峰提出,“资本主义萌芽”和“资本的原始积累”是两个既有区别又有联系的范畴。所谓“资本主义萌芽”,就是资本主义因素由于封建社会内部商品经济的发展、封建经济结构的分解而发生了,资本主义因素的发生,又反过来促进了商品经济的进一步发展和封建经济结构的进一步分解。封建经济结构分解的过程,就是资本主义萌芽的过程。这一过程非常缓慢,它还不能积蓄起足以使旧的生产方式发生质的变化的力量,使新的生产方式代替旧的生产方式。而所谓“资本的原始积累”,按马克思的解释,就是“创造资本关系的过程”,是生产者与生产资料分离的历史过程,也是对小生产者和农民无情剥夺的过程。它一方面把社会的生活资料和生产资料转化为资本,另一方面把直接生产者转化为自由的工资劳动者。称它为“原始”的,是指它不同于资本主义生产方式的“资本积累”。“资本主义萌芽”和“资本的原始积累”的相同点是,都与商品经济发展和封建经济结构分解有关联,而不同点则是,前者是一个缓慢的分解过程,后者是一个急剧的分解过程。“资本主义萌芽”是“资本的原始积累”的前提。

联系中国的情况,黄逸峰认为,清代的雍正、乾隆时期,商品经济空前发展,国内市场已经基本形成,但仍未能走上资本的原始积累阶段。这是因为,清政府维护专制中央集权的封建统治不遗余力,在赋税制度上保护地主阶级,不断加强对农民和小生产者的残酷剥削和政治压迫,抑制工商业的发展,敲诈勒索,打击摧残,又厉行海禁,限制海外贸易。在这种情况下,有人认为,中国资本主义萌芽的发生也就是原始积累的开始;也有人认为,只要个别商品生产者手中积累了某些资本,就形成了原始积累的过程。这两种说法都是不成立的。

黄逸峰强调,在中国,资本的原始积累的发生,是在帝国主义列强侵入以后才开始的。中国资本的原始积累过程,大体上可分为两个阶段:

第一阶段,1840~1894年。这是中国资本主义发生和已经立定脚跟时期,也是中国早期资本的原始积累阶段。

这一阶段,外国资本主义通过侵略战争,强迫中国签订不平等条约,控制了中国的重要通商口岸和海关,加速了封建经济结构的解体,促进了早期资本的原始积累,使中国产生了第一批近代工业。这一阶段造成加速贫富两极分化和封建经济结构分解的原因主要有:1.巨额战争赔款、军事开支、统治阶级的奢侈耗费以及地主、商人、高利贷者的剥削,都压在广大人民主要是农民身上。农民极端贫困,丧失土地,外出流亡,出卖劳力为生。另一方面,军阀、官僚、地主、商人在动乱时代大发横财,兼并土地,积累大量货币财富。这都为资本的原始积累准备了条件。2.列强大炮打破了封闭的国门,商品源源输入。这就沉重打击了农村手工业,使农业和手工业分离,加速了封建经济结构的分解。市场需要扩大,新的生产力和新的剥削方式吸引和刺激了中国拥有货币财富的大官僚、大买办、大商人投资于近代工业。这是中国早期资本原始积累的一个组成部分。3.外国资本主义深入穷乡僻壤,以不等价交换方式掠夺农产品,农产品商品化的程度日益发展。农产品商品化的结果,一方面造成大批农民破产离开土地,为资本主义生产准备了充裕的劳动力后备,另一方面为发展轻纺工业开辟了原料基地,扩大了市场,也为资本主义工业准备了资金。4.大官僚利用权势,挪用或侵占公款创办工业,也是中国资本原始积累的一种形式。如李鸿章、左宗棠、张之洞、盛宣怀等人的作为,就是如此。

第二阶段,1895~1922年。这是中国资本主义在殖民地化过程中的发展时期,也是中国“依不断扩大的规模,再生产那种分离”(马克思《资本论》语)的时期。

这一阶段主要是民族资本的原始积累。新兴的资产者和商人阶层利用政权,发展工商业,促使封建经济结构加速和大规模地分解。1911年的辛亥革命推翻了君主专制政权。1914年发生了第一次世界大战。这些社会政治经济情况的变化,对于中国资本的原始积累发生了不同程度的影响。1.战争赔款以及辛亥以后军阀混战,地主高利贷盘剥,农民和小生产者日益贫困。列强掠夺加剧,外货深入农村,农产品商品化程度加深。经济作物面积显著增加。土布市场大为缩小。2. 帝国主义列强剥夺中国农民和小生产者，又用资本原始积累的一部分资金在中国直接创办近代工业，不但剥削工人，而且进一步掠夺农民。特别是1895 年《马关条约》签订以后，列强可以“合法”地在通商口岸办工厂，比中国人办工厂有更多的特权。所谓“资本输出”，实质上还是来自于以暴力对中国农民和小生产者掠夺的果实。在列强所办的工厂里，还有部分中国人的投资。如英商上海公益纱厂，实际上是中国人祝兰舫的资本。不少中国商人、买办、官僚，投资于资本主义工商业，为了凭借洋人势力，常常挂洋旗向外国注册。帝国主义在华企业投资中所隐藏的一部分中国资本，是中国资本原始积累的一个特殊组成部分。3.《辛丑条约》签订后，清政府为了挽救封建统治，实行“新政”，于 1903 年成立商部，颁布了若干保护和奖励工商业的章程，鼓励投资，也给了富人和特权者剥夺农民和小生产者的合法地位。辛亥革命以后，袁世凯和北洋军阀政府也制定了《奖励工艺品章程》、商会法等法令。这也一定程度地刺激了富人投资兴办工商业的兴趣和热情。热心“实业救国”的人们，创办了各种团体，如中华民国工业建设会、中华实业团，有些团体还直接集资办了一些工厂。这正反映了“它们全部利用国家的权力，利用集中的组织的社会力量，像温室般地，助长封建生产方式向资本主义生产方式的转化过程，并缩短当中的推移”。(马克思《资本论》语)4. 民族工业在这一时期有了显著的发展。1895 年到 1913 年共创办资本在一万元以上的近代厂矿 549 个，资本计 120288000 元。以轻纺工业为主的资本主义工业发展起来。初期的民族资本主要来源于三个方面：一是与帝国主义联系较多的买办阶层；二是与当时政府大官僚有联系者，或者本身就是大官僚；三是高利贷资本。5. 民族资本在第一次世界大战期间和以后，有了进一步的发展，特别是纺织业、面粉业和其他轻工业。这一阶段，由于帝国主义暂时放松对中国的掠夺，中国民族资本主义工业有了较大发展，其分布由沿海通商口岸扩展到内地中等城市，其经济势力还深入广大农村。这一阶段资本原始积累的特点是中国资本主义经济在帝国主义经济压迫下，和帝国主义经济平行地促进了封建经济的分解。6. 第一次世界大战期间和以后，资本主义工场手工业有了发展，有些农村手工业开始了资本主义化。7. 这一阶段，中国民族资本主义工业有较大进步。它的资本来源，主要是数十年间官僚、军阀、买办、高利贷者从各种不同的途径所积累起来的货币财富。这期间银行和钱庄起了很大的桥梁作用。中国几个较大的民族资本集团，几乎没有不向银行借款的。以荣氏申茂、福新系统为例，借资占其全部资本的一半以上。8. 随着资本主义近代工业的发展，工人阶级队伍增加，1918 年农商部统计，全国工人计 1749336 人。

黄逸峰得出了十点结论：

（一）鸦片战争以后，外国侵略者凭借不平等条约对华输出鸦片、商品和资本，剥夺农民和小生产者，促使中国封建经济结构加速分解，开始了中国资本的原始积累过程。

（二）中国的工场手工业没有能够担当起中国资本原始积累的历史任务。

（三）中国资本原始积累的过程是长期持续的。中国资本的原始积累过程和资本积累过程，即依靠剥夺农民和小生产者积累资本的过程同依靠剥削工人剩余价值积累资本的过程是平行交错地进行的。大部分资本主义工商业最终属于四大家族的官僚资本，成为国家垄断资本主义，民族资本仅占很小的比重。

（四）帝国主义在华企业参与了中国资本的原始积累过程，在客观上也刺激了中国资本的原始积累。

（五）中国民族资本主义在帝国主义和封建势力双重压迫下发生发展起来，既受它们的压迫与束缚，又和它们有千丝万缕的联系。它的资本原始积累过程大体有三种不同的形式：1. 买办资本的转化；2. 大官僚、大军阀利用政权掠夺财富，将其中的一部分投资于近代工业；3. 商业资本和高利贷资本投资于资本主义工商业。

（六）中国民族资产阶级在利用国家政权进行资本原始积累和加速资本主义的发生发展方面，经历了从不自觉到自觉的过程。

（七）中国的银行、钱庄、票号、典当是中国资本原始积累的重要工具。

（八）中国新兴的资产阶级需要并使用国家暴力，压迫和剥削工人。

（九）在中国资本的原始积累过程中，形成了中国资产阶级和中国无产阶级。资产阶级的前身是官僚、地主、买办、商人。无产阶级的前身是农民和小生产者，它的出生早于中国资产阶级。

（十）在半殖民地半封建的中国，发生发展资本主义，它的资本原始积累过程，更多地使用暴力是必然的。

六、争鸣中的批判

20世纪50年代中期到60年代关于资本主义萌芽问题的讨论，是在十分明显的政治导向和强烈的意识形态氛围中进行的。这期间发生的对于尚钺学术观点和学术思想的批判，就是当时“左”的倾向在历史研究领域内的突出表现。

尚钺1921年考入北京大学预科，本科在英国文学系学习。在李大钊等的影响下，他学习马克思主义，倾向革命。1927年9月，一片白色恐怖中，尚钺在河南开封加入中国共产党，参加过农民暴动和城市工人运动。他两次被捕入狱，意志坚定，忠贞不屈。40年代，他转入历史研究，先后执教于云南大学、山东大学。1950年，中国人民大学成立，尚钺历任中国历史研究室副主任、主任。50年代中期，当史学界“五朵金花”盛开的时候，他积极地参与了关于资本主义萌芽问题的讨论，发表于《历史研究》1955年第3期的《中国资本主义关系发生及演变的初步研究》和《教学与研究》1955年第6期、第7期的《清代前期中国社会之停滞、变化和发展》，就是他的研究成果。

在《中国资本主义关系发生及演变的初步研究》一文中，尚钺说：“我们在讲授中国人民大学的中国历史课程中，根据毛泽东同志的指示和过去学者的研究，自1950年即提出远在16世纪中叶以前，中国已有资本主义最初的萌芽。”尚钺认为，所谓“资本主义”，是社会历史发展到一定阶段出现的人们相互间一定的关系。当这种关系开始存在时,我们可以看到两种极不相同的商品所有者,一方面是货币、生产资料、生活资料的所有者,另一方面是一无所有的"自由"的劳动者。在中国,这种资本主义生产关系的萌芽的现象,并不晚于西欧,在南宋末和元初就已隐约看到。《马可·波罗游记》描述了杭州手工业作坊的生产关系,作坊主夫妇雇用工人生产,并不亲自劳动。"这种生产关系是否就是资本主义的关系还很难说",因为它没有明确劳动者受主人"支配"的程度,也没有明确他们是否受行会的束缚。16 世纪初叶,中国工商业恢复和发展。江南苏、杭、湖、松、常诸府的丝织业进步明显。在雇用几百工人的织绸手工工场里,已经出现了分工。佣工的身份和行动都是"自由"的,他们能团结一致,为抗议资本家侮辱他们的人格而进行斗争。到了明代末叶,苏州丝织更加发展,府城中居民大半工技,劳动市场已有相当的规模。丝织专业重镇盛泽,异常繁荣,机户有大户小户之分,市镇的丝织品交易都控制在牙行之手,他们领着商人到"大户"去包买,小户则把绸匹送到牙行出售。绸丝牙行有"千百余家"之多。这些记载是我国资本主义发展史的辉煌例证,它说明了商业资本怎样奴役着大批生产者并组织着资本主义的手工工场,组织着资本主义的家庭手工制的大生产。由丝织业发展起来的机房主人,富至数千金。这些富豪的存在,决不是对于社会和政治没有影响的。尚钺认为,从丝织业、棉纺织业和陶瓷业上看,其结构都已经是资本主义的经营方式。但就工人的性质看,压在他们身上的,除资本外,还有奴役、封建关系的媒介等,因而还带着浓厚的工役雇佣的性质。

尚钺分析,在明代,资本主义经营方式已渗入农村。江南一带,由于丝、棉织业的发展,需要桑、棉农业生产品原料的供应,因此就影响到农业上桑棉种植的发展。农田转入了纺织业原料生产的过程,而且受市场自发性的支配很厉害。就其经营方式来说,"富者田连阡陌,桑麻万顷",当然是豪富排挤小农所造成的。经营中点点滴滴都联系到市场的价格和利润的计算。由此可见,个别地区城市手工制造业与农业土桑田的经营互相配合,已经在萌生着原始积累的现象。棉花、茶叶的商品生产情况，也相类似。尚钺进一步指出，资本主义生产的经营方式既渗入农村，所影响的不仅只是作为城市手工业原料的桑、棉、茶、蔗、花果、香花香草等商品作物的经营方式，也影响一般的农业经营方式和改变着农村的生产关系。在湖州、苏州乃至北中国广大区域里，农业生产中的雇佣工人不仅普遍，而且占着很大的比重。《醒世恒言》等材料明确地反映出，明中叶以后，有些地区农业经营基本上已采取了资本主义制。随着资本主义萌芽渗入农村，农业生产技术亦有颇多改进。在商品性农业发展的情况下，土地必然转入商品流通过程。明中叶以后，因为土地买卖，产生了耕地高度集中的现象。与此同时，失掉土地的人越来越多。农村被迫逃亡的人，有些变成了城市或他处的工资劳动者。资本主义萌芽渗入农村，也改变着农村的生活习惯。商品性农业经济已开始了与墨守成规的自然经济的单调性进行斗争，也就是同千百年来家长制农民经济或家长制工役制度开始分离。由于农业生产技术的发展和农业雇佣劳动者的斗争，“迫使地主老爷们认识到如何才能发挥雇佣劳动者对生产的积极性”。明末清初张履祥的《补农书》是一篇“封建地主的自觉书”，他意识到地主对雇农“骄蹇呵詈”不仅可耻，而且是阻碍劳动者发挥生产积极性的重大原因。他“提出地主和农民的关系，应该建立在平等的立场上”。将地主和农民之间的封建关系改为契约关系，是明清之际社会发展的一般要求。崇祯时《沈氏农书》中的记载，“完全是一个经营大地主的算盘了，这里边没有丝毫宗族、亲戚、乡邻的家长制残余的痕迹，所有者只是冷冰冰的商品利润”。地主与佃客的关系，也有变化。有材料反映，佃户对地主只是交纳租谷和冬牲的契约关系，而无隶属关系是很明显的。

尚钺继续论道：正是因为城市手工业和农业出现了新的生产关系，所以中国中世纪历史上随着农奴制度而来的徭役制度，亦开始解体。洪武时，全国入籍的手工业匠户有23万。由于这一制度与社会发展的矛盾越来越尖锐，封建统治者不得不取消轮班服役制，改为征银。工匠徭役制度基本上宣告废除。至于农民所担负的赋税徭役，由于“一条鞭法”的实施，也基本上货币化了。徭役制度的废除，当然是封建社会发展过程中的一个进步。虽然在剥削量上有些地方还有相当的增加，但是直接生产者对政府的封建隶属关系却基本取消，从而小生产者能够获得更多的自由支配时间来改良生产。

在资本主义生产萌芽增长的过程中，明末商品流通也有了超越前代的发展。山西商业资本家的经营，已经形成了资本主义的结构，萌芽着连锁分支的形式。由于商品流通的加速和扩大，金银与货币成了人人必需的物品，刺激着官僚、大商巨贾拼命搜刮金银，形成巨额的商业资本和高利贷资本。这些非生产性的资本不但没有促进产业发展的作用，反而阻碍了手工业或农业的资本主义萌芽的发展。但是这些财富的积累，在政治上和经济上腐蚀明王朝及封建制度，使之进一步趋于解体的作用是很大的。

尚钺探讨了明代社会经济的发展对上层建筑的影响。在法律上，朱元璋明令解放元朝被强迫为奴隶和农奴的汉族人民，《明律》也严禁诱骗或掠卖人口为奴，禁止任何形式的人身买卖，基本废除了农奴制。在对外关系方面，虽然还有“贡”“赐”之名，但实际上已是由政府所执行的国际间货物贸易。尚钺还注意到，随着新的生产关系的萌芽，新的社会矛盾和斗争也发生了。这主要是城市市民反对腐朽封建势力压迫和榨取的运动。这种运动也反映出统治集团中一部分官僚的政治思想的变化，而形成明末所谓“党争”的特有形式和内容。万历年间，各地反榷税的矿监和税监的运动，就是明王朝中代表工商业者的官僚与城市市民一起展开的反对统治集团劫掠的剧烈斗争。尤其是苏州织工反税监孙隆的斗争，是“平民反对派新式的群众性的英雄斗争”。它不是由行会组织的，“而是工资劳动者在大作坊或手工工场中、在共同的资本家的命令之下，由进行同一商品生产的简单的分工协作的劳动过程锻炼和组织出来的”，他们有组织、有计划、有纪律，目标明确不妥协，因此，“也就是中国近代意义无产者的前辈开始走上历史舞台”的光辉记录。东林党人代表着中等阶级反对派的利益。不管他们的主观意愿如何，在客观上都是为资本主义萌芽开辟发展前途的，所以受到广大城市的平民和织工的拥护。从这里，我们不仅看见了市民运动，而且也看见了他们在开始联合一起进行政治斗争。“这就给许多资产阶级史学家和经济学家,武断地说中国社会在西洋资本主义侵入以前,没有资本主义因素萌芽的荒诞的、为资本主义和帝国主义侵略中国制造理论和历史根据的妄言,以有力的批判。”尚钺同时还指出,明末中国社会的主要矛盾,虽然还是地主与农民的矛盾,但是它不同于中世纪的地主与农民的矛盾,农民反抗地主的斗争,已经有了新的内容。地主与佃农的关系,开始由隶属关系转变为契约关系。农民起义的领袖自称“铲平王”,表示起义的目的是铲除地主与农民之间的不平,要消灭政治上、经济上以及一切社会传统、习俗中的不平等。在李自成领导的起义中,这些性质表现得更明确。

在完成了长篇论述后,尚钺总结道:明末三五十年间,中国封建社会已在开始起着本质的变化。他批评有的人误解毛泽东所说的“中国封建社会内的商品经济的发展,已经孕育着资本主义的萌芽”,而说资本主义萌芽在封建商品经济发展的“母胎中”孕育但还没有出来,直到外国资本主义侵入后才萌芽出来,这“显然是不正确的”。他还批评有些同志,虽然承认外国资本主义侵入以前中国就出现了资本主义萌芽,承认明清时代商业资本活跃,出现了许多大工商业城市,但却怀疑当时是否有市民运动,甚至根本否定有市民这个等级存在。“这种认识也是有偏差的”。发生这种偏差的原因,是他们一看见“市民”就硬去与“近代欧洲资产阶级前身”类比,而不是从当时中国的社会经济结构的变化与发展去看中国也有中国的“市民”。尚钺指出,“市民”出现在中国历史上,绝不是从欧洲搬来的,在明代甚至更早的时代即已经出现。按照马克思《共产党宣言》的说法,市民等级所包括的分子,在中世纪就是城市自由居民,这个市民等级是异常复杂的。这个市民等级在资本主义萌芽和增长的时候,比过去分化得更厉害。这种分化的情形,恩格斯在《德国农民战争》中说得很清楚,“城市工商业的发展,从中世纪原来的市民内面,产生了三个不同的集团”:其一是以阀阅之家为首的“名门望族”,其二是“中等阶级反对派”,其三是“平民反对派”。对照中国的情况,其一,中国的“豪强”的胡作非为正是德国的“阀阅之家”

很热衷干的。其二，明末的东林党人与16世纪德国的中等阶级反对派没有什么本质的区别。其三，在明末各大城市反矿税监、反豪强的城市居民、手工业工人中，我们也看到了典型的“平民反对派”。所以，在中国，我们可以看见封建社会中“市民等级”的各种人物及其活动。而且，市民不仅在明清时代，乃至远到唐末和宋代，都已经出现了。

在《清代前期中国社会之停滞、变化和发展》一文中，尚钺延续着《中国资本主义关系发生及演变的初步研究》的思路，探讨了资本主义萌芽在清代的发展。

尚钺认为，1840年以后，中国人民之所以能高度发挥捍卫祖国的英雄精神，粉碎帝国主义列强瓜分中国的阴谋幻想，是由于近代意义的中国民族的稳固体早已形成。并且，这种自觉的民族精神不仅贯彻到进步的士大夫知识分子的思想和情绪中，而且也贯彻到广大的工人和农民群众中。这些现象虽然在近百年的历史中表现特别突出，但它的萌芽却早在元末明初就已经很明显地看得出来。因此，要说明19世纪以后中国人民所遭受的痛苦以及中国社会发展的迟滞，必须上溯到17世纪开始到17世纪40年代满洲征服中国以后的历史，才能得到答案。

尚钺指出，从1644年到1840年的近200年间，中国社会是有一定发展的，但是发展的速度远不及明代中叶以后百余年间的速度。这200年又显然分成两个大阶段，即满洲入关到乾隆中叶的一百余年这个阶段，中国社会基本是处于破坏和恢复的阶段；乾隆到道光年间，则是封建制度进一步解体和资本主义发展将要起而代之的时期。

尚钺强调，中国最腐朽的封建势力帮助满洲族对中国的征服及统治，至少使中国社会发展延缓了120余年，甚至更长的时间。满洲族在征服过程中，直接和间接屠杀的中国人口至少有数千万，严重地破坏了生产力，摧毁了社会生产持续发展的主要因素。在清初，基于土地所有制的生产关系仍然是明末的地主与农民的契约关系，并非中世纪的农奴与农奴主的关系，但是在清朝统治者的袒护下，农民受奴役的程度却比明末更重。清代前期，地租的样式虽然是多样化的，有实物，有货币，也有对分制，但是农民实际上还是负担着契约中没有写明的工役、劳役、帮工等等压力。尚钺注意到，在商品经济较发达的地区，特别是资本主义因素萌芽比较增长的苏、松、嘉、湖、杭一带及东南沿海地区，自然经济衰落，农民两极分化的程度较高，工役制就逐渐为资本主义制所排挤。到了乾嘉时代，商品经济进一步发展，土地更迅速地卷入了流通过程，货币作为彻底平均主义者来裁判社会诸关系的时候，一方面阶级矛盾益趋尖锐，另一方面统治机构更加腐朽衰败，社会关系一般都在开始着新的变化。明末清初的《沈氏农书》记载的江浙一带的农业经营的情形，绝不是闭关自守的自给自足的自然经济整体时代的封建占有制下的农业，而是它解体时期的商业性农业的经营情形。因为在他的计算中，一切种子、农具的消耗，甚至一部分肥料，都被当做成本加到再生产过程中去。我们看到这个经营地主已把农业生产物当做商品，更正确一点说，当做占有剩余价值的手段来生产，而不是当做自己的消费品来生产。在这里，我们明显地看见资本主义制度及经营方式的存在。尚钺认为，从土地、人口和地价的变化看，中国社会经济在满洲入侵和征服中国的过程中受到惨重的破坏，到乾隆后期才恢复到明末的水平。雍正、乾隆时期是中国社会经济的恢复时期。

尚钺接着论道，满洲的征服和统治基本上未能改变中国的社会性质。因此，明中叶以后随着商品经济的发展而产生的社会矛盾——生产关系不适合于生产力性质的矛盾，在清初，随着社会经济的恢复与发展，不仅再现出来，而且更加尖锐和强烈。清政府不仅要维持满洲贵族的特权，而且要保证封建地主阶级的利益，这就助长了官僚、军阀、地主和富商巨贾残暴掠夺农民的土地，把清初因地旷人稀而出现的大批小农排挤出土地，重新造成土地大量集中。与此同时，中国由北而南，除了西部边远地区外，几乎全部卷入商品作物生产中。如果我们配合前述大地产的发达情形，就可以看出中国社会已在起着怎样的质的变化。由此可见，在清代中叶，商品经济不仅在支配着城市，甚至在苏杭一带也在日益普遍地支配着农村。在统治阶级和地主富商高利贷者互相结合的严重剥削和压迫之下，广大农民与土地分离，大批流向城市，成为手工业作坊和工厂的雇佣劳动者的廉价补充队伍。因为他们的出现，手工业工人的生活不能改善,极其困苦。另一方面,城市工商业在清政府的残酷限制和剥削下不能发展壮大,不但不能容纳大量流入城市的农民,而且因为农民廉价劳动力的充分供应,就更加残暴地榨取工人。结果,城市手工制造业很难扩大生产,同时农村破产,必然激化社会危机。

尽管如此,尚钺指出,中国人民为着生存,在残酷压迫和剥削之下,辛勤努力,还是推动了中国社会经济的发展。矿业、纺织业、茶业等进步明显。根据史料的记载,如果说资本主义生产方式萌芽在明代还是集中在东南沿海地区,那么到清中叶,则已经遍及各地,如果在明代还只限于丝织业、陶瓷业、煤矿和东南的商业性农业,那么到清中叶则差不多遍及于各行业各地区。在工商业繁盛的地区,农业中农民和地主的关系,基本上已是契约的关系。矿业、纺织业、陶瓷业、制茶业等等就其结构来说,已经是资本主义的经营。它们与巨大机器工业的区别,仅仅在于技术不发展,工人的工资低得仅能维持最起码的生活。但是它们都是资本主义的经营,则是没有疑问的。商业资本和高利贷资本又开始活跃起来。与明代相比,清代的典当铺,不仅数量众多,资本雄厚,而且兼作存放款的业务。晚清陈作霖《凤麓小志》记载南京的"账房"通过商业资本控制织工,正如银钱业的当铺、钱庄和银号之控制市民,都是只有在资本主义因素萌芽已经相当增长的社会经济中才能产生的现象。清代的商业资本和高利贷资本不但不能顺利破坏封建所有制,而且很少能转化为产业资本,反而有颇大一部分转向投资于土地,这对于巩固封建所有制是有一定作用的。

尚钺着重分析了清代前期中国社会矛盾的变化与发展。他发现了两种颇为矛盾的现象存在:一方面,体现旧的封建生产关系的官僚地主统治阶级较之明末更顽固、更嚣张、也更腐朽,因而生产关系不适合于生产力性质的矛盾,也比明末更加深刻化。另一方面,康熙、雍正、乾隆时代,又是清朝统治的"极盛时期",表面上看,社会矛盾似乎有所缓和,获得了相对的安定与和平。为了说明这种矛盾现象,就有必要叙述和分析清朝封建统治阶级的作用和清代前期中国社会的主要矛盾的变化。

清初统治者奉行的是一种满洲族的落后性和中国最腐朽的封建势力相结合所造成的一种稀有的狭隘、凶狠、残暴、贪婪的民族牢狱政策。这种政策不仅保证了满洲贵族落后贪鄙性的放纵横恣，破坏了中国社会经济的发展，而且培育了中国地主阶级士大夫的奴性，摧残了中国民族的优秀精神文化，如抗节死义的传统斗争精神。因此，这种政策是一般有正义感的官僚士子所不能容忍的。康熙、雍正、乾隆百余年间，清政府屡兴文字狱，企图用极端野蛮的屠杀政策压制中国人民自觉的民族意识的发展。“但是，中国人民回答它的，在农村却是此起彼伏的武装斗争和秘密结社，在城市市民则以更隐秘、更巧妙的方式，建立自己的组织和不断推动市民斗争运动。”雍正、乾隆之际，中国社会表面安定，实际上却是在为继明末以后的另一次大革命准备力量。这一时期，特别重要的是南中国以市民为主体的反满组织“三合会”（或称“天地会”，“三点会”）的建立。江南义士入会者颇多，会众自称“洪门”，成分非常复杂，但团结力很强。乾隆时，江南地区又有“哥老会”成立，组织严密，各色人等都可以拜师傅、做会员。这些秘密结社的主要成分是市民，其成分与恩格斯分析16世纪的德国农民战争时的市民几乎是一致的。这些组织贯彻着一定自觉的民族主义和民主主义的精神，不是偶然的，而是与在明末资本主义萌芽增长的基础上发展起来的市民运动有直接的关系。与清初相比，明代市民斗争运动规模更大，更加激烈，而明代统治者认识到人的商业价值，对待这些斗争运动，大抵还参考大臣或地方官吏的意见，所以处理远较清代为轻。清代皇帝以征服者自居，只知维护专制世袭王权，对于人的商业价值毫无认识，因此对于富有反抗性和创造性的市民的任何表示，都要采取最野蛮的屠杀手段。

尚钺指出，清廷畏惧中国人民的恐怖政策，集中表现在明代中国市民斗争最剧烈的江南地区，特别是织工斗争最激烈的苏州。除了驻重兵镇压，还采用了现代化的特务组织来控制苏州市民的行动。这就迫使工人在开始形成自己的组织时，不得不采取秘密拜把结盟的形式，因为这是无产者保证自己生存、争取自身利益的唯一有效的斗争武器。尚钺强调,由现在还保留下来的《奉各宪永禁机匠叫歇碑记》可知,从1723年到1734年苏州无产者阶级已经能组织大规模的反对资本家阶级的斗争。斗争所表现的,一方面是生产资料和生活资料所有者集团,另一方面是自由出卖劳动力的无产者集团。斗争的本质已经是无产阶级和资产阶级的阶级斗争,而不是中世纪帮工、学徒反对行东的斗争。当然,这时的无产阶级的组织还带着封建关系的色彩,如拜把结盟,资产阶级对于封建统治者的依靠性还很强,还未形成一个独立的力量。这种资本主义的新的关系,还不是支配中国社会的主导关系。尚钺称赞道:"中国无产阶级前身的工资劳动者,一开始登上历史舞台,就背负着反封建的伟大任务,这是我们在明代市民斗争中已经看见的。到清初,我们看见了他们又担负起反抗民族压迫的伟大光荣任务。"

尚钺又分析道:表现在明末的生产关系与生产力不适合的矛盾,在清初的早期比较隐晦了。加之统治者的屠杀恐怖政策,江南地区的市民运动就必然转入地下。三合会、哥老会等秘密结社的基本群众,主要是城市市民而不是农民。这些组织的纪律性和斗争顽强性、持久性以及没有宗教迷信等特点,也绝不是中世纪社会中小生产者所能有的。他们的斗争,是明末市民运动,特别是其中的织工运动的扩大和转化,即由反封建剥削的阶级斗争转化为以民族斗争为形式,以反抗民族和阶级双层压迫为内容的阶级斗争。这些秘密结社所反映的社会关系,是萌芽的资本主义关系,而不是封建的行会关系。这些秘密结社的组织不同于一般的农民的组织,而是披着封建的外衣来进行反对封建的,它的内容和组织精神基本上是民主的。他们是当时中国社会上最进步的以手工业工人为主体的市民的组织。

尚钺这样来总结自己的长篇研究:

康熙、雍正、乾隆三朝一百多年间,中国社会表面相对安定与和平,但并不意味着明末已存在的生产关系不适合生产力的根本矛盾的减弱或消灭。相反,这个根本矛盾更加尖锐,冲突更为激烈。这表现在两个方面:第一,明末资本主义萌芽进一步发展,中国社会已是资本主义的

“所谓原始积累”时期。但是,这一时期中国国家的政治权力却与这个经济发展规律背道而驰。因此,中国社会便不可避免地走上了大革命的道路。第二,在这一百余年间,国家和私人积累起相当大的财富。但是,这个财富不是生产的财富,而是消费的财富。这是一种“消费的吃掉生产的,阻碍资本主义萌芽登上历史舞台的反发展的阻碍运动”。所以,清代前期封建制向资本主义制转化的要求和斗争十分剧烈,但却长期没有完成这个转化过程。简言之,清廷落后的统治阻碍了社会的发展,“因此,中国社会发展中的这一个顽固而强大的阻力,就只有用革命来解决了”。“所以,到乾隆五十八年,我们就看见中国封建社会第二次大危机的大革命的序幕,因白莲教的首领王发生被捕而揭开,一直到太平天国革命运动,中国历史又揭开了新的一页。”

1957 年 3 月,中国人民大学中国历史研究室韩大成等四位研究生讨论明清资本主义萌芽问题的论文结集为《明清社会经济形态的研究》一书,由上海人民出版社出版。尚钺为本书写了一篇《序言》,提纲挈领地表述了自己对于中国资本主义萌芽问题的基本观点。

《序言》首先声明,我们对于中国资本主义生产因素萌芽及其增长时期的中国社会性质进行初步探讨,是“根据毛泽东同志的指示”进行的。《序言》说道:16 世纪以前,中国社会虽然基本上还是自然经济占统治地位,但是由于商品经济有了某些发展,在中国东南沿海商品经济比较发展地区,如苏、松、杭的三角地区等城市手工业中已经稀疏地出现了资本主义的萌芽。自此以后,这些新的经济的萌芽,一直在成长着,到 16 世纪中叶以后,逐渐发展成比较有力的社会势力,因之,就影响到社会的各个方面。但是,因为它还未发展成决定的社会势力,所以它还未能改变中国社会的根本性质。《序言》还论道:“关于明清两代社会性质的讨论,是中国历史上的一个大问题。这个问题的解决,不仅将影响到史学界对中国历史的某些传统看法,如中国封建社会长期性或中国社会停滞论,乃至中国社会一直到 1840 年外国资本主义侵入以后,中国社会基础还是小农业与家庭手工业相结合的自然经济等等,而且也将影响到中国近代史究竟以什么时期作为起点的问题。因为,不拘从社会经济的发展上，或从上层建筑的意识形态发展线索上，以及从中国内部的主要矛盾和主要矛盾方面的继续和发展上，以1840年外国资本主义侵入的时间划一个分界线，都是不很妥当的，而且有着斩断历史发展线索的毛病。”

这篇序言不长，仅仅4000字，却招致大规模的批判。

刘大年在《历史研究》1958年第1期上发表了《关于尚钺为〈明清社会经济形态的研究〉一书所写的〈序言〉》，对尚钺进行了严厉的批判。

刘大年首先列举了从马克思到毛泽东对中国历史作的“重要的、科学的论断”，包括：1. 封建制度在中国历史上经历的时间长，发展迟缓甚至停滞；2. 小农业和家庭手工业结合的自然经济是中国封建社会经济结构的特点；3. 1840年中英鸦片战争是中国半封建半殖民地制度的起点。他强调，研究中国历史应该以这些观点作为指针，否则就会错误百出。

刘大年指责尚钺“为了树立起他自己的关于中国历史的见解，拒绝以这些观点作为研究的指针，直截了当推翻了这些观点”。他引述了《序言》里的说法后，批评尚钺极力夸张明末清初中国社会生产中的资本主义关系或资本主义萌芽，把中国资本主义的历史大大提前，改变明清之际的社会性质。刘大年归纳了尚钺关于近代史起点的三种回答：1. 明末清初开始了中国资产阶级民主革命的时代；2. 明末清初是资本主义占优势的封建社会；3. 明末清初由封建社会变成了资本主义社会。这三种说法表面上有分歧，但是根本点都是主张明清之际开始了中国从封建制度到资本主义制度的变化。“然而作者在叙述中又没有公然的、直截了当地宣布自己的结论。叙述中表现为吞吞吐吐，表现出一种欲语还羞，‘脉脉此情谁诉’的神情。这不是别的，乃是充分暴露了作者的根据薄弱，逻辑上、论据上处处混乱，自相矛盾；并且对于所以要做某些声明的原意，正是欲盖弥彰！”

联系尚钺的《中国资本主义关系发生及演变的初步研究》等其他论著，刘大年说《序言》的主张并不是孤立的，只不过表述更加集中、更加明确起来了。

刘大年说,“照我看来”,尚钺大大提前中国资本主义历史的主张的来历,“主要是国外某些早期挂着马克思主义招牌的历史研究者的错误见解在尚钺同志的思想中根深蒂固,再加上早年国内若干出版物中错误观点的影响,是这二者的结合。因此他的这一套主张实际上是翻开了二十几年以前的一本陈账。”这里的“陈账”,是指20世纪30年代中国社会史论战中“托派分子和黄色文人”陶希圣等人的主张。刘大年相信,尚钺是想把自己的主张同陶希圣等人划一条界线的,“但是作者怎么想过是一回事,黑字印在白纸上摆在读者面前的又是一回事”。

不仅如此,刘大年还更加严厉地批判“序言上还涉及到修改马克思主义某些基本原理的问题”。按照尚钺的说法,“马克思主义关于经济基础与上层建筑的理论就最少是成了不大正确、不大适用的东西”,“马克思主义关于阶级斗争和革命的学说,也就不无问题”。

面对如此严厉的上纲上线的批判,尚钺据理力争,进行答辩。他的答辩文章《与刘大年同志谈谈学术批评》投寄到《历史研究》,没有被登载。但是,《历史研究》还是将文章打印散发,供有关人员阅读并批判,后又将其编入《尚钺批判》第一辑。

《与刘大年同志谈谈学术批评》分为六个部分。在第一部分“前言”里,尚钺表明对于学术上的批评与自我批评的态度,希望“互相帮助,共同前进”。在第二部分里,尚钺批评了刘大年“非此即彼”的形式逻辑推理方法,指出:“刘大年同志的思维方法还残存着形而上学的影响,因此就阻碍着他对明清之际包罗万象充满矛盾的中国社会变化与发展的正确认识,从而使他很难看出数以十计的史学家凭客观实际存在和大量材料,进行具体事物具体分析所引出结论的正确性。因此,刘大年同志对我的文章进行一系列的引申及引出的臆想的结论,也就成了必然,不足为怪了。”在第三部分,尚钺对“无产阶级”作了解释,澄清了与刘大年的分歧。在第四部分,尚钺批评刘大年故意修改、歪曲了自己的观点,“这种批评精神似乎与毛泽东同志谆谆教导我们的‘与人为善'、'治病救人'的批评精神,以及党的'团结——批评——团结'的精神都很少有相同的地方"。在第五部分,尚钺为自己"辩诬",一是自己没有修改马克思主义的原理,二是自己的论点与陶希圣等人的主张是绝对相反的。他批评刘大年研究问题时的主观随意性和片面性,"甚至还夹杂着某种不纯的目的"。在最后一部分"后语"里,尚钺表示:"从上面我们与刘大年同志一系列的讨论中,使我感觉着我们虽然都是马克思主义者,也都是从事历史科学工作的,但是不拘对待历史事变的研究上,或对待经典著作的学习态度上,我们之间都还有着不小的差别。"

黎澍也对尚钺的《序言》提出了严肃批判。他的文章《中国的近代始于何时》发表于《历史研究》1959 年第 3 期。他认为,尚钺关于资本主义萌芽和中国社会性质的"新"说法,不只是一个简单的学术问题,而是涉及中国共产党过去对于中国社会性质和革命性质的认识是否正确的原则问题。

与刘大年相比,黎澍的批判学理性更强一些。他指出:"用某种社会制度的萌芽作为划分时代的标志,这个主张本身就包含着否定它自己的谬误。""尚钺同志的用资本主义的萌芽来划分中国的近代的主张,本来即使仅仅从这一点说,已经是站不住了。"黎澍说,马克思在《资本论》里反复论证了男耕女织是中国社会经济结构的最基本的形式。在这个结构里面,也有手工业和农业分离的某些现象,但是这并不足以改变中国社会经济结构的根本性质。相反,我们从中国手工业的发展过程中到处可以看到农业和家庭手工业相结合的深刻的反映。第一,即使是最发达的手工业也不是完全脱离农业的。苏州丝织业的机匠有很多就没有脱离农业。机匠虽然受雇于人,但不是一无所有的工钱劳动者,而是自备工具的小生产者。他们和商人的雇佣关系实际上不是工人和工场主的关系,而是小生产者和包买主的关系。第二,一切手工业者必须依靠行会的保障。机匠的作坊同时也是行会的基本单位。行会对会员约束是严格的,对经营规模的限制是野蛮的。第三,由于市场有限,商业和手工业行会便以禁止自由竞争来保持本身的存在和发展。

黎澍指出,中国的农业和小手工业相结合的经济结构最初还对外国商品有着某种抵抗作用,到了19世纪末,就显著地开始崩溃了。在这个崩溃的废墟上,出现了中国的资产阶级。这个资产阶级首先不是由旧的商业和工业阶级发展起来,而是由买办和官僚集团转化而来。张謇是宣传“振兴实业”和“挽回利权”极为动听的资本家,但这些资本家的民族意识大抵都只是挂在口头上或者写在发起企业的文件里面,在企业经营的实际中便完全不是那么回事了。

黎澍强调,鸦片战争以后,中国多了一个外国势力,以致事事处处都离不开它。中国资产阶级的根本利益是与外国资本相矛盾的,但是由于它本身的软弱,又与外国资本相依存。在中国,资本的积累过程和资产阶级的形成过程是同欧美殖民主义的最残忍的暴力掠夺结合在一起的,因此,它带给人民的灾难也就成为人类历史的最惊心动魄的血与火的篇章。黎澍特别指出,中国共产党成立以前,资产阶级民主派曾经把近代中国的问题看做是与明末清初相同的。孙中山的失败正在于此。中国共产党纠正了资产阶级民主派的这种看法,认为必须把鸦片战争以后的中国问题当做中国在一个新的历史时期的问题来认识,必须把它和帝国主义的侵略联系起来认识,才能得到真正的解决。总之,尚钺的“新”说法不能推翻“旧”说法,我们仍旧认为中国的近代是半殖民地半封建时代,这个时代始于鸦片战争。

最后,针对尚钺所说的“以1840年外国资本主义侵入的时间划一个分界线,都是不很妥当的,而且有着斩断历史发展线索的毛病”,黎澍批评道:“为了要有个不斩断历史发展线索的名义,把新出现的阶级——资产阶级和无产阶级,都说成是古已有之,因而否定中国的近代始自鸦片战争,这在实际上是完全否认了鸦片战争以后中国历史的特点,否认了马克思主义关于中国历史、特别是中国近代历史的根本看法。这样的研究,不管做得多么辛勤,究竟有什么意义,是值得怀疑的。”

尚钺回答了黎澍的批评,这就是发表于《历史研究》1959年第7期上的《关于中国资本主义萌芽问题的二三事》。

尚钺首先承认,自己的某些观点"显然是对由1840年鸦片战争爆发以来的中国人民反帝反封建的资产阶级旧民主主义革命第一步开始的重大政治形式的变革重视的不足",在这一点上,刘大年和黎澍的意见都是对的,"但也有不足的地方"。他们批评的文章中,缺乏根据马克思列宁主义的方法论与中国丰富的历史实际相结合的具体阐明。"因之,我的某些主观性片面性的缺点,虽然暴露出来了,但问题并没有解决。"例如,刘大年和黎澍只看见了"小农业与家庭工业相结合"的一个方面,而忽略了这个小农经济是在"真正自然经济"之下呢,还是在商品经济之下,抑或是在"资本主义经济"之下的阶段论的分析。尚钺强调,对于小农经济,如果不运用两点论和阶段论的方法加以具体的研究和分析,不但不能说明鸦片战争以后中国社会生长出"资本主义经济"所引起的社会性质变化的大问题,恐怕也不能了解这个"小农"与社会发生的是什么关系。

接下来,尚钺对黎澍文章里的若干问题进行了商讨。

关于鸦片战争前后中国社会变化的问题。尚钺认为,研究中国近代史的起点,必须学习毛泽东的两点论和外因与内因的相互作用、矛盾统一的的变化法则。而黎澍却完全抛弃了这个法则。而且,他在极力为自己辩白时,"很不妥当地"挖去毛泽东原文里最本质的"外因是变化的条件,内因是变化的根据",以掩盖自己的外因论的实质。尚钺指出,按黎澍的说法,1845年我国工商业最发达的杭、苏一带也只出现了手工业工场的萌芽,较之马克思所说"真正的手工制造业时期"还要落后不知几十几百年。因之,马克思论50年代前后的中国是"农业与手工工场直接结合";恩格斯论中国是手工工场正走向改革,就都不一定是确切可信的了。总之,黎澍的意见与马克思主义经典著作大师们的意见之间"有很大的距离",也完全与1840年以后中国社会的"经济结构"不相符合。尚钺反批评道:黎澍虽然表面上极力强调鸦片战争以后中国是半殖民地半封建社会,但对于这一社会最本质矛盾的资产阶级旧民主主义革命的实质,即反帝反封建的实质,却极力避免提及和阐述,或者用"中国人民革命"的笼统术语来代替。这是与他摒弃大量史实和革命大师的论断，硬说“20世纪初”中国封建主义生产方式还是“稳定的”主张分不开的。

关于行会作用的问题，尚钺批评道，在黎澍眼里，“好像有了行会关系的存在就没有资本主义关系萌芽似的”。而实际上，不仅在中国，而且在许多大资本主义国家中，封建行会关系的残余和变种的残存，都延续很晚，只有社会主义国家才能把它根本消灭掉。因此，我们怎么能在封建社会末期，在手工业、家庭工业和工场手工业中就要求彻底消灭行会的作用呢？尚钺认为，1845年杭州政府批准的绸纱绒缎料房各业户的刻石条规所反映的，是工场手工业中旧生产关系的封建束缚开始崩解的现象，这种“行会”在某些点上就有了近代工会前驱者的作用，而不是纯粹封建行会了。

关于手工业工人与土地（农业）联系的问题。尚钺批评道，黎澍认为工场手工业和作坊及其工匠，因为“没有脱离农业”，就“没有资本主义经营的存在”，这种说法虽然很新鲜，但由于对这些工业没有进行本质的考察，所以作为结论说，就显然是不妥当的。而且，列宁曾专门批评过俄国所谓的“人民之友”关于“工人无土地就有资本主义，有土地就没有资本主义”的论调，希望黎澍能对此仔细参考。

吴大琨也批评了尚钺的观点。他的批评目标是尚钺的《明清之际中国市民运动的特征及其发展》一文①。

吴大琨不赞成尚钺所说，明清之际的中国社会，已经发展到了“手工工场阶段”。因为按这一说法，“等于说中国当时已经进入了资本主义时期而不是封建社会时期了”。吴大琨认为尚钺所犯的“最大毛病”是，没有把作为封建社会固有生产力之一的手工业作坊、手工业工场和作为新的生产力的资本主义简单协作与工场手工业加以区别。尚钺没有给予手工工场主与劳动者双方的身份以足够的重视，其突出的例子是他对《奉各宪永禁机匠叫歇碑记》中文字的引证。苏州的“机户”、

---

① 见《评〈明清之际中国市民运动的特征及其发展〉》，载《中国资本主义萌芽问题讨论集》续编，三联书店1960年版，第273～283页。

“机匠”，根本就不是什么“资产阶级”与“无产阶级”。当时的“机户”，乃代皇家织绸缎的乡绅、富室，基本上还是地主官僚阶级中人。至于“机匠”，都是受行会和官府管理的自有生产工具的手工业者。尚钺把本是十足封建的手工工场误看成了资本主义的工场手工业。

尚钺在文章里说，当时“市民运动”中的“市民”包含有城市工商业资产者在内。吴大琨对此提出质疑，中国当时究竟有没有一个可以称作资产阶级的“市民阶级”存在，是大有问题的。吴大琨指出，欧洲封建社会内部曾产生了一些“独立的”或“自由的”城市，这些城市与封建领主之间的斗争，后来发展成为近代资产阶级反对封建生产方式的斗争。所以在欧洲，所谓“市民运动”是可以与初期的资产阶级反对封建主义的运动作为同义语来看的。但是，中国的情况显然不是这样。官僚地主商人和高利贷者是住在城市里的统治者，城市里的手工业者和中小商人并未取得什么“自由”。中国缺乏与土地所有权相对立的资本，从而也就缺乏一个可以与封建的官僚地主阶级相抗衡的“市民阶级”。尚钺所称为的“市民运动”的领袖们，并不想改变封建社会的统治制度，更说不到提倡发展资本主义了。吴大琨尤其不能同意尚钺竟然反对“主张中国无产阶级产生于外国资本主义侵入的理论”。“大家都知道，主张中国无产阶级产生于外国资本主义侵入的理论，不是别的什么人的理论，正是我们党中央毛主席的理论。”这一理论是完全正确的。“因此我十分诚恳地希望尚钺同志能够根据毛主席的这一指示再重新考虑他的有关这些问题的一切看法的。”

尚钺本人所在的中国人民大学中国历史教研室近代现代史组的同事，也对尚钺的学术观点和思想进行了批判，而且“火力”更猛，“杀伤力”更大。这就是发表于 1958 年第 12 期《历史研究》上的《评尚钺同志关于明清社会经济结构的若干观点》。

文章首先“揭露”了如下情况：尚钺关于明清之际社会经济结构的意见，在教研室内部引起长期的争论。尚钺为《明清社会经济形态的研究》一书写的《序言》，见解错误，这本书的作者们希望尚钺修改，但被拒绝。《序言》受到批评后，尚钺没有从中吸收有益的东西，坚持己见,“并作了一些意气用事的诡辩”。教研室内部对他进行了尖锐批评,“尚钺同志理屈词穷,无言可对”。直到最近,“尚钺同志虽然开始意识到自己的错误,但尚未深入地全面检查自己的错误观点”。

文章声明,在尚无定论的学术性问题上存在不同意见是完全正常的。但是,“我们和尚钺同志之间的意见分歧是在于”:尚钺为了强调资本主义萌芽的高度,对明清社会经济结构作了极不恰当的夸大和渲染,以致牵涉到近三百年来的中国社会性质和民主主义革命中的一系列基本问题,而这些问题是早已为中国革命实践和毛泽东的著作所彻底解决了的。“尚钺同志的一些别出心裁的见解,不仅不符合明清之际的历史实际,而且是严重地无视中国革命的实践,背离了马克思主义的根本原则。”尚钺所说的,三百年前的中国已经“一切资本主义生产方式所需要的物质条件都具备着”,“资本主义生产因素萌芽增长的惊人迅速”,“中国封建社会已在开始起着本质的变化”,都与毛泽东《中国革命和中国共产党》中所论不一致。既然三百年前资本主义已在农业中占领了如此雄厚的阵地,那就不会有中国共产党所领导的反封建土地革命,或者土地革命的矛头只能针对着资产阶级了。既然中国的资产阶级斗争开始得那样早,而又战斗得那样勇敢,那就不会有中国资产阶级软弱动摇而不能领导民主革命的问题,也不会有中国无产阶级必须掌握民主革命领导权的问题。文章质问尚钺:“在中国民主革命早已胜利的今天,还提出这种无视民主革命实践的论点,试问这怎能算是认真的学术研究呢?”

文章认为,尚钺错误的根源可以追溯到他对整个中国历史的看法。尚钺特别反对中国封建社会长期停滞的说法,在自己的论述中常常以“长期性”、“特殊性”、“停滞论”作为批判的对象。为此,他把封建社会的开端尽量往后拖,一直拖到魏晋时代,把资本主义萌芽尽量往上提,提到唐宋时代。尚钺主张唐代就有资本主义萌芽,但因大家的反对,他在公开发表的文章里就没有说过。文章批评尚钺夸大渲染明清资本主义的萌芽,曲解马克思主义的经典著作。“像尚钺同志那样从马克思浩瀚的著作中挑剔一些个别字句提法上的差异就像什么伟大的发现一样，宣称马克思的观点尚未‘固定’，仍在‘发展’。这种研究态度岂非同马克思主义相差十万八千里！”

文章还批评尚钺的研究方法缺乏全面的、严肃的分析精神。他从这一类企业中找几个商品生产的例子，从另一类企业中找几个雇佣劳动的例子，毫无分析地加在一起，就算找到了资本主义关系，再加以引申附会，结果是用片面的、非主流的东西来掩盖了全面的主流。尚钺在论述资本原始积累时，抽掉了政治暴力这个基本的要素，而侈谈什么纯粹经济观点。在他的笔下，明清之际有那么一批正在向资产阶级转化的地主，他们与封建政权绝对对立，农民也不使用暴力，体恤劳苦，关心疾痛。“在这里，血淋淋的剥削关系完全被掩盖起来，而出现了像天使般仁慈恩厚的地主资产阶级，这种观点，怎能令人信服是科学的历史观呢？”文章批评尚钺把东林党人说成是“新生产关系的代表人物”是毫无根据的。万历年间苏州织工与市民的暴动中，谈不到什么“两大阶级”的存在，更谈不到什么无产阶级“自己的组织”。“这种美化古代历史、夸大当时市民运动的观点，必然会搅乱近代历史的发展规律，模糊中国民主主义革命的面目，降低中国共产党领导民主革命的伟大作用。”

文章指出，尚钺既把明清之际资本主义生产关系估计得非常高，但直到鸦片战争前，中国还是封建社会。这中间的矛盾怎么解决呢？“尚钺同志只能在满洲族的征服与破坏上面来大做文章。”他把中国封建社会长期停滞的原因，主要归结于蒙古族及满洲族的统治。而“片面地夸大部族斗争，渲染汉族以外其他各族的落后性，这不仅不符合历史事实，而且也不利于今天的民族团结”。

文章最后强调，尚钺关于明清历史的基本观点错误非常严重。讨论并澄清这些观点，不仅对古代史研究有益，而且“对于正确理解中国近代、现代革命历史，保卫马克思主义的纯洁性来说，也是十分必要的”。

20世纪五六十年代史学界对尚钺的批判不是孤立的现象。在“左”倾错误思想路线的指引下，史学界还对雷海宗、向达、陈梦家、荣孟源等人进行了批判。这些批判的共同特点是，将学术观点、学术思想的争鸣导向政治与意识形态的轨道，将与主流意识形态不相吻合的学术观点、学术思想判定为政治上错误甚至反动的“异端”。半个世纪以后回头看，从学术方面检视，尚钺关于明清资本主义萌芽问题乃至社会性质问题的看法，当然不是颠扑不破、无懈可击的绝对真理，在许多史料的分析方面，在对马克思主义理论和某些具体论断的理解方面，都有值得商榷、甚至明显错误的地方，尤其是在如何将唯物史观与中国历史的具体实际、与中国社会的性质分析、与资本主义萌芽问题研究血肉交融地联系起来，而不是简单地“贴标签”方面，确有许多不周全、不严密、不细致的地方，许多看法和判断，也确实给人论据牵强、难以服人的印象。例如，对苏州织工及东林党斗争性质的判定，就是如此。但是，这些缺憾毕竟是学术研究方法论方面的问题，而不是政治立场或思想观念的问题。而且，从学术研究方法论方面检视，那些批判尚钺的积极分子自身同样是漏洞百出。在这些方面，尚钺的不足在他们身上同样存在，甚至更加严重。这不是哪一个人的问题，而是当时史学界、乃至全体学术理论界共同的问题。但是，在“左”的时代氛围和学术环境下，尚钺的批判者们自认理直气壮，有恃无恐，个别人甚至盛气凌人，扣“帽子”，打“棍子”，将不同学术观点的拥有者说成现存国家政治权力和主流意识形态合理性、合法性的怀疑者、否定者，实际上严重破坏了“百花齐放，百家争鸣”的方针，使得资本主义萌芽问题的讨论，难以在一个正常的、健康的学术氛围中深入进行。

当然，实事求是地说，尚钺虽然受到严厉的批判，背负沉重的精神压力，但是并未被完全“封杀”。他的答辩文章，还是可以在不同的范围内与学界和公众见面。就此而论，这与后来“文化大革命”期间野蛮、残暴的极端做法还是有所区别。而且，尚钺在认真检讨自己的同时，坚持某些个人看法，依然可以得到发表的机会。例如，1962 年底，他给中共中央高级党校 1961 年班的学员讲课时，就是如此。他的讲稿的题目是“中国资本主义萌芽问题的探索”①。尚钺在讲课中就保留或者说坚持了自己的某些观点。如:他从徐一夔《织工对》里看到,14 世纪 50 年代前后,江南苏、杭一带依稀出现了一种与农业和手工业结合的家庭手工业,以及小商品生产的行会手工业等等不同的新的生产组织形式。他依然认为,万历年间苏州织工、染工领导市民群众反封建专制残暴敲诈工商业,实质是我国无产阶级先驱者手工工人群众的英勇斗争。尽管受到批判,尚钺还是坚持认为,“截至 19 世纪中叶为止,可以看出外国资本主义侵略中国时,中国国民经济中已经有了资本主义的经济因素。”“到鸦片战争前夕,就全国范围说,尽管封建经济的范围还非常广大,但已经是解体过程中的东西了。”

① 见《中国历史纲要》附录,河北教育出版社 2000 年版,第 522 ~ 672 页。

中编　解放思想,回归学术

史学界对尚钺等人学术思想的政治化批判,是长期以来“左”倾路线的必然表现。这一偏颇到了“文化大革命”期间,更是演至极端。正常的学术研究完全终止,代之以“评法批儒”一类歪曲历史、隐射现实的闹剧。历史学的学术尊严和社会信誉荡然无存。“五朵金花”的色彩和芬芳被野蛮和愚昧的反文化、反历史的喧嚣所湮没。

1976 年金秋十月的喜讯结束了“文化大革命”的十年梦魇。两年后,中国共产党十一届三中全会在北京召开。全会从根本上冲破了长期“左”倾错误的束缚,确定了解放思想,开动脑筋,实事求是,团结一致向前看的指导方针,作出了把工作重点转移到社会主义现代化建设上来的战略决策。1981 年 6 月,中国共产党十一届六中全会通过了《关于建国以来党的若干历史问题的决议》。《决议》特别指出:“社会主义必须有高度的精神文明。要坚持扫除长期内存在而在‘文化大革命’期间登峰造极的那种轻视教育科学文化和歧视知识分子的完全错误的观念,努力提高教育科学文化在现代化建设中的地位和作用,明确肯定知识分子同工人、农民一样是社会主义事业的依靠力量,没有文化和知识分子是不可能建设社会主义的。”

春风和煦,学界复苏。包括历史学在内的社会主义学术文化事业迎来了生机勃勃的新局面。在这样的社会政治和文化氛围中,20 世纪 80 年代前后,“资本主义萌芽”问题的讨论,又出现了一个高潮。

一、“萌芽”辩证

“资本主义萌芽”的界定，是一个基础的理论问题。几乎所有的“萌芽”问题讨论者，都会对此表明观点。20世纪80年代，更加精细的研究心得产生了。

黄岩柏在《“萌芽”译名门外疑议》①一文中说，“资本主义萌芽”一词，来源于马克思主义的经典著作。马克思《资本论》第一卷第七篇第二十四章谈到“资本主义萌芽”，用的是“Anfang”，直译汉语的对应词应该是“开端”、“发端”、“开头”、“开始”。而恩格斯《反杜林论》第三编之二《理论》的一条自注谈到“资本主义萌芽”，用的是“Keim”，直译汉语的对应词才是“萌芽”，或“胚胎”、“幼芽”、“胚芽”。马克思选用“Anfang”，是为了说明“资本主义生产”的“最初开端”起于什么时候，所以他在此之前的一句话是，要了解封建剥削变成资本主义剥削的过程，“不必追溯太远”。而恩格斯选用“Keim”，正是为了“顺便提及”“资本主义生产方式”的渊源，加以寻根问底地“追溯”。所以，恩格斯的自注接下去说：“但是只有在历史前提已经具备时，这一萌芽才能发展成资本主义生产方式。”他们两位所论述的问题，恩格斯的在前——包含着整个资本主义萌芽的雇佣劳动与奴隶制和早期封建制曾经长期并存；马克思的在后——资本主义生产于14、15世纪在地中海沿岸某些城市正式发端；在16世纪在农奴制早已废除、主权城市早已衰落的地方则开始了自己的时代。按逻辑观点说，两人完全一致，合若符契。

黄岩柏接着指出，这样一来，原来的一个概念“资本主义萌芽”变成了三个：“资本主义（生产方式的）萌芽”；“资本主义（生产的）发端”；“资本主义时代”。而且，我们的习惯用法与经典著作的原意有些“出入”，这“出入”不是增强、而是削弱了科学性。我们称“资本主义发端”为“资本主义萌芽”已经有好几十年了，还能改得过来吗？恐怕很

① 载《社会科学辑刊》1984年第2期。

难。如果不能改，起码也应当给“Anfang”和“Keim”一个适当的区别。

黄岩柏归纳道：马克思、恩格斯分别提出萌芽（Keim）、发端（Anfang）、时代（Aera）等三个概念，不是几个词的问题。它们构成了一个完整的、基本的看法，对于资本主义的“史前史”作了一个概括的描绘和分析。这对于我们观察中国资本主义的“史前史”也是很有帮助的。

几乎与黄岩柏同时，李运元也在《延续性是资本主义萌芽的重要属性》①一文中讨论了马克思所说的“资本主义萌芽”的真实含义。

李运元指出，德文原版《资本论》第一卷第二十四章说到资本主义“萌芽”，用的是“Anfang”的复数形式“Anfange”，意义是“发端”、“开始”。英译本作“Beginnings”，是正确的。而汉译本将“Anfange”翻译为“萌芽”，严格说是不确切的。

李运元认为，马克思是从延续性着眼提出资本主义萌芽问题的。第一，马克思提出资本主义萌芽时是有一个立脚点的，这就是揭开资本主义时代序幕的16世纪。他以16世纪作立脚点，再回过头来观察、探寻资本主义生产的发端。14、15世纪这一阶段出现的资本主义萌芽不延续、不扩展，也就没有资本主义迅猛壮大以来的16世纪。这两个阶段是紧密联系着的。“有的同志认为资本主义萌芽是指一个起点不是指一个过程，这恐怕不符合马克思的原意。”而且，马克思在“萌芽”前面加上了“最初”一词作为限制性定语，他显然认为不存在比14世纪更早出现的资本主义萌芽。明确马克思提出资本主义萌芽出现的立脚点是16世纪，资本主义萌芽的延续性的必然存在也就显而易见了。第二，马克思提出资本主义萌芽，不是从西欧某一国家、而是从西欧地区出发提出问题的。大体上可以说，在西欧资本主义历史中，意大利发其端，尼德兰扬其势，英格兰硕其果。把意大利、尼德兰、英格兰三地的资本主义联系起来探究西欧资本主义发生、发展的过程和规律，资本主义萌芽的延续性也就充分显示出来了。

李运元继续论道：资本主义萌芽是封建社会晚期生产力发展到一

① 载《经济研究》1984年第3期。

定水平，商品经济有很大发展，自由雇佣劳动出现的前提下产生的，是社会经济发展到一定阶段的产物，因而就有其存在和发展的客观条件。意大利、荷兰等国资本主义发生、发展的历史，恰好说明由于14、15世纪这些地区社会经济条件的具备，使资本主义萌芽不仅得以诞生，而且必然有延续性。中国以及其他国家的情形也大致如此。因而，资本主义萌芽的延续性又必然具有普遍意义。他还批评主张我国战国时期资本主义萌芽说的同志，他们认为"最早的资本主义萌芽出现于奴隶社会，只不过没有延续下来"，这一论证是不对的。李运元的看法非常明确："承认具有延续性，就不会把我国资本主义萌芽的出现上推到明代以前的各个历史时期。"

吴承明在50年代研究的基础上，进行了更深入的思考。他在《关于中国资本主义萌芽的几个问题》①一文中提出，资本主义萌芽是一种社会经济现象，不仅要从微观上研究，还要从宏观上考察，才能定性。

吴承明强调，第一，"资本主义萌芽指的是一种生产关系，而不是一厂一店，因而不能用举例子的方法来论证"。在考察资本主义萌芽时，必须把对象放在一定的历史条件之中，看这个地方、这个行业有没有产生资本主义的土壤和气候。同时，考察的对象必须有一定的量，不能相信孤证。真正的资本主义萌芽，总是具有多发性，是可以重复观察到的。以此标准来衡量，即使《太平广记》是可信的，唐代何明远的丝织厂和仙君山的茶园，也只是一种偶发的现象，那时的社会经济条件还不允许新的生产关系的出现。宋代经济有很大发展，单从生产力看，已经有了出现资本主义萌芽的物质基础，但是从生产关系和社会条件看，租佃关系、徭役赋税和工商业等方面的封建束缚还未见松弛，政治专制主义较唐代尤甚，因此，只能是资本主义的准备阶段。第二，资本主义萌芽是封建社会内部的一种新的生产关系，它一旦产生，除非有不可抗原因，是不会中途夭折的，而是要导向新的生产方式。因而，真正的资本主义萌芽，应具有延续性和导向性。因此，中国的资本主义萌芽史，

① 载《文史哲》1981年第5期。

只能从明代后期，或者说从16世纪写起。这以前的个别事例，如徐州利国监的冶铁，徐一夔《织工对》里的丝织工场，都后不见来者，不能成为一种新的生产关系的起点。

吴承明认为，产生资本主义萌芽的前提，归根结底是要社会生产力、尤其是农业生产力发展到一定的水平。我国农业的生产技术大约在宋代达到高峰。江南水田的开发，引起绿色革命。明清时代，我国人口和粮食都增加约五倍。粮食增产主要靠的是投入更多劳力和扩大耕地面积。农具和耕作技术，基本上还是宋代的水平。尽管租佃关系和雇佣关系上的封建束缚有所松弛，农业中的资本主义萌芽却极稀微。在某些经济作物中、在新垦区以及富裕棚民中，有了一些雇工经营，但还不能算资本主义，或者只是小业主经济。至于手工业的生产力水平，要分行业逐一考察。明清以来有资本主义萌芽的十几个行业中，其生产技术大部分是在宋代水平，是量的改进。只有四川的井盐业在工具和设备上有比较显著的革新，它的资本主义萌芽最为完备。总的说来，入清以来，我国手工业的生产技术日益落后于世界先进水平。尤其是具有主导作用的棉纺织业，落后愈甚，一直停留在农家副业上。直到鸦片战争前，棉纺织业中未发现资本主义萌芽。

关于我国资本主义萌芽的形式，吴承明认为一是商人支配生产，一是工场手工业，这正是马克思所说的两个途径。列宁在《俄国资本主义的发展》中列举了包买商的五种形式，“其前三种我看不能算是资本主义萌芽”。清代丝织业中的账房可称为包买主的典型。它支配机户、染房，发放工资，掌握全部生产过程，是相当完备的资本主义。这就不难明白，为什么丝织业在明后期已有工场手工业出现，到清前期反而基本消失——它被较完备的包买主制所代替了。“和过去我们的想法不同，在资本主义萌芽中，并没有一条由商人支配生产向工场手工业发展的规律。”他指出，在资本主义萌芽中所见的商人支配生产，主要不是包买主制，而是商人雇主制，即商人雇工生产。这在农产品加工中最为普遍。商人开设的纸槽、糖房，多半已独立成为工场手工业了。商人支配生产，还有一种形式，即商人租地种植茶、果木、蔬菜，将种植、加工、运销联合起来,统一经营。这是农业资本主义萌芽的一种高级形式。它与经营地主不同的是,已摆脱土地权力,是单凭资本权力来经营的。

二、时段新说

20 世纪五六十年代“五朵金花”绽放之时,关于“资本主义萌芽”出现的时段,学界有唐代出现说、宋代出现说、明清出现说,相互争鸣,蔚为大观。80 年代,在以上诸说之外,又出现了战国出现说与两汉出现说。

胡寄窗于《经济研究》1981 年第 6 期发表《论中国封建经济成熟甚久瓦解特慢的原因》,提出:“只要有小商品生产存在,就可能有雇佣若干雇佣劳动者的生产形式的零星而稀疏的存在,也就是资本主义萌芽之存在。在中国,说它出现在战国后期亦无不可,未具备成熟条件的萌芽也是萌芽。至于接近完全成熟状态的资本主义生产方式,在中国封建时代始终就没有过。”

胡寄窗批评 50 年代的讨论,对一些基本理论问题尚未真正弄清楚。

首先,绝大多数讨论者把所谓“萌芽”的状况不适当地理解为资本主义工场手工业时期的发展水平,劳动者必须完全自由,厂主不应带丝毫手工作坊老板的味道。倘若达到这样的水平,那就已经是资本主义初期的形态,而不再是“萌芽”了。其次,西欧资本主义萌芽与结实的过程并不长。而中国商人资本猖獗了两千多年,明、清时代工商业的“质”无异于汉、唐。至于农业中的雇佣劳动,在战国末年已有其萌芽,何待明、清。“所以,既不能把雇佣劳动看作是资本主义的特产,也不能一看到‘雇佣’就指为资本主义。”

五六十年代“资本主义萌芽”问题的讨论者,一般都是将自认为可以视为历史证据的史料与马克思《资本论》、恩格斯《德国农民战争》及列宁的《俄国资本主义的发展》中的论述相对照、比附,然后得出中国资本主义萌芽产生于某一朝代的结论。胡寄窗的思路与做法与此不同。他认为,争论中国资本主义萌芽起于何时,远不如探讨中国古代商品经济已持续地巨大发展,何以未能及早地瓦解封建经济的原因,为更有意义。

胡寄窗论道:研究中国封建经济瓦解缓慢的原因,首先要牢牢掌握中国封建地主经济一直伴随着一个日益发展的商品经济而发展这一特点。问题的核心则在于长期持续发达的商品货币关系何以未能对中国封建经济起瓦解作用。他指出,中国封建经济未及早分解,本质的原因首先决定于封建生产关系本身的若干特点:

(一)封建生产关系的量的演变——生产关系的地区延展。中国封建领主经济向封建地主经济的变革,历时300年,到秦统一时就已完成。秦、汉以后,封建生产关系在地域上渐次扩展,东晋南北朝时期由中原延展到江南,北宋末再渗透到湖、广、黔、桂。封建政权促使经济落后地区逐渐封建化的活动,从未停止。"总之,在一个幅员广袤的国度里,当一个支配的生产关系在整个政治地域内尚有充分扩展条件时,在它的上升阶段会增添其活力,在它的下坡阶段会延长其衰落过程。这是中国封建关系所以能延续较久的一个极为重要的原因。"

(二)封建地主土地所有制的特质。封建地主土地所有制的支配时间从战国到20世纪初,长达两千四五百年。这一制度本身就是以分散的小农经营为其基础。小农经济既是造成土地兼并或集中的条件,也是形成土地细分的条件。在这种制度下,为数甚多的小地主各自支配着农民从事一家一户的小生产以剥削地租。这种剥削形式既不可能转化为英国式的资本主义租地农业家,也不可能走德国容克式的农业资本主义化道路。土地自由买卖是中国封建地主土地所有制存在的前提,也是构成小农经济的坚固性的一个因素。

(三)农商结合的经济结构。中国地主经济一开始就同城市商品经济像孪生兄弟一样并行发展,二者间并不存在什么尖锐的矛盾。从东汉到宋、元,地主兼营商业或商人兼为地主之事,成为理所当然之举,问题只是他们在个人经济上是否有此条件。这种农商结合的经济结构,使存在于西欧古代那种城市统治乡村或像中世纪那样乡村统治城市的情况均不曾在中国出现。

(四)上层建筑的反作用。在意识形态领域,重农思想支配下封建统治阶级为维持其长期统治,给农民以休养生息的机会。讳言财利的观念阻滞了封建经济的发达。历代政府的抑商轻商政策也阻碍了工商业的发展。

(五)其他的因素。旧的社会形态的毁灭和新的社会形态的诞生,一般都需要暴力的"助产婆"。过去讨论中,有人把这种暴力仅仅归结为资本主义原始积累一端,力图在中国历史上寻找一个这样的原始积累的过程,甚至将清初的三次圈地比拟为英国延续了300多年的圈地运动。其实这两者是不可比拟的。资本主义的原始积累决不只有圈地运动一端,它还包括海外贸易掠夺、争夺殖民地、商战、国债制度、重税制、保护贸易政策等等方式。但是,这些摧毁封建经济的条件,一直到清末的中国均未具备。中国本土地大物博,其边境的地理条件在交通尚未大发达的时代,很不便于从事海外掠夺或贸易活动。历代封建王朝也从未把对外贸易作为固定政策,更谈不到把它用做对外扩张的政治手段。这一点正是中国经济自16、17世纪以来日益落后于世界形势的重要原因之一。

胡寄窗总结道:中国的资本主义老早就有稀疏的"萌芽"出现,但是,由于封建地主经济体系的本身结构和发展过程的特点,而只能此起彼灭,一直以萌芽状态稀疏地出现。萌芽状态在旧社会内部的成熟过程也要取决于封建地主经济本身的坚固性。"倘资本主义萌芽的成长能力不足以抵消封建经济本身的坚固性,即使出现暴力的原始积累的助产婆,也未必能及早诞生设想中的婴儿。"他特别指出:在中国封建经济的成熟较早而瓦解过程特慢的诸多决定因素中,地理条件实为最根本的因素。如果我国的地理条件类似于一个西南欧的国家,则以上所论的一些导致封建经济瓦解缓慢的因素可能不起多大的作用,有的甚至可能倒转过来成为加速封建制崩溃的力量。要而言之,在一个幅员广大而生产力发展水平在各地区很不平衡的国度里,一种新的生产关系的形成并取得全面支配地位，是不可能一蹴而就的。

傅筑夫也认为，战国时期，即出现了“资本主义因素”。50 年代，傅筑夫曾在《新建设》上发表文章①，论述从战国到秦，商业资本已有大量积累，又说唐代商品经济的发展已经形成中国资本主义因素萌芽的历史前提。进入 80 年代，他修订了自己的看法，进而明确提出：“假定战国时期没有资本主义因素的存在，则许多重大历史变化将成为不可理解。”②

傅筑夫认为，所谓资本主义萌芽，并不是什么了不起的成就，只不过是发展了的商品经济——既有了发达的商业，又有了发达的商品生产。所谓资本主义萌芽，只是说在封建生产方式的结构内开始出现了一个分解的起点。这个起点有两种发展的可能性，一种是正常发展到资本主义生产方式，另一种则是不能。这好比种子已经发芽，但决不等于一棵大树。他以欧洲各国的历史、特别是荷兰的历史为例，说明“资本主义萌芽并不是资本主义生产方式依以建立的必然保证”。荷兰不仅早已有了资本主义萌芽，而且这个萌芽又早已越过了萌芽阶段，而发展成为初期的资本主义。在漫长的发展道路上，荷兰已经走到资本主义生产方式的大门口，但是它却过门不入，徘徊一番，废然而返了。其原因，是由于它缺乏再进一步的条件，且金银财富太多，不思进取了。海运是荷兰财富的主要来源。荷兰资本家对那些费力大、赢利薄、发财慢的工业生产不屑一顾，大量的货币以游资形态存在于流通领域。荷兰资本涌入英国，成为英国工业中的职能资本，使得英国资本主义得以顺利发展。

傅筑夫分析道：英国不同于葡萄牙、西班牙、荷兰等国，既具备了资本主义萌芽的产生条件，又具备了资本主义萌芽的发展条件。这些条件相得益彰，促使英国在资本主义制度的建立方面后来居上，捷足先

① 本书上编有该文的简介。

② 见《再论资本主义萌芽——关于资本主义萌芽问题的几点补充意见》，载《社会科学战线》1983 年第 1 期。

登。他说,资本主义的发展条件主要是两点,一是商业密切联系工业;二是社会心理崇拜商人,商人有很高的社会地位和很大的政治势力。历届政府都驯服地为商人阶级的利益服务,因此资本主义的发展道路没有障碍,充分发挥着“商业上的至上带来工业上的优越”。

在检阅了欧洲的情形后,傅筑夫再论中国。中国的资本主义萌芽比英国早了两千多年,这并没有什么可惊异之处。应当感到奇怪的是,萌芽既然很早就出现,为什么不能发展到资本主义生产方式的阶段,而一直以萌芽状态原地踏步?傅筑夫比较了中国和英国的情况,认为两国的道路是完全相反的。在妨碍资本主义发展的诸因素中,商人和商业的地位低下是最重要的。从商品经济开始发展的战国时代起,历代王朝均实现“抑末”的政策,既抑商,又抑工,对商人加以鄙视、困扰和污辱。压抑商人实际上是压抑商业,也连带压抑了商品生产。商业和商品生产得不到正常发展,只好在简单再生产中重复原来的规模,至多只有量的发展,而无质的变化。

傅筑夫强调,谁也不能否认,中国古代的社会经济结构在春秋末年到战国时期发生过重大的变化。变化的起点是土地制度的变革,而土地制度变革本身乃是商品经济和货币经济冲击的结果。所谓“稼穑之民少,商旅之民多,谷不足,而货有余”,“这一切正是马克思所说的资本主义生产的历史前提”。傅筑夫完全认同农史学家王毓瑚的论证:从春秋末叶到秦汉之际,营利思想和经济自由主义出现并风靡一时,这只有在资本主义经济因素这样的物质条件已经存在的前提下,才是可能的。司马迁《史记·货殖列传》中描写的情况和揭示的思想意识和伦理观念的改变,“显然都是资本主义作用的结果”。这三百多年,“是一个资产阶级经济活动家冲击封建秩序的历史时期”。

80年代,率先提出资本主义萌芽两汉时期出现说的是饶会林。他在《辽宁师范学院学报》1980年第1期发表《我国封建社会内资本主义萌芽的上限问题》,从生产力的提高、商品经济的发展、雇佣劳动制的出现等方面,阐述了两汉时期已产生了资本主义萌芽的观点。

饶会林说,两汉之时,铁器的生产和使用已很普遍。炼钢技术和有色金属加工工艺发达。煤、天然气和石油等燃料动力使用于生产和生活。造船业已相当发达。纺织业中出现了数千人规模的官办丝织工场。根据两汉生产力发展达到的总的水平看，它大约与西欧17世纪相当。“既然两汉和明清以前的生产力已经那样发达，那么有什么特殊力量和特殊困难可以阻止这种生产力向资本主义协作的方向作数量上的变化呢？”两汉时期出现的300人的高炉生产、几千人的纺织工场、几十人的盐井采掘，正是马克思所说的、为资本主义生产过程所特有的“多数人”的“协作”劳动形式。在商品经济的发展方面，两汉时期商品生产的范围和品种与17世纪的英国极其相似。政府专门管理机构之多正说明了手工业商品生产的发达。在农作物种植上，已有千亩之田的农场主。商品流通带来商业城市的兴起，西汉时期已有不少人口十万以上的大都会。长安居民有八万余户之多。西南的成都，人口约35万，与英国纺织业中心曼彻斯特1841年的人口相当。对外贸易发达。东汉之时，财富更加集中，出现了“资产巨亿”的大富豪。产业资本形成，雇佣劳动制产生。吴王刘濞这样出身贵族而又热衷追逐利润，大规模经营工商业的人，实际已是资产阶级的新贵族。在财富积累的另一端，是贫穷的积累。两汉之时，失去生产资料的“流民”有时竟达几十万、甚至几百万之多，成为资本剥削所需要的劳动力的丰富源泉。值得注意的是《汉书》里有“流庸”的记载，这实际上就是指的雇佣劳动后备军。

饶会林分析，两汉社会存在着三种不同性质的剥削关系。一是封建剥削关系，是全社会的主要剥削关系，特别是在农业和官办工商业中占统治地位；二是资本主义剥削关系，在私营大工商业中占统治地位；三是奴隶制剥削关系，是奴隶社会的残余，在各个生产领域都不占统治地位。

饶会林总结道：中国资本主义萌芽的上限不在明、清，而在两汉。他强调：“我们对于古代历史发展、进步的程度的估计往往偏低，而不是偏高。所以本文的观点实际是中国资本主义萌芽至迟在两汉社会已经发生。它并不排斥我国资本主义萌芽的上限再往前提的可能性（譬如说，提到战国末期)，只是根据现有历史资料和现有研究还没有充足理由这样认定就是了。”

这种新出现的资本主义萌芽“至迟”发生于两汉的观点，受到学界的质疑。这就是张寿彭发表于《辽宁师范学院学报》1982 年第 1 期的《对“两汉资本主义萌芽说”的质疑》。

张寿彭认为，资本主义萌芽是指封建社会内部出现的资本主义生产关系的原始形态，即资本主义雇佣剥削关系的最初形态。因此，我们必须到资本主义生产方式形成的历史过程中去探索这一萌芽。他批评饶会林“抛开生产关系，孤立地把生产力的发展水平作为判断资本主义萌芽产生与否的标志”。

张寿彭承认，中国封建社会商品经济发展较早，两汉时代，商品经济的发展明显超过西方相应阶段，“但这并不能说明在两汉时代商品经济发展的条件下资本主义萌芽已出现”。两汉之时，富商大贾贩运的主要是统治阶级需要的奢侈品，农民和手工业者只是在集市上或田间地头直接交换他们的产品。官营冶铁业中的劳动者，多处于奴隶地位，同封建官府的关系显然不是资本主义的自由雇佣关系。官营冶铁业不是为资本主义世界市场进行商品生产，也不是以获取利润为目的，而是一种官府垄断下的小商品生产，以增加封建政府的财政收入为目的。这与美国资本主义制度下的奴隶制种植园的情况有根本区别。至于私营冶铁业中的卓王孙这样的富豪，本人是奴隶主，以实物支付工资，他用欺诈、掠夺、贱买贵卖等办法剥削滇、蜀两地人民，表明了前资本主义社会商业资本剥削的残酷性，绝不是近代资本主义意义上的商业资本与产业资本的结合。两汉时期的史籍里确实有“庸赁”、“庸夫”、“流庸”的记载。这种雇佣劳动的存在，可以说明商品经济的状况，但绝不能以此来证明资本主义的存在。因为，在这种雇佣劳动中，受雇人与雇主之间还存在人身依附的关系，雇佣劳动还是一种副业、一种救急方法。在资本原始积累的问题上，两汉时期的土地兼并，也与英国的圈地运动性质不同。英国的圈地运动从土地上驱逐出来的大批农民，被迫进入资本主义工场，成为雇佣劳动者，而两汉土地兼并产生的

“流庸”，却被封建政府强迫再回到土地上去，供地主阶级剥削。两汉时期货币财富在少数人手中的积累，是前资本主义商业残酷剥削的结果，而不是资本主义的原始积累。

针对饶会林文章里多处用到的中外历史的对比法，张寿彭论道：“我国两汉时期的历史没有可以与西欧14～18世纪的历史相比较的东西，因为它们是属于两个根本不同的历史时代。如果不顾这些情况，硬要把毫不相干的两个历史时代拿来作对比，用这种方法得出的结论必然是轻率的，缺乏说服力的。”

80年代新出的资本主义萌芽的战国出现说与两汉出现说，没有引起学术界的广泛关注和评说。其主要原因，还在于相较于前此的唐代出现说、宋代出现说、明清出现说，这两种新观点的立论依据相当薄弱，理论上也有欠周密。但是，它们的问世并存在，而没有受到当年尚钺那样严遭批判的命运，应当说是体现了社会的进步和和谐、健康的学术氛围的初步形成。因为，按照当年批判尚钺的逻辑来推理，资本主义萌芽的战国出现说与两汉出现说岂非更加“夸大”了中国资本主义的发展程度，更加“提前”了中国资本主义的历史，进而更加“否定”了中国共产党领导中国人民革命的历史必然性和必要性吗？好在历史的悲剧没有重演。在经历了令人不堪回首的荒唐岁月后，中华民族进步了，中国知识分子进步了，中国的历史学也进步了。在解放思想的路线指引下，资本主义萌芽的讨论，真正回到了学术探讨的轨道。

三、关注农业

20世纪五六十年代的资本主义萌芽讨论，从行业研究看，多着眼于商业和手工业中生产关系的发展情况及性质判别，而对于农业，则虽有涉及，但关注不够。中国是传统的农业大国。数千年间，农业一直是国民经济的基础，是社会劳动的主要领域，是历代政府始终强调的“本业”。讨论中国的资本主义萌芽问题，必须对农业领域的情况进行深入细致的研究，才能得到关乎全局、关乎本质的确实结论。80年代，史学界在这一方面投入了更多的关注，取得了更多的成果。这是与五六十年代明显有别的一个特点。

尹进在《历史研究》1980 年第 2 期发表《关于中国农业中资本主义萌芽问题》，揭开了这方面研究与探讨的序幕。

尹进说，经过多年的研究，关于中国工业部门中何时出现资本主义萌芽，虽无一致定论，但多数人认为是在明代中叶。至于农业部门中何时出现资本主义萌芽，甚至有没有资本主义萌芽，还是一个复杂的问题。问题的疑难点有三：其一，怎样对照恩格斯所说的"雇佣劳动是很古老的"来解释封建社会前期出现的"佣耕"之类现象；其二，怎样结合当时整个社会经济的发展，来确定封建社会中期出现的"佣耕"或"佣工"的社会性质；其三，封建社会后期，农村中出现了长工和短工，某些经济作物生产中出现了"佣工"，这是不是农业部门中出现了资本主义萌芽？他就此发表了自己的看法。

尹进说，根据列宁的教导，探讨农业资本主义问题，一要看商业性农业的发展，二要看农业中资本主义性的雇佣劳动。关于前者，中国农业中的商品经济出现很早，司马迁《史记》里就记载有"卮茜"这样的染料经济作物和"姜韭"这样的蔬菜经济作物。魏晋南北朝以后，关于农业商品贩卖的史料也出现了。因此，中国古代商业性农业的发展，标志明显。问题在于有没有资本主义性的雇佣劳动。尹进列举了从春秋战国到唐以前的八条史料。根据恩格斯关于雇佣劳动的一系列论述，其中只有《史记》所记陈涉一人是农业雇佣劳动者，但是他的"氓隶"身份并未消除，因此无法说成是资本主义的雇佣劳动者。其他的"佣作"之人，有的是王子大臣，他们为人"佣作"，只是政治失势时的救急办法，更谈不上什么资本主义性质问题。至于雇主方面，八条材料里看不出哪一个雇主是商业性农业经营者，看不到其雇佣劳动与商品生产的结合，因此也谈不到雇佣劳动者与资本的对立了。

唐以后的封建社会中期，城市商业发达，农村的定期集市也出现了，农业中雇佣劳动的现象相应地增多。到了宋代，反映这方面情况的史料更多了。这时的农业雇佣劳动是什么性质呢？尹进指出，从雇主方面看,其阶级属性不好确定,但必然不是商业性农业经营者。从雇佣劳动者方面看,他们的报酬不是纯粹工资,有的甚至完全是实物报酬。他们还不是真正的一无所有的“自由”无产者。他们所受的剥削,并不带什么资本主义的“苗头”。尹进认为,“因为唐宋时期手工业中还没有资本主义萌芽,便更难确认那时农业中已有资本主义萌芽”。

明清时代,商业性农业范围更广,在农业雇佣劳动形式方面,不少地区正式出现了长工、短工或忙工。明清两代的法律还为解决这些人与雇主的纠纷制定了若干处理的条款。在分析了这些条款后,尹进指出,这时的农业雇佣劳动确实出现了新的变化。长工和短工都是农民或破产农民,而不像唐宋以前“佣作”那样成分复杂。在被雇佣期间,法律规定这些人的“凡人”身份,没有什么人身依附,接近所谓的“自由劳动者”。但是,这些人还不能说是受资本主义剥削的雇佣劳动者。从短工看,一般要自带工具。法律上的“凡人”地位,在实际上也往往不是那么一回事。从长工看,有的对雇主有隶属关系,常常要兼做“服役”劳动。有的长工与雇主“平日共坐共食”,没有什么隶属关系。但是这正说明这种雇主自己没有脱离劳动,也谈不上什么经营贩卖或扩大再生产,因此也就算不上什么经营地主乃至农业资本家。

尹进总结道:明清之时,整个社会经济中,自然经济一直占主要地位。城市中那一点带有资本主义萌芽性质的手工业,只不过是沧海一粟。它对偏僻农村自给自足的家庭手工业,更是鞭长莫及。广大农村,则是自然经济的汪洋大海。在各种封建势力的笼罩下,即使偶尔有一点商业性农业和雇佣劳动出现,那在性质上也并不标志着资本主义生产方式“使农业从属于自己”的条件已经形成。

与尹进的看法不同,大多数论者认为明清时期农业中出现了资本主义萌芽。

李文治从中国土地制度的封建宗法关系的松解入手,论及农业的资本主义萌芽问题①。他指出,明代中叶,“贵贱”、“良贱”等封建等级关系,“尊卑”、“长幼”等血缘宗法关系都随着商品货币经济的发展而逐渐发生变化。中国土地制度的封建宗法关系就是在这种条件之下呈现松弛趋势的。这主要是指租佃、雇佣间封建等级和封建依附关系的变化。李文治认为,中国地主经济制虽然缺乏严格土地占有的等级结构,却有两种不同类型的地主,即具有封建特权的贵族缙绅地主和“凡人”地位的庶民地主。这两类不同等级的地主与农民所形成的相互关系不完全相同。庶民地主与农民的租佃、雇佣关系比较自由,而贵族缙绅地主与农民的租佃、雇佣关系则具有浓厚的封建性。由贵族缙绅地主的土地垄断到庶民地主的发展,是土地关系的巨大变化。从明到清,总的趋势是贵族缙绅地主势力的减弱和庶民地主势力的增强,亦即土地商品化的加强。这就“使中国以地主经济为主体的土地关系具有孕育农业资本主义萌芽的可能性”。

李文治肯定生产力的发展是明清农业资本主义萌芽产生的前提,而商业性农业的发展又促进了农业集约化和农民的分化。他强调,明清时代租佃关系的变化,在经济关系方面表现为封建依附关系的松解,在法权关系方面则表现为由封建等级关系向“凡人”关系的过渡。进入明代,永佃制的发展,使土地的使用权与所有权进一步分离。在地租形态上,分成制向定额制过渡,地主对农民的支配权力削弱,农民的独立性和生产积极性提高。在这种情况下,明清时代,封建雇佣逐渐向自由雇佣过渡,“这是资本主义生产关系产生的基本标志”。

李文治指出,“雇佣”一词在中国历史上出现很早。但是直到唐、宋时代,还没有出现“自由劳动者”,因此也没有资本主义萌芽。而明清时代就不同了。明清之时,农业雇工队伍扩大,长工、短工的记载大量出现于地方志和文人著述。有些地方还出现了雇工市场。这时,开始了封建雇佣劳动向自由劳动的过渡。在这方面,按日出卖劳动力的

① 李文治:《论中国地主经济制与农业资本主义萌芽》,载《中国社会科学》1981 年第 1 期。

短工与雇主很容易形成自由雇佣关系。这在万历前期的法律文件上即有反映。至于农业长工身份的变化，主要发生在清代前期。乾隆五十一年，朝廷修订雇工律例，规定了解除法律身份义务的长工的条件。依此律例，庶民地主和富裕农民剥削的长工解除了主仆名分的束缚。而这一时期发展起来的经营地主主要是庶民地主。因此，此后在贵族缙绅地主控制下、具有主仆名分的长工所占比重已经很小了。

李文治分析了中国农业资本主义萌芽的发展过程。他认为，农业雇佣关系的过渡和自由劳动的形成，首先是在明代中叶富裕农民的经营中发生的。他们是萌芽状态的农业资本家。以后又经历了200年，到清代前期，伴随着庶民地主的发展，又在经营地主中出现了农业资本主义萌芽。这类庶民地主不自觉地按照资本主义经济原则组织生产，他们所占有的剩余劳动中包含着一个利润量。李文治论道：中国农业资本主义萌芽有两条不同的发展道路：其一，由农民小生产者分化出来的富裕自耕农、富裕佃农，是农民阶级内部产生的萌芽状态的农业资本家，其封建性较轻；其二，由封建地主过渡来的经营地主，放弃原来土地出租的剥削形式改行雇工经营，具有更浓厚的封建性。他强调："在明代中叶，不能把富裕农民和经营地主两类不同性质的农业经营混淆起来；在清代前期，也不能把庶民和缙绅两类不同性质的经营地主混淆起来。"

对于中国农业资本主义萌芽为何"长期停滞"，李文治这样解释：虽然萌芽总的趋势是在继续扩大，但就萌芽的每个生产机体而言，却在不断地转化、倒退，封建地主又不断地再生产出来。"地租与商业资本、高利贷密切结合，工农结合的小农经济体制的顽固性等等，都在阻碍资本主义农业的顺利发展。而所有这类因素都是和中国地主经济制紧密联系在一起的，都受到地主经济制的制约。总之，中国农业资本主义萌芽发展迟滞的根子是地主经济制。"

魏金玉也对中国农业资本主义萌芽问题进行了理论思考。他的论文是《关于中国农业资本主义萌芽的几个问题》①。

魏金玉认为,农业生产力的发展是讨论资本主义萌芽问题的基础和出发点。明清时代六个世纪中,农业生产力有所发展,清代尤为显著,供养人口增加了五倍以上。投入农业的劳动力数量大大增加。新作物品种引进,特别是明代后期玉米和红薯的引进,缓解了人口增长对粮食供应的压力。稻麦连作制和双季稻的推广,较大幅度地提高了粮食单位面积的平均年产量。农业生产的地域性分工日益显著。但是,这一时期农业生产工具(包括动力)却没有明显的进步。

魏金玉注意到,在生产力发展的推动下,有关农业生产关系变革的封建经济政治条件也发生了重大变化。这些变化包括:1. 封建地主土地所有制的内部矛盾激化。永佃制、押租制发展并扩张,土地所有权与土地耕作权的分离扩大。在地租形态方面,在明代,除东南经济比较发达的地区外,分成实物地租占统治地位,而到了清代,定额实物地租已遍布全国各地。尤其值得注意的是,明代后期江南地区出现了定额实物地租改折成货币交纳的现象。货币地租的出现,扩大了佃农的自由度。2. 商品货币关系进一步发展。不仅土地买卖典当的现象普遍,而且土地耕作权也愈来愈多地进入商品货币关系的范围。更重要的是,生产单位的一家一户的工农结合体,也经常地出卖部分产品来换取必需的生产资料和生活资料。3. 农业中的雇佣关系日益普遍。《韩非子》最早记载了农业雇佣劳动者的活动。从那时到明清,农业雇佣劳动已有 16 个世纪的发展史。明清之时,雇佣劳动有长工、短工、典当雇工、抵债劳动、佃户以工抵租等多种形式。清代还出现了短工市场。4. 受剥削、受压迫的直接生产者取得凡人等级地位。明初法典废除了主佃不平等的规定。清雍正五年,法律正式明文肯定佃户及其家人的凡人地位。

魏金玉指出,明清时代,农业雇佣关系的性质发生了重大变化。在

① 见南京大学历史系明清史研究室编:《中国资本主义萌芽问题论文集》,江苏人民出版社 1983 年版,第 257 ~ 293 页。

中国封建社会的很长时间里，劳动者同雇主发生的从属关系，远非雇主在生产上的指挥权所能范围得了。雇主享有雇工的人身支配权，这是“前资本主义的不自由的等级的雇佣关系，处在这种关系中的劳动者就是所谓等级雇工”。这种雇佣关系，从明代末年起，特别是进入清代以后，发生了显著的变化。明万历十六年颁布的《新题例》，在法律上将农业短工从雇工人等级提升到凡人等级，标志着不自由雇佣劳动向自由雇佣劳动的转化。清代雍正年间开始，较多地出现了长工不立文卷，按月支领工钱的现象，也取得了凡人等级的待遇。这种主雇关系变化的实质是劳动力使用权与人身支配权的分离。其表现是劳动者反对任意的役使，反对雇主侵犯人身自由，雇主也行使不了家长惩处权。在分配关系上，雇工工值中工食部分的比重降低，而工钱部分的比重上升，工值由实物形态向货币形态发展了一步。工值维持活工具费用的色彩逐渐淡漠，而维持劳动力再生产费用的色彩逐渐浓厚起来。如果以法律上的变化作为标志，农业雇佣劳动由等级向非等级过渡的过程开始于明万历十六年，终止于使封建法典失效的辛亥革命，长达三百余年。

关于农业雇工经营的性质，魏金玉认为，明清时代出现了由家长制经营方式向资本主义经营方式的转化，亦即自给性生产向商品性生产的转化。所谓家长制经营方式，是指土地的所有者或耕作者，利用宗法家长制统治下的劳动力，包括有血缘关系的家庭成员和没有血缘关系、但被编制在宗法家长制体系内的奴婢和等级雇工，所进行的自给自足经营方式。进入清代，这种经营方式下雇工数量增加的现象相当普遍了。雇工数十人甚至数百人的记载屡见史籍。雇工数量的增加，必然使家内劳动力与雇佣劳动力之间的比例发生变化，家内劳动力变成了农副业生产的辅助力量，甚至完全退出生产劳动。“这一现象的历史意义是不应低估的”。因为，家内劳动力协作，必有老弱搀杂其间，影响生产力的提高。而雇佣劳动则挑选精壮、搭配合适的辅助劳力，无疑大大有利于提高劳动生产率。雇工增多，生产力提高，剩余产品增加，本来只够一家消费和维持简单再生产的生产单位，转化成了出售大量产品的生产单位,“换句话说,自给自足的家长制的雇工经营转化成了为市场而生产的资本主义雇工经营”。魏金玉强调:“总而言之,在雇佣关系由等级性向非等级性过渡的前提下,雇工多人的农业经营,雇主有直接参加劳动的,有不参加的;产品有自给部分,有商业性部分;可以得到一个超过地租的余额,即利润,而且这个利润已经成为生产的直接目的和决定动机,但它还要受地租的限制。这种雇工经营方式正处在由封建家长制经营向资本主义经营的过渡之中,既具有前者的特征,又具有后者的特征,两者紧密地结合在一起,以至于很难说家长制经营在那里完全结束了,资本主义经营在什么时候全面贯彻了。这种雇工经营之具有两重性,并同上述雇佣关系的两重性相适应,是很明显的。”

魏金玉总结道:在中国农业资本主义生产关系发生的时候,存在着两种经济,即农民经济和地主经济。地主中还有庶民地主与缙绅地主之别。粗略地说,土地所有者和耕作者直接经营农副业生产并参加劳动的,属于农民经济的范畴;而土地所有者直接经营农副业但不参加劳动的,属于地主经济的范畴。这样,就有了两条演化出资本主义生产关系的道路。从农民经济中演化出的资本主义生产关系发展得顺利一些,是所谓革命的道路。从地主经济中演化出的资本主义生产关系发展得缓慢艰难一些,是所谓改良的道路。在明清时代,这两条道路同时并存,相互联系,相互制约。他归纳说,前一种道路在摆脱等级雇佣关系的束缚方面比较顺利,而后一种道路在改变自给性生产为获得利润的商品生产方面具有优势。

范传贤也肯定明清时代农业中出现了资本主义萌芽。他在《明清时代农业中的资本主义萌芽》①一文中指出,皖、浙、闽、赣和陕、川等省山区的寮主经济和棚民经济,就属于农业领域内的资本主义萌芽。他们租佃山场,搭棚营居,雇工耕垦,规模不止三数人家,地区不限三数县内。不少史籍记载,这里已经出现了土地所有者(山主)、租地农业家(寮主和棚民)和自由雇佣工人三位一体,同时存在,互相对立。地主

① 载《中国人民大学学报》1990 年第 1 期。

和雇工之间，不发生直接关系；雇工和雇主之间，只有金钱买卖，没有依附隶属关系。寮主和棚民实际上就是最初的租地农业家。

范传贤还从劳动手段与劳动组合的关系方面论述了农业中的资本主义萌芽。他说："明清时代农业生产工具的状况，雇佣劳动的普遍及农业领域耕作技术条件要求与之相适应的劳动组合，因而出现了不同于已往的，而是新的简单协作的集体劳动制度。这具有划时代的意义，可惜一向被研究者所忽略。"明清之时，农村兴起使用人力发动的木牛耕具、耕架代牛器械和人牛两力农耕工具（如山东章丘出现的四牛犋家什），这种耕作技术本身就要求必须是集体的、而非个体的劳动组合形式。与之同步发展起来的劳动过程必然是简单协作性质的，超越了一个富裕农家的家庭协作所能承担的范围。结合明清时代全国范围的短工、月工、日工、忙工和长工的风行，自由雇佣劳动涌现的事实，"证明农业领域无言的经济规律要求赋予新的劳动组合形式，只能是以自由雇佣劳动为基础的集体耕作方式和简单协作过程"。

范传贤的结论是，中国社会经济运动发展到明清，资本主义萌芽的社会物质条件和经济历史前提已经完全成熟。手工业领域资本主义萌芽是显著的，农业领域资本主义萌芽是清晰的。封建庄园经济崩溃的征兆已经呈现。不少大种植园雇工动辄几十上百人。这种大种植园经济与两汉的千亩种植园经济根本不同。前者诞生在雇佣劳动普遍的基础上，而后者则诞生在奴隶劳动普遍的基础上。

柯建中也探讨了明清农业生产关系的变化与资本主义因素的萌芽之间的关系①。在论述了土地自由买卖和农业的商品生产的一般情况后，他特别分析了缙绅地主的衰落和经营地主的兴起。

柯建中认为，明清时期地主阶级内部两个不同的类型——缙绅地主和经营地主的不同面貌，是随着商品经济的不断发展而日益明朗的。缙绅地主由拥有政治特权的官僚、聚族而居的大姓和武断一方的乡官

① 见《明清农业生产关系的变化与资本主义因素的萌芽》，载《社会科学研究》1981年第6期。

组成,他们的特点是富贵合一,贵比富更重要。缙绅地主的政治特权越大,与生产实际和商品交换市场的距离就越远,直接生产者的封建依附关系就越强。至于经营地主,柯建中根据生活于明朝嘉靖、隆庆、万历年间的庞尚鹏《庞氏家训》的记述,归纳出他们的特征:“不是从事单一的农业生产,而是以农为主,兼及工商和其他副业的多种经营,并在经营过程中注意经济实效,关心扩大生产,发挥管理职能,对于这种类型的地主,我们就称之为经营地主。”经营地主和缙绅地主各有其不同的生财之道和不同的生活方式,他们的兴衰成败,归根到底,反映了商品经济和自然经济之间的竞争。从社会发展的总趋势上看,商品经济必然战胜自然经济,这就是缙绅地主必然衰落的历史意义。经营地主的活动改变了农业生产的面貌。缙绅地主以单纯集中土地为能事,经营地主却在土地上投入较多的资金和劳力。缙绅地主以坐而待收为能事,经营地主却注意到平整土地、兴修水利、提高土壤肥力等措施,以获取更大的经济效益。另外,多种经营的特点也使经营地主的活动突破了自然经济的狭小天地。明清两代,士商相杂、亦农亦商的情况非常普遍。“这些地主在商品经济已经高度发展的条件下投资于矿冶和纺织部门,那么,他们朝着早期资本家形态转化的可能性,就不能说是不存在的。”

李英华专门研究了经营地主问题。他的论文《试论经营地主》,发表于《思想战线》1985 年第 2 期。李英华认为,应将封建社会的经营地主分为前资本主义性质和资本主义性质两种。封建社会前期的经营地主和出租地主本质是相同的。他们的地位都是建立在以地主阶级占有土地和不完全占有农民为基础的封建生产关系之上的,是前资本主义的经营地主。资本主义性质的经营地主,不仅不同于出租地主,而且也不同于使用没有摆脱人身依附的“僮仆”和“雇工人”从事生产的经营地主。这些人不仅以土地所有者身份出现,而且以资本掌握者身份出现。他们获得的已不是纯粹的地租形态,而是包括地租以及经营资本所取得的利润两个部分。这种资本主义经营地主是封建社会走向崩溃的历史时期从封建地主阶级中分离出来的新事物。它的产生必须具备以下条件：1. 城市手工业已经出现资本主义萌芽；2. 农村自由雇佣劳动的出现；3. 商品经济的发展。资本主义性质的经营地主的来源有三：一是农村两极分化中少数“力耕起家”者；二是商人投资购买土地，雇工经营农业；三是出租地主转化而来。

李英华肯定了资本主义性质的经营地主的积极历史作用，“他们开始突破封建生产关系而向着历史前进的方向跨出了可喜的一步”。其表现是：大面积经营和农业投资的增加；有质量较好、数量较多的劳动力；注意农业生产的经营管理；促进商品性农业的发展。至于阻碍资本主义经营地主发展的原因，李英华的分析是：从小生产者分化出的上升者并未成为农业资本家，而是以封建地主为其最后归宿，形成产业资本、高利贷和购买土地“三位一体”的商业资本结构，不是货币权摧毁土地权，而是两者的结合。另外，商品经济不够发达，地权集中而经营分散，也制约着经营地主中资本主义因素的扩大。从经营地主本身看，浓厚的封建性也阻碍了他们的转化。

关于与经营地主处在对立面的农民的情况，黄冕堂进行了专门研究。他的论文《论明代农民的自由化倾向及其社会意义》发表于《文史哲》1983 年第 4 期。

黄冕堂论道：明初朱元璋改革元蒙旧俗，立法定制，确认佃户为国家齐民，“锄强扶弱”，“右贫抑富”，禁止官府和豪强任意役使农民，在法律上确立了佃户的“凡人”地位。与之相应地，是“主佃两业”（亦称“一田二主”）现象的出现。地主仅拥有土地的所有权和收租权，佃户则拥有土地的经营权和转让权。明代后期，福建、广东、江西等地都以“主佃两业”为常规，地方讼狱也多与这种新的土地制度的纠葛有关。“主佃两业”的社会意义：一是导致顶种制度产生，佃户出了保佃银，因此他再将土地租让时，地主无权过问；二是土地所有权与经营权完全分离后，农民劳动积极性、主动性大大提高，有利于改进经营，发展生产。与此同时，货币地租应运而生。这些因素综合起来，导致“租佃自由，势不可挡”。充分的资料表明，明代后期，某些佃户经营农业的自主权几乎没有限制：一可以长期租佃长达十余世；二可以随时别佃他田以耕;三可以在佃户之间实行自由顶种;四可以最大限度地要求减轻地租剥削。而地主方面却不能夺佃,不能强制佃种,不能课取高额地租,更不能随意役使佃户。不少地主只吃租利,全然过着寄生生活。公私力役若由佃户效力,则须另外"计工值酬劳"。

黄冕堂认为,明代农民自由化具有重大的社会意义。第一,它是与西欧废除农奴制一样具有深远影响的历史性大事,给了自然经济狠命的一击,刺激了城市的小商品生产,并为工场手工业提供了大量劳动力;第二,土地所有权与经营权的分离是农业资本主义萌芽的重要途径;第三,货币地租的发生、发展,是封建经济的腐蚀剂,是农业资本主义萌芽的催化剂。

与以上各位学者的宏观层面的研究不同,罗崙根据清光绪年间山东四十二县一百九十一个自然村的统计资料,研究了清代山东农业的资本主义萌芽问题①。

罗崙首先介绍了清代山东土地占有情况。《山东通志》记载,雍正十三年(1735),山东有成熟地九十九万四千四百五十九顷。其占有形态分为官田、公田和私田三类。官田包括官庄、屯田以及公田、私田外的一切土地,所有权属于封建朝廷;公田包括学田、祭田、义田、社田和寺田等等,所有权名义上属于某些团体,实际上多被有权势的大地主所操纵;私田则包括自耕农和地主占有的一切土地。探讨资本主义生产关系的萌芽,只涉及私田。

罗崙指出,私田上的农业经营,包括农民的经营与地主的经营。其中,农民的经营有三个基本类型:第一类是自耕农的经营;第二类是佃农的经营,又分两种,一是租种地主的土地,交出五成以上收获为地租的传统佃农,二是富佃在向地主交纳定额地租的前提下,雇请少量雇工,努力提高产量,以求获得超过地租数量的余额;第三类是富农雇工

① 罗崙:《关于清代山东农业资本主义萌芽发生的道路问题》,刊载于南京大学历史系明清史研究室编《中国资本主义萌芽问题论文集》,江苏人民出版社1983年版,第327~368页。

经营。地主的农业经营也有三种基本类型：第一类是全部土地出租给佃户，分散经营，收取地租的传统租佃经营；第二类是将大部分土地采用传统租佃经营，而把小部分土地用作以向市场提供商品作物为目的的雇工经营；第三类是将土地的大部分或全部用作旨在生产商品作物的雇工经营，其中有的还同时经营农产品加工业、矿业或工场手工业。

罗崙的研究，依据传统的租佃地主（出租土地五十亩以上者）、经营地主（雇长工四人以上者）和农民经营中的富农（雇长工一至三人）在各个自然村中所占比例之大小，将光绪年间山东四十二县一百九十一个自然村区分为六种类型：

第一种类型：传统的租佃地主占一统地位的自然村；

第二种类型：租佃地主户多于经营地主户的自然村；

第三种类型：租佃地主户与经营地主户数字相等的自然村；

第四种类型：经营地主户多于租佃地主户的自然村；

第五种类型：经营地主户占一统地位的自然村；

第六种类型：雇长工一至三人的富农占一统地位的自然村。

罗崙特别注意到，一百九十一个自然村中，属于第六种类型的竟有六十四个，占了三分之一。他认为，随着时间的推移，这些自然村比较容易转化为第五种类型。

综合以上各种类型，罗崙认为，在地主的农业经营中，变化的主要表现形式有三种。第一种是：有些租佃地主开始在部分土地上放弃传统的租佃方式，改用雇工经营方式，从而或多或少兼有了雇工经营地主的身份。第二种是：不少土地所有者已经基本上摈弃或完全摈弃了传统的租佃经营，而将土地的大部甚至全部采用雇工经营，从而具有了典型的经营地主身份。第三种是：一小批经营地主同时雇用了数量不等的工人，开办了各种行业的加工作坊或煤矿，从而兼有了经营地主与手工工场主的双重身份。罗崙强调，后两种表现形式是当时地主经济领域中值得注目的新动向。

关于山东农业资本主义生产关系萌芽发生的道路，罗崙概括表述为："就农民经济而言，由佃农雇工向富佃雇工经营的转化，是一条无甚发展前途的保守道路；由自耕农雇工向富农雇工经营的转化，是一条有发展前途的革新道路。就地主经济而言，由传统的租佃地主向经营地主的局部转化，是一条保守的道路；由富农向经营地主的转化，是一条革新的道路。根据调查材料，清代山东经营地主中，大多数是农民经济中的革新道路与地主经济中的革新道路相互连接后的社会产物，因此可以说农民经济中的革新道路向地主经济中的革新道路直接转化，乃是清代山东农业中资本主义生产关系发生的主要道路。这就是我们的结论。”

农业中资本主义萌芽问题的研究者都认同一个事实，即经济作物的种植是中国农业中资本主义生产关系首先出现的领域。叶依能撰文《烟草种植与中国农业资本主义萌芽的关系》①，提出了自己的看法。

叶依能论道：烟草原产美洲，16 世纪中后期到 17 世纪前期传入我国。明末清初，烟草种植与吸食者已普及大江南北，长城内外，几乎无处非产烟之地，无地无吸烟之人。作为经济作物，烟草种植能带来丰厚的效益，“种烟之利，倍于百蔬，五倍于五谷”。在四川郫县，种烟多少几乎成了农村贫富的标志。烟草的发展除了大量侵占粮田，还增加了生产资料和劳动力的投入，促进了生产的集约经营，促使农民迅速地两极分化。烟农种植烟草，当然不是为了自己消费，而是将其投入市场，进行商品交换。因此，烟草业的发展必然促进了商品经济的繁荣。在江西新城，嘉庆年间种烟户达千家以上，平均种植二十余亩，多的达到七八十亩，经营规模相当可观，一般农户是办不到的。

在大多数论者认为明清时代农业中已有资本主义萌芽的形势下，尹进坚持自己的不同看法。他针对本编前文所介绍的李文治等人的观点，在《武汉大学学报》1981 年第 5 期发表《中国封建社会后期农业中已有资本主义萌芽吗》，继续展开辨析。

尹进指出，我们首先应该考虑农业资本主义萌芽探索的所在，是在封建社会偏僻的农村，而不是繁华的城市。明清时代，农村中的自然经

① 载《南京农业大学学报》1986 年第 4 期。

济绝没有开始解体,因此,农业资本主义萌芽就不具备首要的前提条件。就剥削关系而言,法律上的"凡人"雇工、货币地租,还只是封建剥削汪洋大海里的一点微波。封建剥削关系弥漫整个农村,"以致我们在民主革命时期土改中的斗争任务,还只是反封建而不涉及什么早期农业资本家的处理"。

就农业中雇佣劳动的性质问题,尹进认为,中国封建社会中,人口流徙并非异常现象,也不意味着什么封建人身依附关系的松弛。清代前期农民人口的流徙与此前相比,并没有本质的变化。特别是大量流向商品经济并不发达地区的流民,即使成为佣工,也不可能引起什么雇佣劳动质的变化。马克思在《资本论》里提到英国15世纪的农业雇佣工人,列宁也在《俄国资本主义的发展》里提到欧洲资本主义各国的农村工人。中国明清时代的农业雇工根本上不能与他们相提并论。

尹进特别商榷了一个理论问题。马克思在《剩余价值论》中说:"资本主义生产方式开始于工业,只是后来才使农业从属于自己。"对此,他认为,"不应把马克思本来是有关资本主义社会内的经济理论,高度引申为封建社会经济发展的普遍规律,即认为无论在哪一个封建国家内,只要手工业中有了资本主义萌芽,那农业中则非跟着有资本主义萌芽不可"。尹进总结道:"在中国封建社会后期的明清时代,即使手工业中已有资本主义萌芽,但农业中还没有达到有资本主义萌芽的程度,自然也就丝毫不涉及什么违背封建社会经济发展的普遍规律的问题。"

四、社会经济结构与形态的剖析

资本主义萌芽是社会有机体内的新质细胞。它的发生与发展,不仅仅是某一产业的生产力与生产关系领域内的孤立问题,而是与一定时代的整个社会经济结构、社会经济形态有着密切的关联。20世纪80年代前后的资本主义萌芽问题讨论,在这方面较之"五朵金花"的时期有了长足的进步。

这方面研究的力作首推方行的《中国封建社会的经济结构与资本主义萌芽》①。他从生产、流通、分配三个层面展开自己的观点。

首先,方行认为,中国封建社会的经济结构,在生产上是小农业和家庭手工业的牢固结合。中国封建社会的农民有两种,一是租佃农民,二是自耕农民。小农经济以一家一户为基本生产单位,年复一年进行简单再生产,将粮食与纺织品这两种国计民生重要产品的生产紧密结合于家庭内部。地主制经济下小农业与手工业的结合,是中国封建社会的基本生产结构。中国的佃农比欧洲农奴有较多的人身自由,经济独立性更强,但是缺乏经济保障。自耕农广泛存在,不受地租限制,和手工业的结合也更容易。"因此,中国的小农经济具有容纳一定程度商品生产的内在条件,对商品经济发展的适应性,远比欧洲的农奴经济为强。"明清两代,许多农民或在农业一极,或在家庭手工业一极,已经把部分生产转化为小商品生产,并且出现了商品性农业与商品性手工业的结合,如棉农织布、蔗农榨糖等。特别是农民的棉布商品生产,规模巨大。在明代,苏松地区成为全国性棉纺织中心和最大的棉布商品市场。到清代中叶,棉布成为仅次于丝、茶的第三位重要输出品。当时,从事棉布生产的独立手工业者为数极少,"农民几乎生产了国内市场和出口所需的全部商品棉布,这在中外历史上都是一种独特的经济现象"。明清时期飞速增长的人口压力和繁重的封建剥削交织在一起,"饥饿的鞭子驱使着农民向生产的广度和深度进军",苏松地区及其他集中产地的棉布商品生产,就是在这种条件下发展起来的。明清两代,城乡独立小商品生产的发展很不充分,而广大农民自给自足的小生产却大量存在,这就限制了社会分工的发展,限制了社会财富的积累和社会生产的扩大,是不利于资本主义发展的社会经济条件。

方行特别指出,农民家庭手工业成本非常低廉,其经济效益是萌芽状态的资本主义生产所难以逾越的。农民小生产的广泛存在,为商人控制生产提供了广阔的天地,这又反转过来使得农民小生产长期保存。

① 载《历史研究》1981年第4期。

这样一来，在明清时期的手工业中，资本主义萌芽的发展水平是与该行业农村家庭手工业的发达程度成反比例的。他小结道："农民通过家庭手工业商品化，可以获得较多的经济收益，就使小农经济对于封建剥削具有较大的负荷能力，对于人口的增加具有较大的适应能力，对于新生产方式具有较大的排斥能力，甚至对于机器工业的产品也有顽强的抵抗能力。这正是这种经济结构坚韧性的全部秘密所在。"

其次，方行认为，中国封建社会的经济结构，在流通上是地方小市场在城市和农村的普遍存在。中国的农民经济是分散的个体经济，封建农村是"地方小市场的网"，星罗棋布的集市、集镇贸易就是它的表现。同时，中国城市个体手工业的产品主要为本城市所吸收，很少以农村为市场。所以，"长期以来，地方小市场是中国封建社会的基本市场结构"。当然，方行也承认区域市场乃至大市场也是存在的。特别是清代，商品性农业和农产品加工已形成了一定的地区分工，引起了一定规模的工农业产品交换。粮食和棉布是这种交换中的最重要商品。这就为资本主义生产积累了资本，准备了市场，资本主义萌芽就是在这种条件下发展起来的。但是，他同时强调，"对明代和清代前期商品生产和商品流通的发展，不能作过高的估计。总的来看，自然经济还基本完整，地方小市场的格局基本上没有突破。特别是沿海各省以外的广大地区更是如此。"许多地方"商贾不通"，农民"白首不至城市"，就是明证。

方行还指出，中国幅员广大，资源丰富，自然产品的多样性首先和直接成为地方小市场的良好自然基础。另一方面，城市手工业以农村为市场的局面难以形成和发展，海外贸易也无一线生机。中国的城市主要是政治性城市，官吏、地主集中于城市，他们需要的奢侈消费品靠商人贩运和城市手工业来满足。而城市手工业生产的高档消费品并不为农村所需要，因此，农村对城市基本保持单向贸易的关系。在这种形势下，明清时期出现了资本主义萌芽的手工行业，如制茶、制烟、冶铁、采煤等大都在农村或接近农村的市镇，只有极少数的城市手工业如丝织、瓷器等，因产品行销全国而出现了资本主义萌芽，其他城市手工业出现资本主义萌芽的竟属少见，这绝不是偶然的。

最后，方行认为，中国封建社会的经济结构，在分配上是地主、商人和高利贷者的三位一体。土地占有、商业资本和高利贷资本这三种剥削经济形态，都是以农民和手工业者的剩余产品为生存基础的。在中国，地产是社会财富最稳妥的生息形式和主要归宿。土地可以自由买卖，商人和高利贷者都羡慕这种“不忧水火，不忧盗贼”的财产，因此多成为土地的买主，使商业利润和利息转化为地租。另一方面，因为商业和高利贷虽有风险，但也有更高的剥削率，地主也会因此而经营商业和高利贷，使地租转化为商业利润和利息。这样一来，地主、商人和高利贷者成为“通家”，形成三位一体的封建经济关系。特别是在中国封建社会后期，它一直是社会财富分配的基本结构和社会积累的主要方向。

方行分析道：一般说来，在封建社会后期，社会的主要矛盾要由封建主阶级与农民阶级的矛盾逐步让位于封建主阶级与资产阶级的矛盾，矛盾的本质就在于土地权与资本权的对立。但是，在中国情况却不尽然。由于土地私有且允许买卖，特别是到了封建社会后期，地主、商人和高利贷者对于从事地租、商业和高利贷剥削，日益获得大体均等的机会。他们共同分享着土地权和货币权，这就大大缓和了土地权与货币权的矛盾，结果造成重大深远的社会后果。从地主方面看，他们既控制了土地权，又通过经营商业和高利贷控制了货币权，这就使他们“不但在城市也在农村，既有着统一的政治统治力量，也有着统一的经济统治力量，其统治无疑会非常牢固”。从商人和高利贷者方面看，他们的社会地位微贱，必须仰求封建特权和官僚的庇护，才能有所发展。他们发了财就投资土地而不投资生产，正反映了他们依附地主经济而缺乏独立发展的条件。“商人阶层既不能在经济上政治上独立发展，他们对封建社会本来应具有的‘革命的要素’的作用，当然就不能像西欧那样得到充分的发挥了。”

方行的结论是：以地租剥削为基础的“三位一体”封建经济，把最稳妥的生息形式和能获取高额收益的生息形式糅为一体，所具有的巨大财富增殖力量，是只进行绝对剩余价值剥削的资本主义萌芽所无法比拟的。资本主义萌芽既然不能把地主、商人和高利贷者手中的货币资本大量吸引过来，就只能在条件特殊、利润很大的情况下，在封建经济的夹缝中成长。

与方行的思路基本一致，但涉及的时间更长，吴太昌也撰文《略论中国封建社会经济结构对资本主义发展的影响》①，进行了较为深入的探讨。

吴太昌将中国封建经济形态的发展分为两个阶段。第一个阶段是领主制经济阶段，约从西周到春秋末期。第二个阶段是地主制经济阶段，自战国到清代。这一阶段以唐中叶为界，又可分为两个时期，前期贵族地主经济占统治地位，带有较多农奴制残余，后期才是比较典型的成熟形态的地主制经济。中国区别于欧洲等地封建国家的主要是这第二阶段。一般封建国家或是没有经历这一发展阶段（如德国和俄国），或是这一阶段同时（也可能略有先后）产生于领主制经济的崩溃时期，因而未有充分发展即逐渐为资本主义生产方式所排斥和取代（英国和法国是典型），经历最长的也不过三百年左右。只有中国这一阶段延续了两千多年。

吴太昌指出，中国封建社会第二阶段的土地制度比较复杂。它的特点有三：1. 土地私有制和土地国有制并存，土地私有制占统治地位；地主土地所有制和自耕农小块土地所有制并存，地主土地所有制占统治地位。2. 由于土地制度的多样性，地权的分散和流动具备了条件，在相当范围内土地可以自由买卖。另一方面，中国封建土地所有制缺乏严格的等级结构，各阶级、阶层的经济地位、身份变动不居，以土地作为社会财富和阶级身份的主要标志。于是，地主、商人和高利贷者三位一体，加剧了土地兼并，促进了小农经济的破产和大土地所有制的发展。3. 国家和地主一般不直接经营农业，而是将土地租给小佃农分散经营。吴太昌强调：土地制度多样性和土地经营分散性的必然结果是不可能形成领主经济制下那种完整的庄园经济体系，而一家一户个体生产的、

① 载《中国经济史研究》1990 年第 1 期。

自给自足的小农业和家庭手工业相结合的生产结构成为中国封建经济的细胞组织,成为自然经济的特殊表现形态。与此同时,小农经济的相当一部分生产资料和生活资料要依赖市场,地主消费的工业品等也要依赖市场。这样,作为封建地主自然经济必要补充的城乡小商品生产,在中国封建社会第二阶段不仅存在,而且高度发展。自然经济和商品经济互为依存,扩大了中国封建社会第二阶段的经济基础。中央集权国家制度正是在这样的基础上建立和发展起来。

吴太昌着重说明了中国中央集权封建国家的经济职能及其对社会经济结构产生的深刻影响。中央集权封建国家的经济职能表现在三个方面:第一,从事水利、交通、国防等公共工程的建设和管理;第二,通过赋税和各项经济政策干预社会的再生产;第三,直接经营手工业和商业。这后两个方面相互关联。历代王朝都以“重农抑商”、“强本抑末”作为经济政策的中心,限制私营商业的发展,贬低商人的社会地位。同时,封建政权却凭借超经济的政治力量经营手工业和工商活动,建立起全国性商业网,对重要商品实行专卖制度。官营工商业从本质上说不是一种商品经济,但它在某些方面具有商品经济的外在特征,是一种变态的自然经济,或者说是一种特殊的混合型经济。他说:“官营工商业作为中国封建社会经济结构的一个组成部分,作为自然经济和商品经济之间的缓冲结构,作为一种经济力,进一步强化了地主经济制的经济基础,也巩固了中央集权的封建国家制度。”

吴太昌认为,资本主义萌芽并不构成新生产方式的一个独立发展阶段。中国资本主义萌芽虽早,封建经济结构的解体却极为缓慢,原因一方面在于旧生产方式内部结构的坚固性,另一方面在于旧生产方式对于新生产方式暂时的包容性。“中国封建社会经济结构在上述两方面及其结合上都有独特之处,因此解体特慢,延缓了资本主义生产方式的发展。”

关于旧生产方式内部结构的坚固性,吴太昌论道:中国封建社会商业资本有两个显著特点,一是其对于小农经济和小商品生产的寄生性,二是其对于地主经济的依附性。因此,马克思所说的从封建生产方式向资本主义过渡的两条途径，“生产者变成商人和资本家”和“商人直接支配生产”，在中国都走不通。总之，商业资本对于地主经济的依附性以及它与地主经济之间的融通性大大削弱了它对封建经济结构的解体作用，“而它作为封建共同体循规蹈矩的成员倒是相对地比较称职”。此外，官营工商业活动也从控制劳动力和限制市场两方面阻碍了城乡独立手工业向工场手工业的过渡。当然，官营手工业本身也是生产力，对于整个社会经济的发展也有积极的意义，它的较为先进的生产技术和生产工具的传播也在一定程度上刺激和促进了民间手工业的发展。

吴太昌又从封建国家的经济职能方面说明了中国封建经济结构对于资本主义生产方式在一定时期内的包容性。中国封建经济结构富有弹性，能够容纳较高水平的生产力。就生产力水平而言，官营工业与民间工场手工业并没有什么区别，所不同的只是占有剩余劳动的经济形式。民间工场手工业要彻底打破旧的经济关系，就必须创造出比官营工业更高的生产力。但是，“从明中叶到清初，我们还没有看到这种情况”。清代中叶到鸦片战争前，民间工场手工业在一些生产部门较之官营工业已具有优势地位，但是“封建经济结构在一定程度上仍然可以包容它”。吴太昌特别指出，清代中叶以后，在民间工场手工业和其他社会经济力的作用下，官营工业既有趋于衰落的一面，同时又有向资本主义经营方式转化的一面。鸦片战争以前官营矿冶、铸钱、织造等部门已经大量采取了资本主义方式的雇佣劳动和经营制度，“我们可以将其视为中国国家资本主义的萌芽形态”。

与方行不同的是，吴太昌用了不少篇幅来讨论鸦片战争以后的中国社会经济的变化。他认为，鸦片战争以后，中国社会经济的发展脱出了常轨。中国传统的封建经济结构未完成其向工场手工业时期的过渡，便进入了近代机器工业的创建时期。外国资本、国家资本和民族资本是中国近代资本主义关系的三种基本形态，其中居于支配地位的是外国资本。它们的三位一体，是这个半殖民地、半封建经济结构最根本的特征。这种结构“有利于帝国主义的经济扩张和对中国的政治控制，而不利于本国资本主义的发展，特别是民族资本，外有帝国主义的压迫，内有国家资本和封建经济的阻遏，其发展更为艰难。半殖民地、半封建经济彻底崩溃的事实说明，半封建的资本主义是注定要失败的”。

关于社会经济结构和形态研究，我们必须提到三联书店 1979 年出版的胡如雷的专著《中国封建社会形态研究》。这是“文化大革命”结束以后率先问世的高质量学术著作之一。据作者介绍，本书的初稿完成于 60 年代中期，“文革”中曾经失落，后又找了回来。70 年代中，又进行了修改。“如果不是打倒了‘四人帮’，恢复了党的‘百家争鸣’的方针，这部稿子是出版不了的。”[①]《中国封建社会形态研究》的主题不是专门研究资本主义萌芽，但是其中许多内容都与资本主义萌芽问题密切相关。作者的审慎态度、理论追求和独到心得都是值得资本主义萌芽问题的讨论者学习和参考的。

胡如雷首先明确肯定，揭示中国封建社会形态的特点，必须以世界各国、各民族封建主义生产方式所共有的基本规律和特征为基础。这些规律和特征就是：“大土地所有制是封建生产关系的基础；地租是剩余劳动的通常体现形式；超经济强制和人身依附的不同程度的普遍存在；生产过程个体性同大土地所有制之间的矛盾是基本经济矛盾；自然经济占支配地位；商品经济为封建社会服务，在它日益发展的基础上最后产生资本主义生产关系；扩大再生产的进程非常缓慢。”[②]

具体到中国的情况，关于封建土地所有制，胡如雷认为同时存在国有土地、地主的土地和自耕农的土地三种所有制形式。其中前两种就阶级性而言，均属于地主阶级所占有，都是对农民进行剥削的生产手段；后两种虽然具有截然相反的阶级内容，但却均属于私人所有的土地。地主的土地是对佃农进行剥削的物质基础，自耕农的土地却是被地主政权榨取的客观条件。地主土地所有制在土地关系总和中起主导

① 胡如雷：《中国封建社会形态研究》序言，三联书店 1979 年版，第 7 页。
② 胡如雷：《中国封建社会形态研究》，三联书店 1979 年版，第 3 页。

的制约作用，其特点是：土地买卖与土地兼并；没有形成封建土地所有制的等级结构；自耕农的大量存在及利润、利息向地租的转化；没有形成庄园制经济体系。关于自耕农经济，胡如雷认为它比佃农经济优越，更容易在内部产生剥削关系，更容易发生贫富分化，具有严重的不稳定性。“与其说自耕农是一个独立的经济成分，不如说它是转向其他经济成分的一个过渡。”①关于商品经济，胡如雷指出，从战国、秦、汉开始，中国封建社会的商品经济水平就明显地超过了西方的相应阶段，即令在自然经济色彩最为浓重的魏晋南北朝时期，甚至还能出现《钱神论》这样的货币拜物教思想。官僚地主、商人地主大量存在，他们大多居住在城市里，与商品经济的联系非常频繁。而农民无论在经济情况较好时或逐步走向破产时，都易于同商品经济发生联系，这也是商品货币关系发展较早的一个重要原因。最后，封建政权的某些财政政策和措施，更是人为地促使商品货币关系病态地趋向繁盛。

胡如雷分析了封建社会的城乡对立关系。在西方，封建城市是从经济上剥削农村，这种剥削是通过商品经济而实现的；在中国，城市对农村的经济剥削不仅体现在商业利润上，更体现在赋役和地租上。政治上的城乡对立关系，在西方表现为农村的封建领主对工商业城市进行统治，在中国则表现为郡县城市对农村进行统治。“中国封建城市的特点决定了城乡对立关系的特殊形式”②。

对在资本主义萌芽讨论中争议很大的城市市民运动，胡如雷指出，在西方，城市居民几乎全是工商业者，而在中国封建城市里，工商业者只是城市居民中的一部分，甚至是一小部分。“所以在经济意义上，我们所要讨论的市民运动并不是全部城市居民的政治运动，而仅仅是城市工商业者所发动的斗争。”③胡如雷强调，研究市民运动必须辨明它的性质：即是在资本主义萌芽条件下的反封建斗争，还是封建性质的工

① 胡如雷：《中国封建社会形态研究》，三联书店 1979 年版，第 128 页。

② 胡如雷：《中国封建社会形态研究》，三联书店 1979 年版，第 283 页。

③ 胡如雷：《中国封建社会形态研究》，三联书店 1979 年版，第 284 页。

商业者的反抗斗争。“由于中国的市民运动与资本主义萌芽是同时发生的,就容易形成这样的错觉:资本主义生产关系的萌芽是产生市民运动的物质前提。仔细分析起来,这种似是而非的看法是既不全面,也不精确的。”①胡如雷认为,市民运动是城市工商业发展的结果,并不是资本主义生产关系产生的结果。我国明清之际的市民运动也不是因为资本主义萌芽而引起的。“我们并不否认明清之际的手工工场主可能参加市民运动,但这种资本主义势力的参与并不一定是爆发市民运动的充分条件和必要条件。当工商业发展到一定水平后,即使没有工场手工业,同样可以爆发市民运动。”他同时又表示:“明清时期手工业工人反对作坊主和手工工场主的斗争确实与资本主义萌芽有关,只是这种斗争并非通常所说的市民运动,它不但超过了‘城市公社革命’的水平,而且也超过了‘行会革命’的水平。”②

关于中国历史总的发展态势,胡如雷的看法是,中国封建社会没有发展到自己的天然终点,就转入了半封建半殖民地的轨道。从北宋开始到明清的所谓“后期”封建社会并非处于“下降”阶段。因为直到鸦片战争前夕,“我国资本主义生产关系还没有大踏步发展,资产阶级革命还杳无踪影”。他认为,明清时期的生产关系还不是完全不适合生产力的“桎梏”。尽管这一时期生产关系同生产力的矛盾空前地激化了,但生产力发展的余地还不算太狭窄。“明清之际距中国封建社会发展的天然终点还有一个相当的距离。”③

20 世纪 80 年代前后,因为中国封建社会长期延续的问题和资本主义萌芽的问题再次形成讨论高潮,史学界对封建社会经济结构普遍给予了高度的关注。1982 年 10 月,中国社会科学院历史研究所《中国史研究》编辑部、中国社会科学出版社和中山大学历史系联合举办了中国封建社会经济结构、特点及其发展道路的学术讨论会。15 省市的

---

① 胡如雷:《中国封建社会形态研究》,三联书店 1979 年版,第 287 页。
② 胡如雷:《中国封建社会形态研究》,三联书店 1979 年版,第 288 页。
③ 胡如雷:《中国封建社会形态研究》,三联书店 1979 年版,第 414 页。

60余位学者参加。其中不少人正是资本主义萌芽问题研究的积极分子。会议论文集《中国封建社会经济结构研究》由中国社会科学出版社于1985年出版,收录论文18篇。

杨生民在《中国封建社会经济形成时期的历史特点研究》①中说,中国是在土地国有制和农村公社公有外壳破坏的基础上导向封建制的,其经济根源是生产力、社会分工、商品货币经济迅速发展。所谓封建化就是封建生产关系(封建主占有生产资料和不完全占有生产者)确立、形成、占统治地位,并得到政治法律制度保障、固定的过程。其标志是两汉时期封建地主阶级形成、依附人口大量涌现和依附关系的深化。杨生民批评有的同志以两汉社会存在广阔的自耕农为由,否认两汉完成了封建化是"不妥当的"。他强调,自耕农的存在是封建国家存在的一个重要前提,是地主阶级压迫剥削以佃农为主的各种封建依附人口的一个必要条件。因此,中国封建化的完成与否,应以地主阶级及其依附人口的发展状况而定,不应以自耕农的存在与否为标准。

王守稼在《论中国封建社会的周期性危机》②中说,周期性危机是中国封建社会发展的一个鲜明特点。其根源则是社会再生产周期性地遭到破坏。秦汉以来的地主土地所有制和农民小土地所有制的对立统一,形成了中国封建社会特有的土地兼并规律。两者之间的此消彼长以及集权国家力量的干预,使得经济危机的周期正好与封建王朝的更替相一致。从生产力角度考察,由于人口的自然增长率总是快于生产力的发展,因此,生活资料的生产与人口再生产之间的比例失调现象,在各个朝代都有周期性的再现。其表现是大批"流民"成为相对过剩人口。这时,经济规律往往通过饥荒、瘟疫、战争等方式来调节,在社会付出沉重代价后,才使两种生产比例失调的矛盾获得缓解,这就形成人口消长的周期性大起大落。中国社会的周期性危机还表现为大规模的

① 见《中国封建社会经济结构研究》,中国社会科学出版社1985年版,第47~69页。

② 见《中国封建社会经济结构研究》,中国社会科学出版社1985年版,第70~94页。

社会动乱、农民战争的周期性爆发。王守稼特别指出，周期性危机爆发并非就是历史的循环。“中国封建社会始终是在波浪式起伏和螺旋式上升中发展的。中国封建社会的长期延续，确切地说，指的是它长期停留在自身的本质形态上，没有跨进一个新的、更高级的形态，没有完成革命性的突变。”

杨国桢撰文《试论中国封建土地所有权和地主制经济的特质》①。他说：在中国封建社会，土地的品格不是它的主人的等级，也不是国家主权。中国封建社会土地关系的基本构成是国有、乡族所有和私人所有（地主所有和自耕农所有）并存，私人所有尤其是地主所有占支配地位。由于土地所有权的特性，中国封建经济结构也显现出弹性的特质。其表现是：土地的相对运动性和相对稳定性处于胶着状态；商品经济和自然经济处于胶着状态；经济先进地区和落后地区处于胶着状态。杨国桢特别指出，由于社会结构的弹性，雇工和商人在一定时间和一定场合下游离在等级身份控制之外，但在更多的时间和场合内又被纳入等级身份控制之内。“因此，可能的自由雇佣劳动者和非身份商人的商业资本相结合的机会，往往是一刹而过。经过几世纪的密藏，‘种子’还终究是‘种子’。”“这样，资本主义萌芽的社会条件总是不充分，因而它的生长过程不能不屡遭劫难，陷于踯躅不前的窘境。直到鸦片战争前夕，新的经济形态、新的阶级，都没有形成。”

马克垚以西欧封建社会研究为参照系，讨论了中国封建社会的发展规律。他在《从小农经济说到封建社会发展的规律》②里说，中国封建社会中，不断有促使小农经济破产的因素在起作用，但也不断有帮助小农经济巩固、发展、再建的因素起作用，这些因素都是长期地、缓慢地发生作用。所以，封建社会下的小农经济是相对稳固的。马克垚强调，任何封建社会，其经济发展大都有升有降，有盛有衰。有论者以为中国

① 见《中国封建社会经济结构研究》，中国社会科学出版社 1985 年版，第 126 ~ 140 页。

② 见《中国封建社会经济结构研究》，中国社会科学出版社 1985 年版，第 182 ~ 206 页。

封建社会发展是迂回曲折，而西欧则直线上升，其实大谬不然。他认为，中国封建经济发展变化的过程还没有描述出来。研究者对地主经济、小农经济的典型解剖和数量统计都不够。许多十分重要的经济因素，如人口、技术、垦荒、物价、城市、工商业等等，还大都未估计到整个经济发展的范围中来。“在这种情况下，就说中国封建经济落后停滞循环，并不能使人信服。”

与社会经济结构相关，20 世纪 80 年代的研究者还注意到上层建筑对于资本主义萌芽问题的严重影响。

洪焕椿在《明清封建政权对资本主义萌芽的阻碍》①里论道：明清国家政权对待城市工商业，除了维持官营手工业生产外，对民间手工业和商业，总的方针是抑制而非奖励，重税而非轻税，掠夺而非扶植。国家采取抑商政策、闭关政策、重税政策、派买政策等等，使城市民间工商业长期陷入困境。与此同时，国家又采取垦荒政策、赈恤政策、招抚政策、蠲免政策、治水政策等等，保持小农经济能勉强维持简单再生产，使个体农民在生产和生活领域仍然有一点活动的余地。他特别指出：明清封建国家推行“重农”政策，其出发点就是维持小农经济的延续性。这是由于当时的小农经济（包括广大佃农、自耕农和中小地主）是依附于封建土地所有制的。保持小农经济，也就是维护地主阶级的经济利益。封建国家政权作为一种暴力，既是政治力，用以镇压被统治阶级的反抗，又是经济力，用以保护统治阶级的经济利益。自然经济结构的崩解是不利于封建统治者利益的。洪焕椿的总结是：“国家权力通过各种法权形式，推行一整套方针政策，对经济基础产生了巨大的、在一定时期内甚至带有决定性的作用，从而使自给自足的封建经济很难发展成为资本主义生产方式，这就是资本主义萌芽进展缓慢的主要原因。”

曹三明从商品流通、商品生产和劳动者的人身自由三个方面，考察

① 载《历史研究》1981 年第 5 期。

了明清时期封建法制对资本主义萌芽的摧残①。

曹三明论道:在商品流通领域,明清政府实行“禁榷”,重征商税,阻碍国内市场的沟通和扩大。如严禁盐、茶私营,违者治罪,甚至凌迟处死。在此高压下,一些以“逐末”致富的商人,也接受了“市井富室,易兴易败”、“万般到底不如农”的观念,以置办田产作为归宿。又奉行海禁政策,阻碍国外市场的开辟。甚至“寸板不准下海”,严厉摧残了东南沿海地区的商民利益和经济发展,“使沿海居民,富者贫,贫者困,驱工商为游民,驱游民为盗贼耳”。

在商品生产领域,封建统治者极力维护官工业制度,肆意蹂躏私营手工业。有高度购买力的皇室、贵族和各级官僚的消费品不由市场供应,商人无法获得货币,货币不能转化为资本投入生产。技术最好的工匠被征为“匠户”,私营手工业只能雇佣一般的工匠,技术与产品的品质都受到影响。官工业的产品不在市场流通,不仅缩小了商品流通的规模,而且不利于商品生产者之间的竞争,不利于资本主义萌芽的生长。另一方面,封建统治者对民间手工业无偿摊派,高额征税,加强对矿业的管禁,又运用封建特权对商业性农业横加干涉,对烟草、甘蔗、茶叶、果树等“舍本逐末”之业,限制扼杀。甚至严格控制苏南、浙北和太湖流域的商品性棉花的种植。苏南、浙北和太湖流域八府之地,只有全国土地面积的八十八分之一,清政府却让这些地区负担全国十分之一的赋税。这对于新生的商业性农业,不能不是一种灾难性的打击。

曹三明指出,劳动者的自由身份是资本主义生产关系产生的必要条件。“但是,明清封建统治者却不顾生产力发展的这种要求,竭力维护封建奴役制度。”他们用“匠籍”制度把众多的手工业者变成“工奴”,通过经济外强制直接占有剩余劳动。这是私营手工业的桎梏。他们还制定一系列的法律制度,将农民束缚在土地上。户籍和里甲制度建立起严密的统治网。关于商业性农业中“雇工人”这一法律等级的内涵,

---

① 见《明清封建法制对资本主义萌芽的摧残》,载《中国社会科学》1982年第2期。

《大明律》、《大清律例》皆规定雇主殴打雇工人无罪，反之则要处以绞刑。这些法典还将雇工人列入雇主家族刑等，以子孙、卑幼处刑。“雇工人虽不在伦常中，而名分之重，则与子孙不异。”佃户的法律地位比雇工人也高不了多少。在实际诉讼活动中，佃户常常被比做仆人论处。政府还对私营手工业中的工人实行严密的人身控制。

曹三明归纳道：“如果把上述一系列法律制度紧密联系起来，就会看到：苛刻细密的刑律像一面罗网，工商业者动辄犯禁，本来具有广阔发展前途的商品经济被死死地禁锢在狭小的领域；残忍酷烈的法制又像一座牢笼，人民群众被关锁其间，没有丝毫的权利和人身自由。正由于这些缘故，资本主义萌芽的生长处于艰难竭蹶之中。”

五、旧说新议

20 世纪五六十年代“五朵金花”盛开之时，史学界在资本主义萌芽问题的讨论中，提出了许多有史料根据、有理论价值、且有待深入探讨的学术观点。80 年代前后，重新“热”起来的资本主义萌芽问题讨论拓展和深化了当年的研究成果。

资本主义萌芽的宋代出现说，是五六十年代论述比较多的一派观点。在这个方面，80 年代前后又出现了一批新的研究成果。

生产力是生产关系的前提和基础。劳动生产率是制约生产关系的关键因素。杨贵的《试论宋代的农业劳动生产率》①一文做了细致的研究。

杨贵认为，只要知道宋代的亩产量、复种指数及每个劳动力所耕种的田地数，就可以从量上考察宋代农业劳动生产率的水平了。综合各种史料，杨贵判断，宋代平均亩产量为二石，合今制约为每亩 184 斤。复种指数为 130%，即五年七熟。每个劳动力平均耕种田地约 30 亩，合今约为 28 亩。据此，他推算出宋代的农业劳动生产率为每人每年可

① 载《中国农史》1989 年第 1 期。

生产粮食6253斤，比唐代的5000斤提高了24%。

杨贵指出，宋代农业劳动生产率的迅速提高有多种原因。首先，是农业劳动者自身素质及平均熟练程度提高的结果。无论南北，真德秀所谓的"良农"，在耕、耘、水、肥四点上都比唐代有了长足的进步。其次，是科学技术迅速发展及其在农业上广泛应用的结果。宋代农书多达90部，是唐代的4倍，出现了《禾谱》、《桐谱》、《菊谱》、《耕谱》、《相马经》等专业性著作。当时已掌握遗传变异原理，懂得了变异产生新品种的秘密。水稻品质达到260余种。再次，是生产过程的社会结合与生产资料效能提高的结果。生产过程的社会结合，一是劳动者与土地的结合，表现得更加有弹性，有选择雇主的权力；二是农业生产与市场的结合，农产品部分进入商品生产的范围，求富思想深入人心。至于生产资料效能的提高，主要表现为湖田、圩田、葑田等的出现与一年两熟制的扩大上。

关于宋代农业劳动生产率提高对于社会经济的影响，杨贵论道：第一，为其他部门的发展奠定了坚实的基础。更多的劳动力从土地上解放出来，为工商业提供了劳动力生力军。第二，形成了许多商品粮与农副产品生产的专业性基地。如江西的粮食、福建的茶叶、广东的甘蔗等等。第三，在农村周围形成了许多墟市，使唐宋以来的经济结构与农村产业结构逐渐发生了变化。这些墟市买卖活跃，贸易额十分惊人。古老的农村经济结构发生了一些微妙的变化。第四，为资本主义生产关系的萌芽奠定了最坚实的基础。

柯昌基50年代就关注过宋代雇佣劳动。他的观点稍后受到王方中的商榷[①]。80年代，柯昌基又补充、修正了自己的认识，对当年王方中的商榷作出了迟到的回应[②]。

柯昌基认为，封建生产关系的分解是资本主义萌芽最重要的历史前提。劳动者的劳动、生活状况及社会地位的必然变化是衡量这一分

① 柯、王两人的看法均参见本书上编的简介。

② 见《再论宋代的雇佣劳动》，载《南充师范学院学报》1983年第3期。

解所达程度的主要标志。在宋代,这个标志可从两个方面去理解:

其一,佃农依附性的减轻和自由的增加。在经济发达地区,佃农的人身依附关系有所减轻。仁宗和高宗的诏令在客观上是起到了清除农奴制、扶持契约租佃制正常发展的作用,对于广大佃农来说,无异一次大的"解放"运动。两宋间,从整个主流看,地主对佃农的超经济强制是趋于松弛的。佃农不仅可以离开地主,而且同地主分庭抗礼之事也有发生。有的地方,为了土地所有权的归属,佃农甚至同地主公开诉讼,平起平坐地打官司。王方中说宋代的"农民不能离开地主",以一概全,很不妥当,也与历史事实不符。

其二,雇佣劳动大量抢占劳役制的地盘。从旧的求生轨道上挤压出来的劳动者,把自己的劳动力投向市场,为私人所购买,除当农业佣工外,还从事家庭服役、修建或工商业劳动。因为效率极低的劳役制度行不通,政府不得不改弦易辙,也常以雇佣的形式来解决所需各种劳务问题。可以毫不夸张地说,宋代的劳役制,已有相当大的部分为雇佣劳动所取代。终身雇佣劳动者也出现了。这个"达佣"阶层人数虽不多,但却在"所有类型的封建生活旁边,提倡着与传统不同的一种新的、模糊的生活方式"。他们的轻松优越、自由自在,甚至使士大夫们也心生羡慕与惊奇。因此,王方中说宋代的雇佣劳动者"仿佛是自由的"就不对了,他们的自由乃是实在的,并非仿佛。

柯昌基还具体分析了几个行业中的雇佣劳动情况。陶瓷业中,元人蒋祈《陶记》记载的工匠与窑主的关系,是雇佣工人与工场老板的关系,是雇佣劳动被资本购买和支配的形式,且双方相处还比较融洽。所以,王方中说宋代陶瓷业"很难有什么劳动力的自由买卖",是不能成立的。印刷业中,官刻较少,绝大部分是民刻。书坊内部有多种工序的分工。一个书坊拥有二十名工匠是常有的事。宋代民间书铺的经营活动纯属商品性的。印刷品类多,发行量大。工人都是高度专业化的,技术性强,不是未经专业训练的家奴所能承担,只能雇佣。矿冶业中,宋代政府改变冶铁政策,将铁矿向老百姓开放。"所以宋代采矿冶铁,基本上都是民营,产品一部分以课税形式缴纳,其余部分则以商品形式出卖给政府和私人。监同冶户间既有封建性的关系,又有对等的商品交换关系,二者互相参杂。”宋代铁钱监的主要任务是收铁租、买铁和铸钱,对冶户的私人经营及铁的运销一般不予干涉。至于河北转运司阻止铁与钱北运,是担心可能“资敌”,哪里是王方中所说的“铁的运输也完全受官家控制”。

柯昌基总的看法是:“宋代的资本主义雇佣关系并不是一闪即逝的东西。”宋代的中国,无论经济或科技方面,都是当时世界上最先进的国家,它首先出现资本主义萌芽,并不是什么怪事。至于后来的发展却不及欧洲,问题就出在生产力的主要环节上未曾突破,在动力上没有类似蒸汽机那样的发明,这样就难于突飞猛进。再加上元蒙贵族入主中原后横暴摧残,重新给手工业者(包括雇佣劳动者)套上奴隶制的枷锁,几乎将资本主义脆弱的幼芽捏死。到了明代,这“奄奄待毙的幼芽又才生怯怯地再度探出头来”。

论及宋代的雇佣劳动,漆侠发表于《河北大学学报》1987 年第 3 期的《关于宋代雇工问题——宋代社会阶级构成探索之一》是论述精当的力作。

漆侠首先肯定了雇工在宋代农业和手工业生产中、在乡村和城市的广泛存在。“即使说雇工在宋代已经形成为社会的一个阶层,也无任何夸张之处。”占南宋人口百分之七十以上的贫民“下户”,即无地、少地农民,靠负贩、佣工、兼营小商、小工以谋生活。在种植业中广泛出现的是季节性短工。植茶业中更是如此。年产三五万斤的大茶园,雇工甚至达三数百人。在手工业中,几乎每一个分支,都有雇工,远远超过农业方面的雇工。盐业、榨糖业雇工数以千计。宋代纺织业规模巨大,分工最细。经营纺织的专业机户多达十万。其中不少机户雇工织作。城镇商业、交通运输业中也同样有各种各样的大量雇工。“令人惊奇的是,宋代雇工大都贫困、低贱,为人们鄙视,但雇工能够雇工,为他们自己做活。”漆侠评价道:“如果说,雇工在前代社会上居于很不重要的附庸的地位,而在宋代社会上已经成为生产战线上有着相应地位的力量了!”

关于雇工成为宋代重要的社会力量的原因，漆侠认为，首先，土地兼并是决定性的原因。安史之乱后，封建土地私有制越来越明显居于主导地位。土地兼并日益严重，从土地上被排挤出来的农民越来越多。北宋初年，无地农民占总人口的百分之四十，以后逐年下降，到王安石变法时降到最低点，此后回升。在南宋，无地农民加土地甚少的第五等户，不少于总人口的百分之七十。这些人除了继续佃种地主的土地，其余者或在农村中做雇工，或是进入城市，寻求活路。其次，城镇手工业、商业发展是重要原因。由于城镇手工业、商业发展的客观需要，农业人口中分化出一批又一批的手工业者和商人。当然，城镇的规模还容纳不了从土地上被排挤出来的全部农业人口。而且，手工业、商业内部为了避免或削弱竞争，各行会也极力限制农业人口和城镇贫民转向手工业和商业。在汴京、临安等大都市里，每日“候人请唤”的雇工后备力量雄厚，待雇的破产农民和城市贫民众多。受雇者均在行会、行帮统治的范围内活动。因为古代城市里服务性行业大于生产性行业，所以受雇者大多数进入服务性行业，这是雇工发展的一个特点，它直接关系到新的经济因素的孕育。

雇工在宋代的社会地位极其低下，被称为“仆”。漆侠分析其中的原因是：封建时代，人们的社会等级地位主要根据对土地财富的占有而确定。失去土地、一无所有、为人佣雇的雇工就只能居于社会的最底层了。

漆侠又指出，雇工与雇主之间，虽然有主仆之分，却是一种货币关系。无论长工、短工，报酬都是货币。从各种杂活到制茶，日工值是三十文到六十文。靠这点收入养活一家老小，显然是极为困难的。

漆侠回顾，50年代史学界就有人提出宋代已经孕育了资本主义萌芽。当时有学者在文章里提到太师蔡京府中的厨师做包子，有人分工专门切葱丝①。漆侠认为，单从服务性行业分工入手，分工再细，也难

① 见束世澂《论北宋时资本主义关系的产生》，载《华东师范大学学报》1956年第3期。见本书上编简介。

以分泌出资本主义。“更何况切肉切葱之类是永远也切不出资本主义来的”。要探讨宋代是否孕育了资本主义萌芽,必须从宋代经济关系的总和中、从宋代各地区发展不平衡的差别中下手,才可能触及问题的实质。资本主义萌芽是个复杂的问题,“即使出现了以货币关系表示的雇佣制和包买制,不一定就是有资本主义性质的雇佣制和包买制,犹之乎虽然以缴纳货币为形式的货币地租,依然是封建地租,它并不具备以平均利润为内容和特征的资本主义地租性质”。

有人根据陵州井盐生产情况,提出在盐业中出现了资本主义萌芽。漆侠却认为,陵州属于川陕路生产落后的山区,地旷人稀,劳动力太少,庄园主想方设法将更多的劳力牢固地束缚在自己的土地上,不许迁移。在经济外强制如此严重的地区,怎么能够形成一个没有封建依附关系束缚的、自由的雇工阶层呢?他还强调,是否在繁华居全国之首的汴京就能够产生资本主义呢?“也不尽然”。汴京的油饼店或胡饼店,有的雇工上百人的大作坊,店主、饼师、学徒、雇工间形成货币关系。但是其内部分工简单,技术也不复杂,在商品经济发展中,居于次要的地位,因此,“新的资本主义经济因素在这类作坊中孕育出来,怕是困难的”。

那么,宋代哪些地区有可能产生资本主义萌芽呢?漆侠认为,以太湖流域为中心的两浙路、江东路以及福建路,“似乎具备了资本主义萌芽的条件”。这些地区生产最发达,不但商品经济的发展超过了其他各路,而且封建依附关系也大为削弱。这些地方人多地少,封建主不愁没有佃客为其耕作,用不着以经济外的强制力量控制劳动人手,而是采用“刬佃”、“夺佃”等经济手段,向农民追加地租。这样一来,封建主与佃客之间的人身依附关系大大削弱了。这是其一。其二,政府许可有了几亩田产的客户脱离主户(地主),以增加国家的田赋收入。在这一政策下,客户不仅可以上升为主户,而且可以自由选择农业以外的其他生产部门和行业,转化为能够雇佣“仆人”的富裕商人。其三,即使身为佃客,也不属于某一家。其四,贫无立锥之地的客户,同封建国家的隶属关系也大为削弱。综合以上几条,可见从土地上被排挤出来的雇工,虽然还不是“自由的飞鸟”,但是他们行将结束到达“自由的飞鸟”

的最后里程，从而为资本主义萌芽创造了一个基本条件。

另一方面，这个地区各种手工业都很发达，其中纺织业更是异军突起。在这一地区、这一生产部门中，“完全可能突破封建主义的一统江山，萌生出资本主义的幼芽”。宋代全国有纺织业机户或机坊约十万个，分布在两浙路的最多。从生产成员看，这些机户或机坊大约可分为两类：一类是主要由家庭成员组成的家庭作坊，有个别雇工；另一类是主要由非家庭成员组成的作坊，可能有个别家庭成员。漆侠考虑，从机户到机坊、机房这一名称上的演变，“是否由于作坊内部非家庭成员日益增多而导致成功的”？

漆侠综合各种史料得出的结论是：宋代纺织业中涌现了为数不少的雇工，他们同雇主结成货币关系是无疑的。不过，目前还无法确证这种货币关系就是雇佣关系。但是“从宋代生产力、生产关系总和，以及地域经济发展不平衡状态加以考察，宋代东南地区雇工的发展，已经为新的资本主义经济因素的孕育创造了重要条件。这是确定不移的”。

李晓比较深入地探讨了宋代茶叶生产中的资本主义萌芽问题①。

茶叶生产是唐代开始兴起的新的商品生产领域，到宋代有了长足的发展。茶叶生产的季节性很强，需要在短时间内集中劳动力来进行。于是茶园里出现了大量雇工。辨清这些雇工的劳动性质，是确定该领域内资本主义生产关系出现与否的关键。李晓分析了宋代各类茶园中雇工的来源：其一，利用剩余劳动力以副补农的农民；其二，从土地上被排挤出来的农民；其三，破产失业的园户。值得注意的是后两种。他们或是无田之民，或者至少在产茶季节是与土地相脱离、以纯粹的雇佣劳动谋生的。他们与茶叶生产资本的结合并不巩固，在产茶淡季，可能重回农田，也有可能成为流民，从事其他的雇佣劳动。根据史籍记载，茶园雇工计日取酬，与雇主结成的货币关系是比较松散的。尤其是根据茶叶生产的季节性特点，一般均为短期雇工，这些人与雇主的封建关系

① 李晓：《论宋代茶叶生产中的资本主义萌芽》，载《山东大学学报》1989年第4期。

较为薄弱,易于成为自由劳动者。李晓强调,被自由雇佣的劳动者是资本主义生产关系的核心;但是,并不能从自由雇佣劳动直接引申出资本主义萌芽来。封建社会也曾使用自由雇工,其表现为三种情况:1. 不是被用于生产劳动,而是用于增加雇主享受的服务;2. 只是为了生产使用价值,而不是生产价值;3. 雇主出卖产品,但出卖的只是多余的产品,以换取奢侈的消费,是"伪装的"劳动力购买。很明显,宋代的产茶专业户,特别是大中茶园主使用的自由雇工,"均与这三种情况无缘"。雇工参加生产劳动,生产的是商品,雇主出卖的也不仅仅是多余的产品。李晓肯定,当茶园主们在茶叶商品生产中广泛使用了自由的雇佣劳动者,从而把其生产资料和生活资料变成了资本的时候,其生产关系的资本主义性质是很明显的。

马克思曾指出封建生产方式向资本主义生产方式过渡的两条路径:一是生产者变成商人和资本家,"这是真正革命化的道路";二是商业资本支配生产,商人或者直接成为工业家,或者把手工工场的"小老板"变成自己的中间人,成为商人和工人之间的媒介,商人是真正的资本家,他把剩余价值的最大部分装进自己的腰包。李晓指出,在宋代茶叶生产中,这两种过渡方式都是存在的。商业资本转化为茶叶生产资本,在宋代采取了"客放定钱"和购地植茶、自制自销两种形式,分别在北宋前后期出现于四川和两湖。这两种形式的相继出现,表明商业资本的生产性经营,经历了一个由预放钱款包买产品的间接控制到直接控制这样的发展过程,反映了商业资本对茶叶生产控制支配的逐步深化。总之,宋代的茶叶生产是一个商品性的农业经济部门。茶园主广泛使用自由雇工,变成了资本家。商业资本也逐步转化为茶叶生产资本。因此,我们可以说宋代茶叶生产中已经出现了资本主义生产关系的萌芽。

李晓还研究了宋代的茶叶贸易。尤其是与周边少数民族地区的贸易,其规模、数量从"茶马互市"中可见一斑。每年仅买马一项,就有至少 150 万到 200 万斤茶叶流入西部少数民族地区。这还不包括民间私贩的数量。繁荣的茶叶贸易为生产的发展开辟了广阔的前景,带来了社会分工的扩大和经济结构的变化。1. 茶叶生产为独立于粮食生产之外的一个行业，表明农业经济已从单一粮食生产向综合经营发展。2. 茶叶生产主要集中在秦岭淮河以南，这种地域分工加强了地区间的经济联系与依赖。3. 茶叶生产和贸易有利于打破自然经济的闭塞性和狭隘性，促进地区间商品交换的发展。4. 茶树多种植在山岭，对于充分利用土地资源、促进平原农业经济与山区丘陵农业经济的协调发展意义重大。5. 直接推动了茶叶加工等相关手工业部门的发展。

关于宋代茶叶生产和贸易发展的社会经济意义，李晓认为，它在瓦解自然经济的同时，又给它注入了一定的活力，增强了小农经济抵抗封建剥削的能力。与粮食生产相结合的副业性茶叶生产作为男耕女织的补充收入而引起的交换，不过是自然经济范围内的品种调节和余缺调节，使自给自足的自然经济变得更富有弹性，更加稳固。因此，又在一定程度上维持了自然经济形态的存在。在自然经济占绝对优势的情况下，在封建国家政治干预的破坏下，茶叶商品生产的发展必定是缓慢艰难的，即使其内部出现了资本主义萌芽，其生命力也是纤弱的，不但不足以迅速形成冲垮封建生产方式的力量，而且一旦所处的经济环境和政治气候变得恶劣之时，它可能还会夭折。

资本主义萌芽的明清出现说，是五六十年代学界的主流观点。80年代，这方面的研究向纵深发展，其主要体现在新材料的发掘和更精细的区域研究、行业研究的深化。

洪焕椿整理了大约500件苏州工商业的碑刻资料，以此为第一手材料，写出了《明清苏州地区资本主义萌芽初步考察》①。

洪焕椿认为，明清时期，苏州地区商品经济的发展居于全国的前列。许多碑刻资料承认“苏州为东南一大都会，商贾辐辏，百货骈阗”，“贸迁有无而来者，类皆设会馆”。手工行业和商业铺行有数十种之多。重要的布商、绣业、烟业、酱坊等有几十上百家。各地商人纷纷在

① 载南京大学历史系明清史研究室编：《明清资本主义萌芽研究论文集》，上海人民出版社1981年版，第399～449页。

苏州建立自己的专门码头。牙行和牙人十分活跃,官牙之外,还有私牙。高利贷资本也不断流入。嘉庆年间碑刻记载,“苏城内外私开小押,重利盘剥者,竟有数百十家”。

洪焕椿分析了苏州工商业会馆的性质和作用。从万历到清朝末年,碑刻记载的苏州府属会馆和公所共有90多所。它们可归纳为七种类型:1. 手工业作坊铺户所建立的会馆;2. 商业性的会馆;3. 官商合建的会馆;4. 手工业和商业结合的工商业会馆;5. 工匠们创立的会馆;6. 同乡会馆;7. 单纯官办的会馆。这么多不同类型的会馆和公所的产生,是商品市场互相竞争的必然结果。会馆和公所所起的作用,有以下五个方面:1. 会馆是同业者共同集议有关经营和贸易的场所;2. 会馆在划一货价、使用标准的度量衡器、在市场上实行公平交易等方面,都起了重要作用;3. 会馆之设,加强了同乡或同业之间的团结;4. 有了会馆或公所,本行业的商人住宿有所,贮货有仓;5. 所有的会馆都把办理善举,对同业实施救济,妥善安排生养死葬作为头等大事。会馆和公所不可避免地带有封建色彩,与当地封建官府也有一定的联系。根据碑刻反映的具体情况看,把会馆和公所不加区别地一概看做是阻碍商品经济发展的行会组织,而看不到它在商品竞争中所起的积极作用,是不符合历史实际的。

关于资本主义性质的手工作坊和手工工场,洪焕椿根据碑刻资料,得出如下结论:明清时期,苏州地区单纯协作制的小手工业作坊,是与资本主义性质的手工作坊和手工工场同时并存的。前者是大量的,后者只是少数。但决不能因为有行会手工业存在,就否定资本主义的出现。碑刻资料还表明,明朝后期开始,苏州地区涌现了大批出卖劳动力的雇佣工人。各城镇在16世纪前后,已经存在劳动力市场,一部分劳动力已经转化为商品。江南一带农民,在封建地租和高利贷的压榨下,被迫流入城镇出卖劳动力,这就是苏州地区雇佣工匠的主要来源。洪焕椿搜集到一条极为珍贵的历史资料,即乾隆二十一年(1756)元和、长洲、吴县地方官联名发布的《严禁纸作坊工匠把持勒增工价碑》。碑文规定“给发工价,务遵宪定章程,总以九九平九五色,按日按工,钱照时价高下”。还规定了不同工种每一工的工作量及其工资数。洪焕椿根据碑文中24条工资规定，归纳了清代前期的纸匠工资，具有资本主义手工工场的某些特点：1. 按照技术的高低和工种的难易，分别规定工资数目；2. 所有工匠都是计工计件工资，多劳多得；3. 工匠都由纸坊供应饭食。清代前期，苏州各手工业作坊工匠的工资标准都是很低的，碑刻资料显示的“勒加工价”、“索添工银”、“鼓众添价”、“倡众歇作”等等，都是雇佣劳动者要求增加工资的斗争。

洪焕椿还根据碑刻资料，论述了反对封建特权统治的市民运动和反对原始资本家剥削的罢工斗争，以及封建专制统治对苏州工商业的破坏。他列举了17条关于各手工业工资劳动者罢工斗争的碑刻资料，说明清代苏州地区由于资本主义萌芽的滋长，劳资双方的矛盾不断增加。“苏郡每以齐行把持，致起讼端，最为恶习。”苏州工商业行铺当官承值，遭受封建地方势力的剥削，在明末清初时期比较严重。碑刻上所反映的，也以这一时期为多。乾隆以后，类似的记载逐渐有所减少。乾隆时代苏州工商业的繁荣胜过康熙时代。

明清时期，比邻苏州府的松江府（地域约相当今日的上海），也是中国经济最发达的地区之一。王守稼以“上海”为题，讨论了该地区资本主义萌芽的历史命运①。

王守稼说，松江的棉织业，洪武初年在全国首屈一指，明中叶后又进一步推广。隆庆、万历后，适应城市手工业和商业经济发展的需要，棉花种植的比重越来越高，形成了以松江府为中心，兼及苏州府、嘉定府部分县的商品棉种植区。明代棉花销售的基本趋势是北花南运，南布北销。松江府的棉花市场在全国起了举足轻重的作用。这里的棉纺织业也非常发达，产品名闻全国，衣被天下。许多各具特色的高级棉布，反映了松江纺织技术的精湛水平。这里出产的标布、“中机”，价廉物美，行销南北各路，“富商巨贾操重资而来市者，白银动以数万计，多

① 见《明清时期上海地区资本主义的萌芽及其历史命运》，载《学术月刊》1988年第1期。

或数十万两,少亦以万计”。从纺织业生产的经营方式看,出现了以生产商品为目的的专业化手工工场,内部分工达到较高水平。许多袜店店主,统一分发原料,使小生产者加工,实际是成了没有厂房的资本家。那些表面上独立的小生产者,则成为店主控制下的雇佣工人。农业上使用雇工的情况也大量出现。正德《松江府志》载:“农无田者,为人佣耕,名为佣耕,曰长工,农月暂佣者曰忙工。”他们的身份、地位并不完全一样。雇主往往采取比较温和的态度对待雇工,非酒食不能劝,改善他们的生活待遇。当然,这时农业中占主导地位的还是自耕农民和封建的租佃关系。王守稼还指出,明中叶上海地区社会经济发展的另一重要现象是,商业性市镇星罗棋布,区域市场网络形成。

王守稼纵观明清两代上海地区经济发展的趋势,认为资本主义生产关系两度“萌芽”,两遭波折,经历了曲折的历程。明代嘉靖、隆庆、万历年间,上海地区经济繁荣。到了天启、崇祯年间,全国性的政治、经济危机铺天盖地袭来,资本主义萌芽便在这一危机中萎缩了。清康熙年间,社会经济逐渐恢复元气,走上了新的发展道路。特别是商品经济繁荣,棉纺织业蓬勃发展。18世纪后,地区中心城市由松江向上海转移。18世纪后,上海棉布大量转销欧美,外国人称之为“南京布”。棉织业的繁盛又促进了另一经济支柱航运业的发展。康熙二十三年(1684),清政府开放海禁,上海以棉布贸易为基础的航运业空前兴旺。上海港逐渐形成了内河航运、长江航运、沿海北洋航运、南洋航运和国际航运五条航线。到鸦片战争前夕,上海沙船总数达三千五六百艘,雇佣在船水手十余万人。鸦片战争后,形势发生突变。上海开埠,外国资本主义势力日益深入,洋货排挤土货。洋布、洋纱大量输入,其高质量、低价格对本土棉纺织业形成毁灭性的冲击,如嘉定县“自洋纱盛行,不数年间,无复有布经营业,而市况顿衰”。上海地区“纺织稀少,机轴之声,几欲断矣”。与此同时,由于外国航运业的排挤和地区棉纺织业的衰落,上海沙船业也纷纷倒闭破产。资本主义萌芽又一次遭受摧残。

王守稼总结道:明清时期上海地区经济发展的曲折历程,留给我们深刻的历史启示。首先,资本主义生产关系最初形态的萌芽能否顺利发展，关键取决于生产力的发展水平。明清时期上海棉纺织业的生产工具没有重大改进，因此，生产力水平没有根本性突破。当面临欧洲机制棉纺织品倾销时，建立在落后生产力基础上的土布，自然无法抵挡。其次，上海地区经济发展的命运，是与整个国家的命运联系在一起的。中国所处的社会历史条件使中国没有也不可能成为一个独立的资本主义国家。与欧洲相比，中国资本主义萌芽产生的时间并不算太迟。如果说，明中后期的资本主义萌芽在封建经济危机的打击下日趋萎缩，那么，清中叶出现的资本主义萌芽，一方面遭受到腐朽的封建生产关系的阻碍，同时又受到欧风美雨的摧残，只能在夹缝中艰难生存。当时的国际环境，已不允许中国从容地走上资本主义自由发展的道路。

浙江也是东南沿海经济发达地区之一。关于这里的资本主义萌芽问题，沈雨梧有所探讨①。

沈雨梧说，中国是个经济发展不平衡的大国，商品经济在各个地区发展程度也不一样，资本主义萌芽的产生有早有晚。在浙江，手工业资本主义萌芽远在元末明初就稀疏地出现了。从《织工对》可以看出，劳动者已可自由出卖劳动力给“倍其值而佣之”的资本家了。到了明代中叶，在浙江丝麻纺织中心地区，从小商品生产者分化产生的具有资本主义生产关系萌芽的手工作坊和手工工场更多了。在清代，南京的一些手工作坊主和手工工场主经常到浙江的石门、斜桥等处雇寻织工，设机织布。在清代刑部档案里，反映浙江手工业部门中这种新的资本主义生产关系的材料更是屡见不鲜。如新昌县华更陇雇许文启做纸厂短工，平等相称，议定每月工钱九百文，余姚县余起贤在龚维能染店做工，讲定每月工钱八百文。在农业方面，浙江嘉湖地区的地主和劳动者大都和蚕桑这种农业商品性生产发生了联系。《补农书》记载的地主出租桑地，主要收取货币地租，实物丝绵只占十分之一。《补农书》还记载，地主雇长工，每年工银五两，并有“领袖做工之人”，说明雇工至少在几人之上。又说春三月内多唤短工。如水旱不时，则须预唤月工，多

① 沈雨梧：《浙江资本主义萌芽问题》，载《浙江学刊》1987年第1期。

唤忙工。万历年间湖州庄元臣撰《曼衍斋草》,其治家条约所立庄规载明:“凡桑地二十亩,每年雇长工三人,每人工钱二两二钱,工钱六两六钱。”这证实明末清初嘉湖蚕桑区的雇工经营确实是普遍存在了。据乾隆刑科题本中有关浙江农业雇工文档的统计,从乾隆元年到乾隆六十年,共有294件。这反映出农业资本主义萌芽不只是稀疏的,而是一片一片地在滋长。沈雨梧判断,明末清初,浙江农业中的资本主义萌芽的发展程度,与封建土地制度和自然经济比,还只能是三七开,因此它还不能就此引起质的变化,还没有足够力量推动社会走向蜕变。

徽商在中国古代商业史上有特殊的地位和影响。明清时期徽商的资本流向问题,是探讨资本主义萌芽发育程度的关键环节之一。姚从斌对此进行了研究①。

姚从斌说,明代以前,徽商置田比较少见。但到明清时期,徽商资本投向土地就不再是个别地区、个别人的现象。“上自绅富,下至委巷工贾胥吏之俦,赢十百金,莫不志在良田。”在那时,徽商除了直接用商业资本购置土地外,还流行着将商业资本转化为高利贷资本,然后通过高利贷资本折买土地的办法。高利贷利息“三分起息”,高的更达60%甚至90%。凌濛初《拍案惊奇》里就描写了高利贷者卫朝奉,用重利盘剥、本利对合的方法,从陈秀才手中霸占了价值千金的庄房和土地,使这位富有的土地所有者沦入破产的境地。

姚从斌分析道,商业资本从流通领域游离出来,流向何处,与其说取决于商人的意志,不如说取决于当时的生产结构。明清时期,商品经济摆脱不了旧生产方式的束缚,资本运动没有像资本主义社会中那样自由。在这种经济结构下,农业是社会的主要经济部门,土地是主要的生产资料。土地对商人有很大的诱惑力。这是总的形式。此外,我们还要看到:第一,土地商品化,自由买卖。商人通过买地,方便地将商业利润转化为地租,势在必然。第二,土地是固定的生产资料,“不忧水火,不忧盗贼”,是财富最稳重的生息形式。况且当时地租率很高,剥

① 姚从斌:《试论徽商资本土地化问题》,载《安徽大学学报》1988年第3期。

削率在40%到100%之间，这样高的经济效益，当然十分诱人。第三，“重农抑商”政策的影响，也是促使徽商资本土地化的重要原因之一。明清政府极力推行“重税”、“禁榷”、“海禁”制度，不仅盐、铁“官营”，而且将金、银、硝、硫磺等也列入专营之列，剥夺了商人经营最有利可图的商业部门的权利，这必然严重影响商业资本的前途。第四，受中国传统儒家思想的影响。徽商多来自农村，“贾而好儒”是他们的一大特色。“贾为厚利，儒为名收”。商末农本的思想根深蒂固，所以，“治家当以末起家，以本守之”。徽商在青壮年时四处奔波，集聚了财富资本，晚年便回到故里，“以养余年，以长子孙”。目的一是为“儿孙计”，二是为“终老计”。这是与广东商人和山西商人大不相同的。

姚从斌总结道：徽商资本流向土地，是其封建化的重要标志。徽商与封建地主阶级结成联盟，并不是成为“资本主义租地农场主”，而是一半是商人，一半是地主。徽商资本的土地化，加强了其资本的高利贷性质，巩固了封建宗族关系。于是，徽商这个本来是摧毁封建经济结构的武器，却在很大程度上变成了巩固封建经济结构的武器。这就彻底妨碍了它自身向产业资本转化的前途，阻碍了资本主义萌芽的发展。商人资本不能创造生产方式，而又必须依存一定的生产方式，这就是商人资本发展的普遍规律。徽商资本当然也不例外。

在西部中国，明清时代资本主义萌芽产生的一个重要部门是四川的井盐业。冉光荣、张学君对其进行了深入的研究①。

冉光荣、张学君论道，四川的井盐业自战国后期发端，有两千多年的历史。明清时期，随着井盐生产技术的创新和生产规模的扩大，其销售一度延伸到几乎整个西南及长江中游一带。他们认为，在清代乾嘉时期，四川井盐业产生了资本主义萌芽，其标志是雇佣劳动的手工工场的出现。

---

① 冉光荣、张学君：《四川井盐业资本主义萌芽问题研究》，载南京大学历史系明清史研究室编《明清资本主义萌芽研究论文集》，上海人民出版社1981年版，第538～570页。

关于明末清初四川井盐生产工艺的发展，冉光荣、张学君说，明万历年间，盐井的钻凿工艺和汲卤技术出现了重大突破。凿井机械、钻具、井壁材料等等都有了巨大的进步，增强了人们开发地下资源的能力。到乾嘉时期，富荣等盐场的深井已经达到三四百丈，一般盐气井都达到二百六七十丈。这个深度，能够开采集于三迭系嘉陵江石灰岩的黑卤和天然气。获得了新的生产力的井盐业迅速跃入生产的兴盛期，产卤稀薄的浅井被大量淘汰了，生产规模也随之扩大。清道光年间的富荣盐场，劳动者总数约在二三十万人之谱。大井灶经营者"李四友堂"，工人达两千余人。井盐业的附属企业煤厂、竹厂也非常繁荣。当时的井盐业内部，既有大型的部门分工（井、灶、枧三大生产环节已膨胀为各具体系的生产部门），又有复杂的技术分工（多达四五十种），还出现了专门的企业经营管理人才和组织人才。这表明，此时的井盐生产工场，已不是由手工业者或商业资本家自己直接经营管理的简单的生产组织，而是成为资本指挥之下，由专业工作者组成严密的管理机构。这当然应该是手工工场的形态了。

冉光荣、张学君分析，数以万计的盐业雇佣工人的来源有三：一为农村失地或少地的农民；一为城市破产的小手工业者；一为他省流徙之民。这些盐工"论工受值"，完全依靠工资过活。据清代刑部钞档的记载，乾隆年间，犍为盐场所雇帮工，"每日四十五文工钱，按日支给，同桌吃饭，平等称呼"。盐工与资本家是金钱雇佣关系，没有人身依附。当然，盐工有时也受工头的人身侵害。这是雇佣关系上资本主义、封建主义两种因素纠缠在一起的表现，是我国资本主义萌芽中的共同现象。值得注意的是，工人们已组织了自己的帮会，最著名的是富荣盐场的"炎帝会"和犍为盐场的"大蜡会"。工人入了会，对职业有一定的保障。对于未入会的工人，会首常常予以驱逐。盐工的这类组织，含有封建宗法师徒制的成分，但它维护盐工利益，保证就业要求，在一定程度上具有初期工会的作用。

关于四川盐业所需巨额资本的来源，冉光荣、张学君归纳为三个方面：其一，中、小商品生产者的投资，形式为多人合伙出资，各占一定股份；其二，土地资本，购买井场基址与购买田地无异，土地成为盐业资本的一部分；其三，商业资本转化为盐业资本。在盐商中，陕西商人占据着重要的地位，形成了势力直达湖北、湖南的水陆运销网。商业资本渗入盐业资本的方式有三：1. 直接投资；2. 用佃煎方式收买半成品，加工成盐；3. 签署“做下节”契约，在最初投资者资本耗尽、急需追加投资时，中途打进盐、气井经营集团。

冉光荣、张学君最后谈到了四川盐业资本主义萌芽的历史局限性：一是地区发展不平衡，富荣、犍为等地发育水平高，而川东、川北贫瘠地区，井盐生产技术停留在宋代水平，资本和雇佣劳动的发展程度就非常有限。二是盐业资本的倒流颇为严重，大量资本转化为地租。三是封建国家经济政策的制约影响。清代前期，四川盐业资本主义萌芽产生，但清中叶以后，盐政走向反动，四川盐业也走上了萎靡和停滞的道路。

广东佛山是我国古代四大名镇之一，也是较早的对外贸易商埠。明清两代，这里的铁器、陶瓷业中的资本主义萌芽问题，引起王宏钧、刘如仲的关注。他们的研究成果《广东佛山资本主义萌芽的几点探讨》发表于《中国历史博物馆馆刊》1980 年第 2 期。

王宏钧、刘如仲指出，明代万历末年到天启初年，佛山的制铁业的“炒铸七行”中已经出现资本主义萌芽。产品运销江楚，还出口吕宋、日本。行业内部的分工，有铸锅、铸造铁灶、炒炼熟铁打造军器、打拔铁线、打造铁锁、打造农具杂器、打造铁钉，此即“炒铸七行”。其生产工艺有浇铸、锻造之别。随着带有资本主义性质经营的出现，也就发生了早期无产者反对封建统治和资产者的斗争。天启二年（1622），爆发“炒铸七行工匠纠众狂噪”的事件。天启六年（1626），又发生“耳锅匠并锯柴工与诸炉户哄争”的事件。这已是“雇佣劳动”与“资本”的斗争了。

王宏钧、刘如仲说，石湾是佛山地区窑业集中的乡镇。这里陶瓷业中带有资本主义性质的经营开始于清代乾隆以前。到 18 世纪末，石湾从事陶瓷业者不下三四千人，生产规模已相当可观。近年发现了《花盆行历例工价列》和《陶艺花盘行规》，它们提供的依据表明，到了乾隆初年,石湾陶瓷业中的资本主义萌芽至少已经有几十年的历史了。《花盆行历例工价列》载明:“大清乾隆六年八月吉日,联行东西家会同面议各款工价实银,不折不扣,永垂不朽,胪列如左。”以下分上、中、下三等,列出340多项不同产品名称,又根据各产品花费劳动时间的多少,列出不同工价。如上等“大花塔每只银贰钱壹分五厘贰”,中等“双栏杆每枝银壹钱四分三厘”,下等“七寸烟通每碌银叁分”,等等。对于技术熟练、经验丰富的老工人到窑内进行高温操作,特别规定工价加倍:“大师傅入灶肚作双计”。很显然,这是一份根据惯例规定的计件工资表。

王宏钧、刘如仲特别注意到,石湾陶瓷业中东家行、西家行的出现,表明原来的封建性行会已开始解体,行会的性质发生了重要的变化。其一,行业条规的制定和修改,已不是业主们可以决定的事,必须东家行和西家行共同决定。其二,解决东西两家的纠纷成为行会的重要职责,而劳资纠纷的解决必须两家达成共同协议。其三,限制竞争、尤其是行外竞争是东西两家的共同利益,所以陈规继续保留。其四,借重“祖师爷”以加强行会威权的传统不变,封建迷信条规很多。总之,在佛山陶瓷业中,往日行会中的三个封建等级,除了学徒、师傅和帮工变成了东家和西家,行会成员的封建等级关系基本上变成了雇佣劳动与资本的关系。行会的性质,事实上已从小生产者封建性的行业同盟,开始变为早期资产者和无产者彼此对立又互相依存的联合组织,在他们自己的说法中,叫做“联行”。

六、第一部通论性专著问世

1985年3月,人民出版社出版了许涤新、吴承明主编的《中国资本主义发展史》第一卷《中国资本主义萌芽》。这是迄今为止唯一的关于资本主义萌芽问题的通论性专著。其重要的学术史意义不言而喻。

许涤新在《总序》中介绍了《中国资本主义发展史》的著述缘起。1960年春,周恩来在广东从化召开政治经济学学习班。在学习班结束时，“周恩来同志提出应该编写一部《中国资本主义发展史》，并把这个任务交给了我”。周恩来说：“政治经济学中国化，是我们必须解决的问题。政治经济学中国化就是马克思主义普遍真理同中国实际的结合。”许涤新领命而归，将这一任务交给了由中国科学院经济研究所（孙冶方时任所长）和中央工商行政管理局共同组织的“资本主义经济社会主义改造研究室”。吴承明、方行等是其主要成员。编写工作进行过程中，“文化大革命”爆发，人员散落，工作被迫停止。“四人帮”被粉碎后，编写工作得以继续。“邓颖超同志曾在电话中询问我家情况时，也问及这部书的问题，给我们以热情的鼓励。”这时，许涤新已担任中国社会科学院经济研究所所长。本书的工作班子也于1978年转入经济所，《中国资本主义发展史》成为所里的重点科研项目之一。按照规划，全书分为四卷：第一卷是《中国资本主义的萌芽》，写到1840年为止。第二卷是《旧民主主义革命时期的中国资本主义》，断代自1840年到1919年。第三卷是《新民主主义革命时期的中国资本主义》，断代自1920年到1949年。第四卷是《中国资本主义经济的社会主义改造》，下限写到1956年。①

关于《中国资本主义发展史》的方法问题，许涤新强调了三点：一是马克思列宁主义和毛泽东思想的指导。把马克思列宁主义和毛泽东思想作为本书的历史观和方法论，并不是要固守经典作家对于某些社会经济或历史所作的论断，也不是说必须遵循他们根据这些论断所总结出来的原则，或根据这些原则去立论。有些原则，经过实践检验，对于某些学科来说，可以作为逻辑论证的依据，但对于历史学，特别是对于某个具体社会的历史研究来说，却不能这样。用一般原则来推导出历史结论，历史科学就无进步可言了；用一般原则来推导出某个具体社会的历史结论，那又是根本违反历史唯物主义的。二是史与论的结合。

① 计划中的第四卷《中国资本主义经济的社会主义改造》后移入《当代中国》丛书。故完成的《中国资本主义发展史》共三卷。第一卷于1985年出版，第二卷于1990年出版，第三卷于2003年出版。

既要反对"以论代史",不列史料空立论;也要反对"以论带史",离开具体的历史过程"举例子"。"史"与"论"的有机结合,也就是历史与逻辑的辩证的结合。三是定性分析和定量分析的结合。历史是科学。科学的定性不能脱离数量,一定的质,总是表现于一定的量。尤其是经济史,不作定量分析,往往流于空洞,可以把局部看成一般,把次要因素当作主要因素。许多问题往往争论不休,更需要做定量分析,以求分晓。《中国资本主义萌芽》全面贯彻了这些方法论原则,取得了重要的学术成就。

《中国资本主义萌芽》洋洋58万言,共分6章、25节、114目。另列表、图58号。6章的名称分别是《导论》、《明代后期资本主义萌芽的出现》、《清代前中期农业中的资本主义萌芽》、《清代前中期手工业中的资本主义萌芽(上)》、《清代前中期手工业中的资本主义萌芽(下)》、《中国资本主义萌芽发展的迟缓及其历史作用》。

《导论》部分主要厘清资本主义萌芽的理论问题。关于"什么是资本主义萌芽",《导论》提出三点意见:

第一,资本主义萌芽是资本主义生产关系的发生过程,而不是指一种内含的因素或发展趋势。萌芽状态是一个渐进的演变过程,在这个过程中,新质逐渐增长,旧质逐渐衰亡,因而代表萌芽的经济实体就不能不具有过渡性和两重性。萌芽的历史是平淡的,往往是默默无闻的,这正是我们考察它的难处。

第二,资本主义萌芽指的是一种生产关系,而不是一厂一店,因而不能用举例子的方法来论证,不能孤立地看待。真正的资本主义萌芽,总是具有多发性,是可以重复观察到的。

第三,资本主义萌芽具有新生事物的生命力。它一旦产生,除非有不可抗的原因,是不会中途夭折的,而是导向新的生产方式。因而,真正的资本主义萌芽,应具有延续性。

《导论》认为,产生资本主义萌芽的历史前提,最根本的是要社会生产力发展到一定的水平,尤其是农业生产力的水平。我国的农业生产力在宋代达到一个高峰,其起因是江南水田的经营。锻铸铁应用于农具、占城稻的推广、农艺学的进步，共同促成了一次“绿色革命”。明清两代，农具革新、水利建设的方面少有进步，但粮食产量依然大幅提升。明代比宋代增长约50%，清代比明代增长2倍以上。如果说明代增产主要靠扩大耕地面积，那么清代增产则主要靠提高单位面积产量。深耕、早播、选种、施肥、人工灌溉、推广复种等农艺学的进步，是清代增产的主要原因。明清农业生产力的提高，在很大程度上可归结为耕作的集约化，即投入更多的劳动力。从明到清，尽管亩产量提高，但劳动生产率却下降了。这是我国资本主义萌芽发展迟缓、尤其是农业中的资本主义生产关系始终微不足道的根本原因。

在手工业方面，《导论》认为，明清两代，我国手工业生产技术的发展十分缓慢，逐渐落后于世界先进水平。乾隆中叶，西欧已开始使用蒸汽动力，而我国水力动力的使用，反不如往昔。商人支配生产的基本格局，导致生产规模狭小，技术保守；尤其在制瓷、锻铸、丝织工业中，复杂的社会分工代替了场内分工，妨碍着生产力的发展。雇工中的行帮制度，也起了消极的作用。特别是棉纺织工业生产技术和生产方式的落后，成为整个社会新生产关系发展的绊脚石，也使得全部资本主义萌芽黯然失色。

《导论》肯定，商品经济是资本主义萌芽的历史前提，但不能从商品流通直接引申出资本主义萌芽。在封建社会，不是所有的流通都能促进生产和生产关系的变化，而要看它能否为生产准备大市场，能否积累大量货币资本，能否有助于改变农村自然经济结构。以此为标准，《导论》分析了宋代以后我国各级市场的作用。第一，地方小市场，即墟集贸易十分发达。但这种市场交换，主要是小生产者间的品种调剂和余缺调剂，属于自然经济范畴，它的发展只是巩固了一个地方的自给自足。第二，城市市场，主要不是生产者之间的商品交换，而是一种以政府和私人的货币收入为对象的交换。所以，它的繁荣主要反映着封建经济的成熟（地租量扩大），未必代表着商品经济的发展。在这种交换中，农村流入城市的产品，没有回头货与之交换，不是真正的商品。第三，区域市场，由同一自然地理条件和共同生活习惯形成，一般不反映生产的地区分工或社会分工。因此,它可视为自然经济的延伸。总的来看,因为农村家庭手工业比较发达,而城市手工业产品又主要供城市消费,所以,我国区域市场内工农业产品交换并不多。另一方面,一个区域的自给自足,也容易成为封建割据的根据,以致关卡林立,阻碍流通。第四,突破区域范围的全国性市场。这种市场上流通的长距离贩运贸易,是资本主义萌芽的最重要的历史前提。我国很早就有盐、铁及渔、猎产品的长距离贩运贸易,但受到官府的控制,且流通物由小生产者提供,不是真正的商品生产。明中叶以来显赫一时的大商人,都是在盐、茶、布、木等长距离贩运中发展起来的。其资本规模,由明后期的100万两增长到清中叶以后的以1000万两计。尽管如此,直到清中叶,长距离贩运贸易在我国市场上所占的比重,仍然不大。更重要的是,市场上最大量的交换是粮食和棉布的交换,且双方的价值量几乎平衡。这就构成鸦片战争前我国市场结构的基本模式,即以粮食为基础,以布、盐为主要对象的交换。可惜的是,在这个市场模式里,占主导地位的工业品棉布的生产,并没有从农业中分离出来。粮食与棉布的交换,无异于小农业与家庭手工业在市场上的结合。因此,到清中叶,尽管我国商品流通量已相当大,但是从市场结构看,又是狭隘的,仍然以地方小市场和城市市场为主,长距离贩运贸易受到很大的限制。

《导论》强调,自由雇佣劳动是资本主义生产关系的核心。雇佣劳动是前资本主义社会早已存在的社会现象,作为资本主义生产关系的标志,必须是受雇者具有基本的人身自由,他们又必须是受雇于资本,并且在同一资本下雇有一定的数量。我国的佃户和雇工,本属贱民阶层,人身是不自由的。这种情况在宋代开始有所变化,明代洪武年间进一步废除了主佃条例,田主与佃户之间由主仆关系转变为长幼关系。而雇工人身的解放,却迟缓得多。《导论》特别指出,研究资本主义萌芽,不能单看劳动者是否人身自由,更重要的是看雇主,考察雇主的经营性质,以判定劳动者是受雇于资本呢,还是受雇于别的东西。在农业方面,到清中叶,尽管农村雇佣劳动已形成巨大的队伍,但主要是佃农、自耕农、富农雇用的长短期辅助劳动力,或地主雇用耕种自营地、场院的劳动力。真正的资本主义性质的雇佣劳动是极少的。在乾嘉间约400件农业雇工的档案记载中，能够肯定其资本主义雇佣关系的，仅仅11例。

《导论》论道：考察手工业中的雇佣劳动，必须考虑：其一，工人是否真正受雇于资本。其二，在分配方式上，伙计制、米分制、提成制等多半不能成为资本主义雇佣劳动。至于月工和日工，工食与工钱的比例关系和支付方式，须加以考虑。其三，行会与行帮，具有严格的排他性、把持性和浓厚的地域、乡土观念，基本上是封建性组织。它未能阻止资本主义萌芽的出现，但是具有消极的作用。手工业方面的资本主义萌芽，分两种形式，一是商人支配生产，二是工场手工业。所谓商人支配生产，在中国除丝织业外，其他行业很少有包买商形式，而较多见的是商人雇主制，即商人雇工生产。这在农产品加工中最为普遍，多半是前店后厂，也有的是附设作坊。事实上，在我国资本主义萌芽中，最具有重要意义的，还是工场手工业。与欧洲工场手工业相比，中国的特点是场外分工发达，场内分工反而简化。如景德镇和广东石湾的陶瓷业，过分专业化，窑、作、行、店林立，互为加工、协作关系，其工场手工业的规模反而十分可怜。《导论》认为，四川的井盐业是规模最大、组织最完备的工场手工业。一套井灶所雇用的固定工人不过百人，“我们是依此决定它们的工场手工业性质的”①。

《导论》用了相当的篇幅来讨论资本主义萌芽的意义。《导论》认为，在中国资本主义萌芽问题上，“外铄论”和“移植论”都是无视事物发展内因的纯外因论，是反历史、反辩证法的错误观点。“我们看到中国封建社会的内部资本主义萌芽的存在，也明确地观察到，它的出现甚迟，比西欧差不多晚了两个世纪；它的发展极慢，到鸦片战争前，在整个国民经济中还只占微不足道的比值。我们研究资本主义萌芽，正是要研究它为什么发展这样迟缓，因为这也是近代中国经济落后的原因。

① 许涤新、吴承明主编：《中国资本主义的萌芽》，人民出版社1985年版，第28页。

中国的地主制经济是一种比较成熟的封建经济，经过长期的自发的调整，确实是比较稳定的，尤其是它的小农业与家庭手工业相结合的生产结构，十分稳固。然而，它并不是一个凝固的体系，它尽管推迟、但不能阻止新生产关系的出现。中国的资本主义萌芽尽管微弱，毕竟是一种新的生产关系，它就要在历史上发挥它应有的作用。"①"总之，说我国资本主义萌芽'中断'的论点是没有根据的，它的历史地位和历史作用也是不能否定的。"②

《中国资本主义的萌芽》（以下简称《萌芽》）的主体部分，用了四章的篇幅论述了从明代后期到鸦片战争前中国资本主义萌芽的发生、发展历程。

《萌芽》考察认定，明代后期，在某些地方某些手工业中已经有了资本主义萌芽出现；而在农业中，还只是有了资本主义的迹象，萌芽过程尚未能确切证实。明代已有江南一带小生产者"力农致富"的记载，但未见雇工及经营情况，只知道发家后成了大地主。明代大的经营地主主要是使用僮仆劳动，也有奴仆、雇工并用的，但都是家庭制经营，未见商品生产，长工都有人身从属关系。在明代地主中，没有找到不出租土地、完全雇工经营的实例。至于商人租地经营农业，在明代还没有发现。

关于明代的商品流通和商人资本，《萌芽》着重讨论了大商人资本的兴起和商人资本的新动向。历史上著名的安徽商人、山西商人、陕西商人以及江苏、福建的大商帮都是明代兴起的。大商人资本集中于盐的经营，且具不同程度的官商性质。明代商人多数还没有专业化，他们来往贩运不同商品。即使盐商，也常利用回空船只贩运其他货物。明代商人资本组织有贷本和合伙的发展。贷本限于宗族内部，数量不大，还说不上是货币资本的信贷。合伙是东伙关系，属封建性质，而不是资

① 许涤新、吴承明主编：《中国资本主义的萌芽》，人民出版社 1985 年版，第 32～33 页。

② 许涤新、吴承明主编：《中国资本主义的萌芽》，人民出版社 1985 年版，第 35 页。

本的结合，更非雇佣劳动。明代大商人的资本规模，一般在数十万两到一百万两之间，可与王公、太监、都督并列，可谓“富与敌国”。但是与动辄上千万的清代富商相比，只是“小巫见大巫”了。明代商人资本的新动向之一，是开始摆脱土地关系。大商人远离家乡，与土地的关联减弱。因为田赋加重和豪强洒派，明后期江南一带的商人不愿投资土地。新动向之二，是商人开始伸向生产领域，投资于手工业，雇工生产，有一定规模，可导致资本主义关系的萌芽。但这种现象的证明材料并不多见。明代社会里，商人的地位有所改变。大商人居止豪华，交通官宦，且与文人学士互相往来。不仅商人入仕，也有不少士人经商。当然，终明之世，就商人本身来说，还是地道的封建商人。就社会思潮说，重本抑末还是主流。

在概述了官手工业衰落和手工业中小商品生产扩大的一般情况后，《萌芽》比较详尽地分析了苏州、杭州丝织业和广东冶铁和铁器铸造业中的资本主义萌芽。明代江、浙一带的丝织机户中，早就有了大小户的分化。他们都是小商品生产者，受商人和市场支配。丝织业的技术含量很高，分工细致，专业性强，因此雇工必须是有经验的织工，而不像采矿、冶铁，可以直接雇用一般的失业农民、甚至无赖之徒。这些有手艺的工匠，必然也是本地或外地的机户，因为贫穷，在市场竞争中失利，或者家有变故，只好出来为大户佣工。这就在大户和小户之间，出现了某种雇佣关系。“呼织”和“趁织”都是临时性的，做一天算一天，没有契约，也不会有固定的工值。只是在诸大户（“有力者”）和诸小户（“贫者”）之间形成一种松散的雇佣关系。大户本人也参加劳动，是小业主而不是真正的资本家。小户只是“趁织为活”，也不一定是真正的无产者。《萌芽》归纳道：明后期丝织业中的工场手工业主，主要来自小生产者的分化，也就是马克思所说的资本主义产生的第一条途径，即生产者变成商人和资本家的途径。另一方面，史料中还没有发现地主以土地财富投资于丝织工场的材料，也未发现商人投资丝织业之事。因此，马克思所说的资本主义产生的第二条途径，即商人直接支配生产，在明代的丝织业中并未出现。

《萌芽》认为,矿冶业投资大,使用劳动力多,是资本主义生产关系发生较早的部门之一。其中采矿和冶炼情况不同。明后期,在个别地方的铁的冶炼中已经出现资本主义生产关系的萌芽,而在铁矿的开采中,则不能作此判断。明代炼铁,一炉用工是 40 ~ 50 人,分日夜两班。在广东,使用颇为先进的瓶形高炉,一个炉场大约有高炉2 ~ 3 座,投资10000 余银两,有司炉(包括各工种)200 余人,从其规模看,不可能是小生产者的合伙组织。这样的炉场,投资大,为利润而生产,是具有资本主义性质的工场手工业。铁器制造业中,能够看出资本主义萌芽迹象的,只有在广东的佛山。这里的铁器制造业得以发展,得力于广东冶铁业的进步。佛山的铁器铸造业,在明天启年间就已分为炒铁、铸锅、铁钉、铁线、制针等行业。佛山的炒铁业,将生铁加工为熟铁,供铸造、锻制铁器之用。生产规模甚大,"一肆数十砧"。即以"十数砧"计,也要用工 150 人左右。这样的作坊,有分工,有师父、徒工,可以肯定为资本主义的工场手工业。佛山的铸锅业,非常有名。从其铸造工艺精良、销路甚广和已经出现劳资间的斗争看,明末佛山的铸锅业大体已有工场手工业的规模了。

截至鸦片战争爆发的清代前中期资本主义萌芽问题,是《萌芽》的研究重点,占了全书约三分之二的篇幅。

关于清代前中期农业中的资本主义萌芽问题,《萌芽》首先考察了生产力的发展水平。清中期,人口达到 4 亿。按人均占有原粮 580 斤计,粮食产量达到了 2320 亿斤。这是个很大的增长。单位面积产量,比明代有所提高,甚至高于近代。清代浙江、江苏、安徽、江西的亩产量一般在米 1.5 ~2 石之间,按 1.5 石计,合谷 3 石,即 400 斤。而 1932 年出版的《中国农业概况估计》记载,这四省的亩产谷分别为 307 斤、278 斤、284 斤、292 斤,只有清代的 69% 到 77% 。导致清代农业生产力提高的因素有三:农艺学的进步、集约化耕作和高产作物高粱、玉米、番薯的推广。其中以集约化耕作最重要。经济作物的推广,在清代有很大的成绩。棉、麻、桑、甘蔗、烟、茶、大豆、染料、果树的种植区域都有不同程度的扩展。但是,在清前期,经济作物大约只占耕地总面积的

10%左右。这时,经济作物基本上是供国内消费,出口有限,不能获取更高的价格。而乾隆以后,粮食价格上升较快,经济作物的利益反而降低了。这种情况,对于农业资本主义萌芽是个限制。

《萌芽》指出,清前中期,农村雇工扩大,不仅短工,长工也基本上获得人身自由。自耕农、佃农雇工经营,地主雇工经营和商人租地经营农业的事例都有零星发生。到清中期,江南某些地区已约略出现地租在整个经营费用中比重下降的趋势,有了农业投资增长的迹象。但总的来看,地租还保持封建地租的性质和水平,仍然是阻碍资本主义经营的巨大障碍。已出现的农业经营利润极不稳定。资本主义关系此出彼没。富裕起来的自耕农又变成地主,经营地主变成出租地主,甚至商人也再度变成地主。应当承认,在清中期,我国农业中已经有了资本主义萌芽。但是,在几千万个个体生产单位组成的汪洋大海中,这样的事例实在太少。它们在整个农业生产中,起不到什么作用。①

与农业相比,清代前中期手工业中资本主义萌芽的发育程度显然要高得多。《萌芽》对此浓墨重彩,不吝笔墨。关于这一时期商品流通的发展,《萌芽》除了描述国内市场扩大、粮食和棉布流通的一般繁盛情况,还对鸦片战争前的国内市场进行了量的分析。据统计,包括粮食、棉花、棉布、丝、丝织品、茶、盐七类主要商品的市场流通总额为3.88亿两,接近全国人均1两,已经不算小数了。主要商品交换的流向,大体是粮农售出粮食,换取布和盐;棉、丝、茶的生产者,则换取布、盐和部分粮食。丝织品一项,基本上是城市消费或出口,不再参与上述交换。进口的洋布,基本上是城市消费,不参与农村交换。总之,到鸦片战争前,我国国内市场基本上还是封建经济的、以小生产者之间交换为主的市场结构。农村基本上还处于自然经济状态。但是,国内市场还是出现了一些局部、微小的新因素、新变化,为资本主义生产关系的萌芽创造了条件:其一,市场范围扩大;其二,长距离贸易发展;其三,布

① 见许涤新、吴承明主编:《中国资本主义的萌芽》,人民出版社1985年版,第267～268页。

取代盐,成为市场上占主导地位的工业品,粮与布的交换,已经不是传统的自然经济范畴内的交换了。《萌芽》还关注到商人会馆的兴起、工商业公所的发展和手工业雇工行帮的性质和作用。

在完成以上必要的铺垫以后,《萌芽》逐节详尽地论述了制茶、制烟、酿酒、榨油、制糖、造纸、印刷出版、冶铁、铸铁等行业中的资本主义萌芽的发生与发展。特别是重点分析了江苏、浙江丝织业,苏松棉布加工业,陕西木材采伐业,云南铜矿业,山东博山和北京西部煤矿业,景德镇制瓷业,四川井盐业,河东池盐业和淮南海盐业,上海沙船运输业中资本主义萌芽的生长情况。与过去对这些对象的研究不同的是,《萌芽》更注重在定性描述的同时,进行定量的探讨。这一特点从全书穿插的大量图、表中可以得到证实。例如:"清代官织造局的规模","清代各种矿在采厂数","清前中期云南铜厂数及产量估计","清代滇铜收购官价","北京西部地区煤窑收益分配办法","乾隆、嘉庆、道光煤矿业工钱举例","清代四川井盐销额","清代淮盐销额","道光六年(1826)江苏的沙船商"等等,都给人以明晰的数量概念,有助于对资本主义萌芽的理解和把握。

《萌芽》的第六章,探讨了中国资本主义萌芽发展的迟缓原因及其历史作用。《萌芽》认为,"生产上小农业和家庭手工业的牢固结合","流通中市场的狭隘性和自然经济的优势地位","分配上地主、商人、高利贷者的三位一体","封建上层建筑的反作用",是中国资本主义萌芽发展迟缓的几大原因。尽管如此,《萌芽》还是充分肯定,资本主义萌芽的出现是漫长的中国封建社会的一个重要突破,是封建社会内部生产力与生产关系矛盾运动的反映。"一叶知秋",它征兆着一个新旧交替过程的开始。中国资本主义萌芽影响了社会意识形态,进步思想家要求突破某些封建传统,提出推崇私利、个性解放的观点。中国资本主义萌芽影响了阶级斗争,城市商人、手工业者和手工业工人反抗封建压迫剥削的斗争逐渐发展起来。在清代的城市中,存在着反映资本主义萌芽的手工业雇佣劳动者与雇主之间的阶级斗争,但不存在所谓"第三等级"性质的市民阶层和他们发达的市民运动。资本主义萌芽还深刻影响了鸦片战争以后中国社会经济的发展。它为近代中国资本主义的发展创立了社会条件。另一方面，资本主义萌芽所代表的生产方式，即工场手工业和商人支配生产的形式，成为近代中国的一种重要经济形式，长期存在，许多产业仿佛仍处于资本主义萌芽状态。《萌芽》总结道："我国的资本主义萌芽始终没有发展到工场手工业阶段，就受到外力干扰，进入半殖民地半封建社会。而从资本主义发展规律来说，这个阶段是不可避免的。鸦片战争后工场手工业的发展，可以看成是萌芽再现，也可以说一种历史的补课。"①

作为30年该领域研究的一个阶段性、标志性成果，《中国资本主义的萌芽》的问世受到学界普遍的重视和肯定，是顺理成章的事。当然，作为一部篇幅浩繁、涉及资料杂芜、理论与实际结合情况复杂的大型专著，《萌芽》的若干不足，也受到了商榷与质疑。刘克祥的书评《一部求新、求实的佳作》②充分肯定了《萌芽》思想指导、理论分析、研究方法等方面的优长之处，同时也提出了几点批评意见。

第一，内容结构尚待改进。相对于矿冶业、手工业，《萌芽》对农业中的资本主义萌芽问题的论述比较简略和薄弱。书中主要以部门和行业为线索来考察资本主义萌芽，但忽略了地区之间的横向联系和差异。而且，除个别行业外，书中很少联系到当地的经济发展状况，看不出各地区资本主义萌芽的概貌及其不平衡性，以及这种不平衡同当地经济发展水平、自然和社会条件的关系。

第二，有些观点可以进一步讨论。《萌芽》认为，资本主义萌芽指的是"一种生产关系，不是一厂一店"，无疑是正确的。但是由此得出结论说"不能用举例子的方法来论证"资本主义萌芽，就值得商榷了。资本主义萌芽是一个过程。从全国范围看，萌芽是多发性的，但是从各地区、各行业看，在一定的时间内又是少量的，甚至是个别的。在这种

① 许涤新、吴承明主编：《中国资本主义的萌芽》，人民出版社1985年版，第744页。

② 载《经济研究》1986年第6期。

情况下,“举例子”的方法是必要的,有时甚至是唯一可行的。事实上,《萌芽》本身就运用了不少举例的方法来考察、论证问题。此外,《萌芽》把墟集贸易和区域市场的交换都视为自然经济,甚至把长距离运销盐、铁也说成是“靠山吃山,靠水吃水的自然经济”,似乎不妥。把包括若干墟集和市镇在内的区县划为自然经济单位,不但模糊和改变了自然经济原有的范畴和属性,而且实际上否定了小商品生产的存在。好像资本主义不是从小商品生产的基础上发展起来,直接从自然经济中突飞出来的,这是不符合历史发展实际的。

第三,某些问题的结论过于匆促。关于押租制,《萌芽》认为在明代仅有福建兴化一例。实际情况并非如此。万历《南靖县志》和《方广岩志》,崇祯《海澄县志里》都有关于押租制的记载。关于永佃制,《萌芽》认为“元、明文献中,都无有关永佃制的明确记载”。而实际上,福建、江苏、广东、安徽等地的永佃制都是有文献可查的。

第四,对某些史料的理解、判断不够准确。如对福建“一田三主”的理解,就与实际情况不符。此外,个别地方计量单位及其折算有误差,如上海沙船的实际吨位就比书中所计算的至少大一倍,所谓“最大号 375 吨”,实际上应为 750 吨。

七、思想者的独立之声

党的十一届三中全会开始了思想解放的伟大历史进程。平反冤、假、错案的工作冲破重重阻力,向前推进。1980 年,1935 年参加中国共产党、1957 年被错划为右派的顾准得以平反昭雪。这时距离他含冤去世已经 6 年了。在长期的艰苦逆境中,顾准坚持独立思考,不懈追求真理,联系中国历史、中国革命的实际,认真研读马克思主义经典原著,写下了大量的读书笔记,其中不乏精彩、独到的深刻洞见。1981 年,《社会科学》第5期刊载了顾准的遗稿《资本的原始积累和资本主义发展》①，并加了“编者按”：“本文是顾准同志的遗稿，作者认为，资本主义并不纯粹是一种经济现象，它也是一种法权体系。法权体系是上层建筑。并不是只有经济基础才决定上层建筑，上层建筑也能使什么样的经济结构生长出来或生长不出来。资本主义是从希腊文明产生出来的，中国内部不会自然生长出资本主义。顾准同志对于近代中国停滞的原因，提出了自己的看法，学术界有不同意见，可以展开讨论。”

顾准的这篇文章完成于1973年6月11日。在“万马齐喑”的“文革”期间，这样明显与毛泽东“如果没有外国资本主义的影响，中国也将缓慢地发展到资本主义社会”的说法相抵牾的观点，显属“大逆不道”，不可能公开发表。只有在改革春风激荡神州大地之时，我们才能听到这思想者的独立之声。

顾准的思考是从重读《资本论》和《共产党宣言》开始的。顾准论道：市民阶级是欧洲文明独特的产物。马克思显然承认市民阶级的渊源可以上溯到罗马和罗马以前。城邦国家，商业城邦，是希腊、罗马的传统。顾准尖锐指出：“我们中国人却往往忽略这个特点，并且只把这种渊源推到欧洲的中世纪，还接着来了一个非历史的类推：既然欧洲中世纪产生城市，产生市民阶级即资产阶级，这种马克思主义的普遍规律对于中国就应该是无条件的。因此，中国的中世纪也有资本主义的萌芽，倘若不是意外的历史事变打断客观历史发展过程，中国社会自己也能生长出资本主义来云云。”“这种非历史的观点，必须批判。”与欧洲不同，中国从来没有产生过商业本位的政治实体，而且也不可能产生出这样的政治实体。中国的城市，从来是在皇朝的控制之下。在中国，法和刑联系在一起；而在欧洲，法和权联系在一起。欧洲的城市自治，是赎买封建主的封建权利而得到的。正因为城市具有特别的法权，所以它有特殊的政治地位。中国人只知道秦始皇、李世民、朱元璋扫除一切

① 1985年第4期《马克思主义研究》也全文刊载此稿。1994年，《顾准文集》由贵州人民出版社出版。包括此稿在内的顾准的全部文稿，才与世人见面。

竞争对手,登上一统天下的宝座,“哪里知道城市可以花钱买特许状,取得自治权利,登上政治舞台,成为民族国家建立过程中支持统一的基础”!顾准特别强调:“我们有些侈谈什么中国也可以从内部自然生长出资本主义来的人们,忘掉资本主义并不纯粹是一种经济现象,它也是一种法权体系。法权体系是上层建筑。并不是只有经济基础才决定上层建筑,上层建筑也能使什么样的经济结构生长出来或生长不出来。资本主义是从希腊罗马文明产生出来,印度、中国、波斯、阿拉伯、东正教文明都没有产生出资本主义,这并不是偶然的。”

顾准进一步指出,“有了市民阶级,并不必然从中产生出资本主义来”。意大利诸商业城邦、汉堡等北欧商业城邦组成的汉撒联盟、西班牙诸城市公社的例子都表明,市民阶级在转化为资本家的路途上并不都是成功者;商业城市,唯有在合适的政治权力和强大的武装保护下才能生长出资本主义来。在这里,顾准论及了“资本主义”的定义问题。他研究了马克思对资本主义的定义,发现其核心在于“资产阶级是指占有生产资料并使用雇佣劳动的现代资本主义阶级”(《共产党宣言》恩格斯附注)。从这个意义上讲,“鸟一样的自由劳动者”的存在(历史上中国从来不缺少这样的自由劳动者)仅仅只是导致资本主义兴起的因素之一。而历史现实中更为确实的、对照中国状况“不得不补充的”因素还有:法权体系和意识形态所决定的、国家的商业本位态度;欧洲古代加上经过文艺复兴积累起来的科学技术;合理经营的知识;宗教革命所激起的清教徒的上帝选民意识。顾准论道:“假如我们把资本主义和希腊罗马文明两者间的关系弄得十分紧密的话,我们未始没理由把资本主义定义为产业革命以后那种现代化的生产方式和生产关系,而把产业革命以前的工场手工业,有组织的金融方法,规模十分宏阔的航海、商业、殖民,都看成现代化资本主义的准备阶段。”

接下来,顾准分析了“现代资本主义何以发源于英国”。他认为,英国承受了古代及通过文艺复兴积累起来的全部科学技术、合理经营知识,承受了16世纪航海、商业、殖民的全部有利后果。就英国本身的条件而言,它组成了一个统一的王国,其力量足以保护它的商业利益的扩张，并且进行了异常的殖民扩张。英国进行了多次战争，每一次战争都是财神的胜利，最后是产业革命。总之，“在英国产生出资本主义来，是多种因素共同作用的结果。单独一个因素都不能达到这种结果”。顾准继续论道，我们由此可以推出一系列命题：1. 历史地说，发生产业革命是必然的，但发生在什么地方，什么时候，却是历史事变凑合的结果。2. 由于这种凑合的机会并不是在所有国家都可以随随便便发生的，所以，它注定要发生在一国内，然后传布于世界。历史上任何重大的、足以改变人类命运的变革，都是这样发生和传布的。3. 各国接受资本主义传布的方式可分为多种类型。而且，到 20 世纪以后，就不再纯粹是接受资本主义的问题，而成为一个更广泛的“现代化”问题：可以有资本主义道路的现代化，也可以有社会主义道路的现代化。4. 由此可以推论，认为任何国家都必然会产生出资本主义是荒唐的。说中国“会自发地产生出资本主义，真是梦呓”！

当全民族还沉浸在毁灭文化的“革命”迷狂中时，真正的思想者顾准已然看出，“新兴国家怎样现代化，资本主义老路走得走不得，已经是一个严肃的问题了”。他坚信，只要我们“实事求是，而不是教条主义地对待客观实际，我们国家不久就会在经济上雄飞世界”。

顾准不是专业的历史学家、经济学家。他在环境十分恶劣、资料十分匮乏的艰苦条件下形成的对于中国资本主义萌芽问题的独到见解，当然也不是颠扑不破的“绝对真理”。但是，他不唯上，不唯书，不迷信权威，坚持联系中国实际，独立思考的胆识、襟怀和思想方式，无疑具有超越具体观点之上的更深远、更长久的精神意义。正因为如此，他的关于资本主义萌芽不可能产生于中国的观点在 80 年代被人们所知晓，不仅在当时振聋发聩，而且也鼓舞了更多的思想者在其后的岁月里，沿着他的足迹，在追求真理的崎岖山路上继续攀缘前行。

下编　开放语境下的深入探索

20世纪90年代以后,中国特色社会主义的建设进入了稳步、快速的轨道。在思想文化及学术领域,也出现了繁荣兴旺的新气象。就资本主义萌芽问题的研究而论,在回顾与反思以往研究的成就与缺弊的基础上,新的成果陆续展现。在相关学术概念的辨析和方法论的探讨方面,研究者的思路更加开阔,思维更加活跃。更加令人高兴的是,随着中国对外开放格局的不可逆转,中国学人与国际同行之间的交流日益扩大。海外学者对于中国资本主义萌芽问题的研究心得也进入了中国学人的视野,并成为我们重要的参照。在日渐祥和、淡定的学术文化氛围中,中国资本主义萌芽问题的研究,虽然不再是"热门"、"焦点",没有了热烈与喧嚣,但是依旧在至关重要的社会经济史的领域内,为执着和潜沉的学人所关注。从相当的意义上讲,这种状况,才是学术演进和深入的常态。我们有理由期待,在这样的常态下,关于资本主义萌芽问题的研究,有一个持续的、健康的发展。

一、回顾与反思

20世纪90年代以后,随着思想解放的深入和对外开放的扩大,对于半个多世纪以来资本主义萌芽问题研究的成败得失的回顾与反思,成为学界关注的热点之一。其中比较有影响的是李伯重的"情结"论和王学典的"假问题与真学术"论。

李伯重在20世纪80年代就已经注意到"资本主义萌芽"问题①。90年代以后,他更加关注这一问题的症结、价值与意义。1995年,李伯重为一次中国经济史会议准备了论文《现代中国史学中的"资本主义萌芽情结"》。1996年第8期《读书》杂志以《"资本主义萌芽情结"》为题发表这篇文章时,删去了最后一节以及所有的注释和征引文献出处。李伯重将被删去的一节加以修改后,以《资本主义萌芽与现代中国史学》为题发表于《历史研究》2000年第2期。②

李伯重认为,"情结"是影响我们对历史的看法的各种主观因素之一。"所谓情结,乃是一种主观的愿望。从某种主观愿望去构想历史,就不可避免地会导致对历史的误解和歪曲。"关于中国的资本主义萌芽问题的讨论和论争已经延续了大半个世纪,影响非常深远。关心这个问题的人士,甚至远远超出专业史学工作者的范围。但是,争论越久,分歧越大。"泛萌芽化"的现象越来越甚,从战国到明清,代代都有"资本主义萌芽",以致形成"十步以内,必有萌芽"的盛况。人们对于资本主义萌芽的认识,越来越混乱。既然两千多年中,时时处处有萌芽,而这萌芽又始终长不成大树,那么问题是否出在"水土"(即中国"封建社会"后期的社会经济条件)方面呢?讨论"水土",又势必转向外力(西方资本主义)作用的讨论,并最终不得不承认外力在决定中国资本主义的命运上起了决定作用。而这一结论却恰恰违反了热闹非常的"资本主义萌芽"研究的初衷:证明中国自己能够产生资本主义,即毛泽东所说"如果没有外国资本主义的影响,中国也将缓慢地发展到资本主义社会"。

李伯重指出,绝大多数的讨论者都对"中国历史上确实有过资本

① 例如他在《浙江社会科学》1987年第3期发表的《中国资本主义萌芽问题研究两议》。文中论及资本主义萌芽只能是而且必然是初期的工场手工业阶段上的资本主义生产关系;不能把中国资本主义萌芽成长缓慢的主要原因归之于封建生产关系的反作用,这个主要原因必须从当时生产力的发展状况方面去寻找。

② 李伯重在编辑论文集《理论、方法、发展趋势:中国经济史研究新探》(清华大学出版社2002年出版)时,将本文按原貌收入。本书在引述其观点时,以此版本为准。

主义萌芽”坚信不疑。毛泽东的话表述了包括马克思主义史学家和非马克思主义的爱国学者在内的20世纪二三十年代大多数中国学者的共同看法。1949年以后,这一看法更成了史坛共识。“可见,相信中国历史上确实有过资本主义萌芽,已成为几代中国学者坚定不移的信念。”

接着,李伯重对“为什么说对于资本主义萌芽的信念只是一种情结”加以说明。“情结”(complex)本是心理学术语,指的是深藏于无意识状态之中,以本能冲动为核心的愿望。“我们坚信中国历史上确实有过资本主义萌芽,可能只是我们强烈地希望如此,而不一定真是如此。在此意义上而言,我们对萌芽的信念,也就只是一种情结。”资本主义到底是怎么一回事,直到今天,在国际学术界仍然是一个争论不休的问题。我们过去对资本主义的认识在许多重要方面是很成问题、甚至有严重错误的。例如,商品经济、雇佣劳动、私营手工业作坊是否只属于资本主义,或者是否等同于资本主义,都是大有疑问的。以往许多学者对于资本主义萌芽的研究,其研究对象其实是历史上的商品经济、雇佣劳动、早期工业化或者其他经济变化,而不是资本主义萌芽。但是,若离开了商品经济、雇佣劳动、早期工业化,中国历史上的“资本主义萌芽”到底还存不存在?如果存在,它到底是怎么一回事?似乎没人能说得清。因此,在我们对“资本主义萌芽到底是什么”都未完全弄清的情况下,“中国历史上确实有过资本主义萌芽”这一命题就只能说是一种尚待证实的假设。而“以假设作为基础的信念,当然也就只能是一种主观愿望,或一种情结”。

李伯重进一步剖析了“资本主义萌芽情结”的感情基础和认识基础。

首先,从感情基础方面说,“资本主义萌芽情结”是特定时期中国人民的民族心态的表现。20世纪初以来,与西方争平等是中国人民的强烈愿望。表现在史学研究中,就是“别人有,我们也有”的“争气”心态——西方能够自发产生资本主义,难道中国就不能吗?其实,一个民族是否产生过资本主义,并不具有该民族优劣与否的价值判断意义,也不能决定它将永远先进或落后。我们的民族自尊心，不应影响到我们对于自己过去历史的判断。

其次，从认识基础方面说，“资本主义萌芽情结”是一种“单元—直线进化”史观的产物。按照这种史观，世界各民族都必然遵循一条共同的道路。资本主义是这条道路上不可逾越的一个阶段，所以中国也必然要经历它，必然会有“资本主义萌芽”。但是，历史已经证明了资本主义并非中国社会必经的发展阶段。既然如此，“我们自然也就不必到历史中去苦苦地寻找中国资本主义的起源了”。李伯重更尖锐地指出，过去我们坚信中国必然有资本主义萌芽，“主要原因是我们思想方法上的教条主义，使我们盲从于以欧洲经验为基础的历史发展模式”。马克思关于人类社会发展阶段的理论，主要依据的是欧洲经验。但他并未认为，无论哪个民族都必定走一条完全相同的历史发展道路。但是，斯大林却把从欧洲经验得出的社会发展规律绝对化，并影响到中国学人的思想方法的教条主义。

李伯重认为，“资本主义萌芽情结”对中国经济史学的消极影响，妨碍了我们实事求是地了解中国历史的真实。从一般的意义上说，没有人能够超越客观条件而先知先觉，因而情结是不可能摆脱的。然而从另一方面说，由于决定某一情结的感情因素和认识因素都是可以改变的，因此一种特定的情结又是可以摆脱的。在新旧情结的更替中，我们的认识也逐渐地接近于历史的真实。最后，李伯重特别声明，主张摆脱“资本主义萌芽情结”，决不是要否定过去几十年间我国学者关于资本主义萌芽的研究，“恰恰相反，我们对以往的资本主义萌芽研究给予很高的评价”。具体地说，首先，这一研究体现了一种比较的史观，把中国历史作为世界历史的一个部分来进行研究。其次，这一研究打破了自黑格尔以来盛行于西方的“中国停滞”论及其变种，打破了 20 世纪中期以来西方流行的“冲击—回应”模式的束缚，从方法论上讲是正确的。再次，学者们对于商品经济、雇佣劳动、早期工业化等至关重要的问题进行了充分的探讨，基本弄清了事实真相，有利于对中国历史上的经济变化及其规律进行更深入的探索。最后，即使是关于资本主义萌芽本身,过去的研究成果也不可轻视,理论界定日趋明确、系统和完整,从而为我们在摆脱了"资本主义萌芽情结"之后,再研究资本主义萌芽问题,提供了一个新的起点。

长期致力于中国近现代史学史、特别是新中国建立以后的史学史研究的王学典,全面反思了包括"资本主义萌芽问题"在内的"五朵金花"的讨论①。他认为,史学界讨论这些问题时所使用的整套概念工具"有很大问题"。以这套概念工具为基础所形成的"五朵金花"以及由此所派生出来的所谓"中国封建社会长期延续问题"、"亚细亚生产方式问题"、"历史发展动力问题"等等,都是具有部分学术色彩的命题,而本质上却不是学术命题。在既定话语背景下,这些命题都有重大意义。这些命题背后的明确的非学术诉求,导致相关的讨论动辄牵动整个意识形态领域,有时甚至直接演化为社会政治事件。但是,一旦脱离开既定语境,这些命题本身能否成立都要打上问号。例如,如果"资本主义"只是西欧历史自然而然的结果,那么有关"中国资本主义萌芽问题"的论战可能就会显得多余。

王学典认为,现在到了该全面调整我们的历史话语系统、包括在此系统之内所提出的"问题"的时候了。这样做会不会影响、甚至颠覆唯物史观派史学的学术史地位呢?王学典的看法是:在泼脏水时绝不能连孩子也一起泼掉。在原来的意识形态话语中剥离出这一派的学术内核,应该成为当代学术史研究的重要课题。今天看来,"中国资本主义在何时、何地、何处萌芽",可能是个标准、地道的"假问题",但是,这个"假问题"却带出了不可估量的"真意义"。这种"真"的学术意义的证明,就在于明清时期社会经济史研究所取得的丰硕成就。这些成就是连抱有顽强政治偏见的国外、海外学界同行也不得不认同的。为了寻找"资本主义"在何处"萌芽",人们广泛搜集、整理、研究了各行各业的有关资料;为了寻找"资本主义"在何地"萌芽",人们深入开展了明清

① 王学典:《"假问题"与"真学术":中国社会形态问题讨论的一点思考》,载《东岳论丛》2000 年第 4 期。

区域社会经济史——苏、淞、杭、嘉、湖地区和徽商——研究。他引用一位明史专家的话说，围绕“资本主义萌芽问题”的讨论，“使我们对明代社会经济状况的研究大大深化了，较之40年前这一领域的近于空白，不能不承认已取得重大进展”。王学典呼应了李伯重的看法：“可以说，整个中国经济史学科的建立，其基本推动力量都是所谓‘资本主义萌芽情结’。”他同时也强调，中国历史上所经历的重大社会变迁应该继续讨论，但是讨论切忌回到原来的“假问题”中去。“虚假的缺乏学术根据的命题，仍能获取丰富、真实的学术内容，在中外学术史上想来并非罕见。”

仲伟民也撰长文《资本主义萌芽问题研究的学术史回顾与反思》①，发表了自己的评论意见。

仲伟民将中国资本主义萌芽问题的讨论划分为四个阶段。第一阶段，1930～1940年代：问题的最早提出及理论定调；第二阶段，1950年代中期至1960年代中期：对经典结论的证明；第三阶段，1970年代末至1980年代：大讨论的接续；第四阶段，1990年代以来：理论反思。

仲伟民质疑道，“资本主义萌芽”研究的前提“何为资本主义”就是不清楚的。“资本主义”这个马克思很少使用或意义不甚明确的词，却被纳入马克思主义的社会形态理论模式，并作为历史唯物主义最重要的基础原理之一写进教科书，影响了几代人。在半个多世纪的争论中，大家都认为“资本主义”是不证自明或无须证明的概念。可事实上每个学者头脑里的“资本主义”各不相同。因此，资本主义萌芽研究中存在的最大问题就是“自说自话”，出现了五花八门的资本主义萌芽的标准。有人把手工作坊的产生当做资本主义萌芽，有人把雇佣关系的出现当做资本主义萌芽，有人把商品经济和市场的高度发展等同于资本主义萌芽，有人把所谓“启蒙思想”的出现当做资本主义萌芽，有人把市民阶级的形成当做资本主义萌芽，等等。这其中一个本质特征是，很多人实际是把生产关系当做了“资本主义”的要件，无意识地成了“唯

---

①　载《学术界》2003年第4期。

生产关系”论者,认为只要有了经典著作中提到的某种资本主义生产关系的因素,就具备了产生资本主义萌芽的条件,而忽视了生产力在其中的意义、地位和作用。这样的研究实际上是“倒因为果”,根本上违背了历史唯物主义生产力与生产关系的基本原理。

仲伟民肯定,资本主义的产生是一个非常复杂的问题。人们越来越倾向于认为,“资本主义”是一种综合的因素,一种涌动的力量。它的产生有一个十分漫长的过程,这个过程中的许多奥秘至今我们可能并未发现。仲伟民指出,我们过去的资本主义萌芽理论有两个论证前提:其一,人类历史有共同的发展规律,最典型的表述方式就是五种社会形态理论;其二,由此而默认中国封建社会一定能孕育出资本主义的萌芽。这两个前提均不能成立。马克思曾明确反对将“关于西欧资本主义起源的历史概述”“变成一般发展道路的历史哲学理论”。越来越多的学者倾向于认为,东方的、中国的历史发展道路的确有自己的特殊性。仲伟民强调:“中国没有发生资本主义,这是中国的历史事实;既然没有,又何必苦苦来寻找子虚乌有的‘资本主义萌芽’?”我们真正应当探寻的问题是:资本主义何以发生?资本主义何以在西欧首先发生?资本主义何以不能在中国发生?仲伟民论道:改变一下思维方式,我们完全可以把西方的发展道路视为一种特殊性。就资本主义发生所需要的各种条件而论,英国可谓得天独厚。“从这个意义上说,英国的确特殊,是个‘例外’,世界其他各国则是常态。与我们以前所理解的普遍性和特殊性——英国模式具有普遍性,其他国家则具有特殊性——相比较,这个换位思考非常具有启发意义。”

二、新思路,新探索

在回顾与反思的基础上,20 世纪 90 年代以后的资本主义萌芽研究与五六十年代(经典作家语录加史料)和 80 年代(单一的社会形态研究)不同的是,更多新的研究思路被引入。

擅长史学理论研究的王家范,高屋建瓴,从中国历史“通论”的高度，全面观照传统社会的特质，在此基础上，对中国特型化的市场与商人阶层进行了研究。

王家范归纳了中国传统社会的八点总体特征：1. 中国文明的早熟特性。就世界传统农业社会这一历史时段比较，中国传统社会属于最先进、周密和成熟的少数类型。2. 农业产权的模糊和富有弹性，是中国传统社会的一大特点。3. 人际关系主要有血缘、地缘和业缘三种连接方式，其中血缘关系是属于社会深层结构性质的东西。4. 个人崇拜的民族心理和习惯思维根深蒂固。5. 政治居高临下，包容并支配着经济和文化，造成了所谓"政治一体化"的特殊结构类型，私人经济没有独立的地位。6. 知识精英始终是社会的主流力量。7."天高皇帝远"的国家整合体制，在统一的坚壳内部，却包含着许多松松垮垮、多元含混的板块。8. 变与不变，构成中国传统社会历史生命的阴阳两极。①

在"特型化的市场与商人阶层"一章中，王家范辨析了帝国体制下的商品生产、帝国时代的消费形态和商人的历史命运。他的看法是：中国传统的商业资本大的积累必与政治关联紧密，具有突出的寄生性和欺诈性。它并不建立在社会购买力不断增长的正常市场经济发展的基础之上，也无生产领域扩展的空间以施展身手，而只能依赖病态的消费结构，既与政治权力同流合污，又受其强烈干预和百般勒索，更受国家政策和政治局势波动的影响。这样的商业资本，即使获得某种发展机遇，有相当规模的积累，到某一临界点便呈现萎缩后退态势，不可能进一步深入产业领域，转化为产业资本。总之，帝国时代的商业资本机体脆弱，命运无常，绝没有把握"自我"的主动权，只能永远在帝国设定的铁笼子里"跳舞"。

王家范进一步论道：帝国时代富商大贾的存在，表明在传统的政治一体化的框架内，商品经济不能独立运作。它不仅不能冲击旧的生产方式—政治体制，促使其"解体"，反而沦为政治权力的"婢女"，造成权力与财富的畸形"联姻"，加剧了政治腐败与社会震荡。明、清时代市

① 王家范：《中国历史通论》，华东师范大学出版社 2000 年版，第 9 ~ 15 页。

场的表面繁荣与两朝政治腐败愈演愈烈，互为因果，绝非偶然的巧合。王家范特别点明："因此，若想从传统中国富商大贾身上找到社会变革所需要的新的社会力量，乃至'资本主义的曙光'，无异于痴人说梦。"①

王家范在这里没有直接讨论"资本主义萌芽"问题，但他的看法无疑有助于研究者理清思路，匡正这一问题研究的发展方向。

经济学家厉以宁则从比较经济史研究的宏观角度，对中西资本主义的起源进行了深入探讨。②

厉以宁将中国封建社会分为前后两个时期。前期从战国到盛唐，后期从宋到清。两者之间的晚唐、五代，则构成一个体制过渡阶段。前期从秦到东汉末，中国封建社会属于刚性体制，但刚性还不强。东汉社会以读书人为中心，表明社会的刚性是有限的。但是到了魏晋南北朝，这种刚性体制加强了，其标志是封建人身依附关系的强化与普遍化，以及门阀制度的形成。厉以宁指出，755 年到 979 年的 200 多年间（晚唐、五代），是中国封建社会从刚性体制向弹性体制转变的时期。均田制被破坏，庶民的社会地位被改变，身份制和社会等级制被淡化，以至失去了意义。北宋以后，即使经历了少数民族入主中原的历史巨变，但封建社会一直维持着弹性体制。这是宋以后中国封建社会与刚性的西欧封建社会的最大区别。

厉以宁论道，宋以后中国封建社会的弹性体制主要表现在三个方面：第一，地主土地所有制与地主本人的社会等级不发生联系；第二，科举制的完善使得仕途公开化；第三，租佃土地的人对地主没有人身依附关系，租佃关系就是一种契约关系。在弹性体制下，中国社会经济一直是昌盛的。明朝前期，中国的经济和生产技术在当时的世界上居于首位。清代康熙、雍正、乾隆三朝，中国的生产力水平在世界上仍然领先。他分析了弹性体制下中国封建社会长期存在的主要原因：其一，体制外

① 王家范：《中国历史通论》，华东师范大学出版社 2000 年版，第 265 页。

② 厉以宁：《资本主义的起源——比较经济史研究》，商务印书馆 2003 年版。

权力中心和异己力量不存在,缺少取代封建制度的政治力量;其二,封建经济结构和封建经济生活都具备再生产的机能,因而中国封建制度在任何一种动荡和危机的条件下都有可能重现和再生;其三,社会基层组织中,一方面有家族力量帮助官府维持地方秩序,另一方面又有大量的吏为朝廷尽力,因此社会的弹性体制可以平稳地运行。①

厉以宁在具体分析了明清两朝商品经济和雇佣关系的发展情况后,着重讨论了"如果没有鸦片战争,中国封建制度会不会自行转变为资本主义制度"的问题。他认为,由于中国封建社会没有体制外的权力中心,没有形成体制外的异己力量,所以不可能像西欧那样产生原生型的资本主义。但是,"不管是否发生鸦片战争,只要西欧已经产生了原生型的资本主义,只要西欧的资本主义国家显示产业革命以后经济和技术的巨大进步,只要这些国家在资产阶级革命前后有关民主、自由、人权的思想和学说向外传播,中国封建社会必定会在这些影响之下逐渐发生变化,使中国的封建皇朝再也不能按照传统的模式统治下去了"②。关于鸦片战争对中国资本主义的影响,厉以宁的看法是:"从19世纪晚期到20世纪前期,尽管中国始终未能建立资本主义制度,但中国资本主义的确有了一定程度的发展。这主要不是清朝中叶国内各地已经出现的资本主义性质的雇佣关系的延续,也不是民间存在已久的手工作坊和手工工场规模的单纯扩大。在中国封建制度解体过程中所产生和发展起来的资本主义,在性质上属于非原生型的资本主义。"③

关于资本主义萌芽研究的新思路,还有王剑的"关注初始条件差

① 参见厉以宁:《资本主义的起源——比较经济史研究》,商务印书馆2003年版,第418~490页。

② 厉以宁:《资本主义的起源——比较经济史研究》,商务印书馆2003年版,第498~499页。

③ 厉以宁:《资本主义的起源——比较经济史研究》,商务印书馆2003年版,第501页。

异"论。①

王剑认为,关注初始条件差异,开阔史学研究的视野,对于深化资本主义萌芽研究具有重要的方法论意义。初始条件是许多自然科学经常使用的术语,它是指产生某个结果的所有原始条件的总和。在社会科学领域,新制度经济学(new institutional economics)更是将初始条件、制度变迁与经济增长的关系作为最重要的研究对象,以研究初始条件和制度变迁对各个国家经济增长的影响。新制度经济学关注对人类经济活动影响深远的制度,它们几乎涉及了人类社会活动的全部,诸如正式层面的政治与司法制度、经济规则及其契约等;非正式层面的主要受传统文化背景及意识形态影响的禁忌、习惯、道德;以及第三层面的执行机能等。很显然,"在经济学所关注的初始条件方面,无论是具体的,还是抽象的,他们要研究的对象,无疑是基本包括了人类社会历史的主要方面,这正是对我们史学工作者有启发意义的地方,也是我试图将初始条件引入史学研究的逻辑起点"。

什么是历史研究中的初始条件和初始条件差异呢?王剑认为,初始条件就是历史现象形成的全部条件,它是客观性与主观性的对立统一。初始条件差异就是"因历史研究者个人的主观因素,或因史料记载不完整等客观因素所造成的无法较全面地把握全部初始条件与历史事实之间的差别"。由于历史研究不可能真正地还原历史的原貌,不可能完全客观地找出全部初始条件,所以,尽可能地减少对初始条件把握的差异,就变成了一个相对科学的态度和学术追求。另外,在研究方法上,我们应当特别注意研究对象与被借用的理论或方法、模式间的适应性问题,既要考察两者间产生该结果的相同条件,更要关注那些初始条件的差异,进而考察研究对象的本质特征。

王剑认为,在关注初始条件差异的情况下,"资本主义萌芽"问题仍然是学术界不应该忽视也不能回避的重大问题。不少学者在他们的

① 王剑:《关注初始条件差异与史学研究的新视野——以"资本主义萌芽"问题研究的反思为例》,载《学习与探索》2008 年第 2 期。

研究中虽然不再提“资本主义萌芽”这个名词，但其研究问题的本质，仍然离不开过去学术界研究“资本主义萌芽”这个概念下所包含的内容。王剑评论道：吴承明在90年代中形成了自己对“资本主义萌芽”问题研究的新观念，其代表性的说法是：“资本主义是可以逾越的，市场经济却不能逾越，越过了，还得补课。马克思说过卡夫丁峡谷，中国实际上就没有一个资本主义时代，我们把它越过去了。因此，我想提出，在历史研究上，不要提研究资本主义萌芽了。与其说资本主义萌芽，不如叫近代化萌芽，即市场经济的萌芽。”①在吴承明的研究中，主要考察对象不再是生产关系诸要素，在方法上也不再是套用经典作家的原理并简单地比附，而是侧重于与市场相关联的商品流通、交换、供求关系、市场及商人的活动等要素。很显然，过去这些内容因无法纳入生产关系的范畴而被学术界所忽略。吴承明关注的这些内容，与过去学术界重点研究的生产关系方面的内容加在一起，实际上使得研究“资本主义萌芽”的内容更加丰富，更全面地揭示了“资本主义萌芽”的内涵。许檀的研究也避开了“资本主义萌芽”的提法，她批评过去的研究重生产、重分配，却忽略了流通在经济发展中所起的作用。她将明清时期形成的有层级特征的市场网络体系视为当时中国经济中最具时代意义和历史意义的发展。王剑认为，吴、许的研究，与其说是避开，不如说是补充了“资本主义萌芽”的研究。李伯重的研究②也是如此。他研究中国江南的“早期工业化”，所涉及内容如：社会生产两大部类比例关系方面的重工业畸轻而轻工业畸重，国内市场的绝对规模，地区劳动分工和专业化的水平，东亚地区国际贸易的支持，生产领域的资源和能源的配置等等，均以“英国模式”为参照。在方法论创新的前提下，研究内容的更新，“是否可以看做是力图抛开‘资本主义萌芽情结’，而实际上仍没有舍离它，只不过研究领域又有新的扩大呢”？

---

① 吴承明：《要重视商品流通在传统经济向市场经济转换中的作用》，载《中国经济史研究》1995年第2期。

② 关于李伯重的研究，本篇以下还有专门的讨论。

王剑归纳道,无论继续使用还是反对使用“资本主义萌芽”概念的学者,都已经认识到,客观而非情绪化的心态、科学主义而非教条主义的态度、多元而非单一的理论模式以及更广阔的学术视野,都是应当遵循的。在今后的研究中,应该更加注重分析资本主义萌芽在明清时期出现、发展的全部重要条件,而不能不问研究中初始条件的差异而生搬硬套。要加大力度,对比研究中国与西方相同历史时期内“资本主义萌芽”问题的相关初始条件,注重本土特色。这样,“资本主义萌芽”问题仍然有重大的研究价值。

如果说王剑是从方法论的角度提到了新制度经济学对资本主义萌芽研究的启发意义,那么贾海彦则对明代的资本主义萌芽直接进行了新制度经济学的解释①。

贾海彦根据新制度经济学原理和明代商贸史变迁的路径,大胆推论,在明代的制度环境下,在工商业运营领域,市场经济体制并不能有效降低交易成本。故制度创新只在少部分地区发生,大规模的制度变迁不存在发生的可能性。

贾海彦认为,要解释我国封建社会资本主义萌芽演变的特殊路径,首先必须从理论上回答两个问题:第一,地租为什么没有顺利地转化为商业资本;第二,怎样的制度约束阻碍了资本雇佣劳动的生产关系的良性发展。她的具体解释是:

在资本流通的制度约束方面——“两田制”严重损害了农业的自身积累,导致封建地租分散而不集中。明代土地占有权逐渐分散表现为:1. 人口增长幅度快于田地增长速度。2.“两权分离”的内生制度使土地所有权集中而使用权却相对分散。3. 明政府实行扶持自耕农政策,为自耕农经济的发展提供了一定的空间。这就延缓了资本集聚的速度和规模,制约了城镇化的进程,加剧了向近代经济变迁的制度成本。资本市场的落后增加了商业的融资成本。资本市场的不完全性是

① 贾海彦:《明代资本主义萌芽的新制度经济学解释》,载《文史哲》2004 年第 3 期。

农业剩余即地租不能顺利地转化为工商业资本的主要原因。其表现是:1. 落后的民间资本市场,仅限于较为低级的高利贷典当行业,虽然利润丰厚,但规模小,资金分散而不集中,远不能提供发展工业所需的巨额资本。2. 混乱的政府货币政策,完全没有发行准备金,嘉靖以后,币值大减,钱法混乱,法不能禁,纸钞大量发行导致通货膨胀加剧。这样的制度环境无法内生出完整金融市场所需的一系列制度。3. 商业对资金的吸纳能力有限。商业的总体赢利能力低于农业,导致资金大量流入农业。高利贷聚敛的金融资本大部分转化为土地资本,大多数商人不想投资于生产领域。官商结合的商业体制也限制了商业的市场化程度。

在资本雇佣劳动能力的缺失方面——资本雇佣劳动的生产关系并不必然产生资本主义制度这种上层建筑,其根源应追溯到资本与雇佣劳动之间独特的契约关系,由此,不能不考虑经济组织的产权制度结构。封建王权侵蚀了私有产权制度。中国封建社会的私有产权是不完整的。士绅阶层往往是官、商、地主三位一体。他们对财产的所有权,相当部分是凭借特权等非正当手段兼并所得。封建社会特有的政治权力与财产所有权紧密联姻,限制了资本的壮大和商人阶层的正常发育。在这种制度环境中,商人获得利润多是靠官僚垄断,通过买通官方取得市场控制权。这造成了商人阶层的畸形发展,削弱了资本主义工厂制所要求的资本对劳动的雇佣能力。明中期以后,商业竞争日趋激烈。商帮操纵着某些地区和行业的商业贸易。这种商帮以封建的地缘和血缘关系相结合的落后形式出现,组织内部的产权深深植根于封建宗法制度中。在这种环境下,合伙股份制的稳定性更多地依赖于短期化的人际关系,而不是长期的科学化的资本核算制。在这些组织内部,看不到革命性的技术进步,也就无法降低手工作坊式的经济组织向资本主义工厂制转变的制度成本。

贾海彦的结论是:正是由于资本流通上的制度约束和资本雇佣劳动力能力的缺失,造成了由封建社会向资本主义社会演变的巨大的制度成本,在这两个条件未得到根本的制度完善的前提下,制度上强行转变，只会造成财富的浪费和社会的动荡。清朝末期洋务运动的失败和民营经济严重受挫，都是历史对我们的警告。

孟彦弘从强调生产力的地位、作用和意义的思路反思了关于中国资本主义萌芽问题的研究，并提出了自己的看法①。

孟彦弘论道，大多数研究者都以征引马列主义经典著作作为讨论"资本主义萌芽"的前提。从征引情况看，人们重视的是生产关系，即没有人身依附关系的雇佣劳动。与此相关，还重视商品经济的研究，将其视为自然经济的对立物，并力图从中发现"资本"。另外，在欧洲资本主义发展过程中起到很大作用的行会、城市及市民、手工工场等，也成为重要研究对象，甚至成为研究资本主义产生、发展的几个最为重要的指标。孟彦弘强调，马克思主义认为，生产力决定生产关系。资本主义生产关系的确立，其前提是资本主义生产力的确立。在封建社会中，生产力如果不发生足以使资本主义生产关系由依附地位而变成主导地位的质的飞跃，资本主义生产关系就只能永远停留在"萌芽"的状态。在我国的社会经济发展史中，确实在一些行业、一些地区自发地出现了资本主义生产关系，但我们不能说它们一定会发展到资本主义。离开生产力，二者之间就不再有必然的因果关系。商品经济和雇佣劳动并非资本主义社会所独有，非资本主义社会中也会有这些东西，甚至会相当发达，不能因此断言，它们必然会发展到资本主义。他说："我们可以像马克思那样，从生产关系入手来认识资本主义的本质，但却不能根据一种生产关系的出现，来断定它是否一定会成为占社会主导地位的生产关系。换言之，生产关系的本质与这种生产关系是否占社会主导地位是两个问题，二者并无必然的关系。生产力决定生产关系，有什么样的生产力就有什么样的生产关系与之相匹配；但反过来却未必能完全成立。"因此，我们在讨论"如何进入资本主义"时，关键的就应当是生产力，而不是生产关系。孟彦弘还指出，一些所谓生产关系的概念理

① 孟彦弘：《中国从农业文明向工业文明的过渡——对中国资本主义萌芽及相关诸问题研究的反思》，载《史学理论研究》2002 年第 4 期。

解存在分歧,也容易使我们对社会演变的认识出现偏差。如“资本主义”,中国学人一般认为是指资本主义生产关系占主导地位的资本主义社会,而西方学人却一般认为是指一种投资或生产组织形式,它本来是在商业活动中的,但也扩展到了生产领域。如布罗代尔的“资本主义”,既包括我们所讲的“资本主义萌芽”(非资本主义社会中的资本主义生产关系),也包括进入资本主义社会中的经济活动。

孟彦弘继续推进自己的论证:与其使用容易导致理解歧义的生产关系来衡量社会的发展,倒不如直接使用生产力为标尺。如果用生产力来衡量,到目前为止,人类社会经历了前农业文明、农业文明、工业文明。从生产力角度来看,从农业社会向工业社会的过渡,是人类单线性的发展,而非多线性的发展。到目前为止,我们还没有发现地球上哪个民族、哪个地区,能不通过工业革命而取得人对自然解放的巨大飞跃。在不同的生产力阶段,会有不同的生产关系与之相配合;在相同的生产力阶段,与之相匹配的生产关系也可以有多种形式,而不是简单的一一对应关系。从这个角度来看,我们对中国社会发展的认识,就从是否能从封建社会向资本主义社会过渡,以及何时过渡、如何过渡,变成了中国能否从农业文明向工业文明过渡,以及怎样实现过渡。后一种所谓“过渡”,其实质就是中国是否能工业化以及如何完成工业化。他强调,“只有在承认农业文明向工业文明的过渡是单线的前提下,谈发展模式的多样性才有意义”。

孟彦弘说,立足于18世纪的中国“应该”发生与欧洲同样的变化这一认识基点而提出的“中国为什么没有发生工业革命”是一个“假问题”。这是以欧洲历史、至少是以欧洲所发生的工业革命作为参照系来认识和衡量中国的历史。然而,这是一个无法证实的问题!历史学研究的都是已然的东西。所以,对于没有发生工业革命的国家和地区提出“为什么没有发生”,当然就无法证实。事实上,发生工业革命这一巨变的原发地只有一个,那就是英国。在这种情况下,“我们既不能从原创的角度,也不应简单地予以谴责,而只能从学习的角度来讨论”中国从农业文明向工业文明过渡或曰工业化的问题。中国是世界的一部分。中国不是工业革命的原生国家,但这并不妨碍中国通过学习而工业化。从另一方面说,不能因为中国是世界的一部分,就简单地以一方为参照物,来进行类比;如果要比较,也只能在同样的标准下来比较,不能用欧洲已进入工业文明的情况与中国尚处在农业文明时的情况相比较,这样的比较是没有意义的,无助于说明问题。孟彦弘总结道:历史现象间,有必然的联系和因果,但更多、更重要的,是在某种或某些条件下的多种可能中的一种。历史的演变,决定地受时间序列的限制,"某种或某些条件"正是某一时间点或时间段以前的历史的总和。因此,前一时段偶然出现的现象,有可能会成为历史演变中起决定作用的必然因素。"我们没有发生工业革命,但一旦我们学习到了工业革命的成果,那么工业社会所要求的经济自由、政治民主就会成为我们社会的必然要求。"

与孟彦弘"工业革命的原发地只有英国"的观点不同,何顺果在《资本主义萌芽问题新论》①一文中认为,资本主义萌芽不可能仅是西方某国才发生的现象。作为一种新生事物,"萌芽"既有生命力也有脆弱性,其发展前途不外乎三种:或持续发展,或中间断裂,或藕断丝连。萌芽状态的资本主义不一定都会成功,资本主义没有成功的地方不一定就没有发生"萌芽"。

何顺果批评道,学术界长期流行着"资本主义首先发生于西方某国,然后逐渐传播于世界"的观点,"它给人一种很强的经济宿命论的印象"。资本主义萌芽究竟是西欧某国才有的历史事实,还是有着某种普遍性的历史现象,这个问题长期得不到解决的原因在于,人们过分估量了"萌芽"的"成熟性"和"连续性",并进而将"资本主义萌芽"与"资本主义形成"及"资本主义确立"混为一谈,以为有了"萌芽",资本主义就一定会发展起来,或者资本主义未能发展起来,"萌芽"就肯定不曾发生过,以致把本来复杂的问题简单化。他分析道,"确立"是以资本主义制度在整个国家社会经济生活中所占的主导地位为标志的,

① 载《北京大学学报》1998年第3期。

而"形成"虽然说资本主义生产关系已经成熟并在某些行业显示出优势，但显然还未在整体上突破旧的社会结构的外壳，至于"萌芽"，只不过是封建社会经济结构内刚产生的一种"胚胎"，一粒种子，尽管它意味着新的生产关系已经作为一种"经济实体"而存在，但还带有明显的有限性和脆弱点。马克思所说的"资本主义萌芽"，就产生形式而言，还处于前工场手工业即手工作坊时期，至多是工场手工业初期，不会比这更晚。那种把"萌芽"看得过于成熟，以至于把工场手工业及其发达形态也看成是"萌芽"的观点，是不符合马克思原意的。

何顺果指出，资本主义虽然最早萌芽于意大利，但是资本主义萌芽在西欧就不限于意大利一地。它先后出现于西班牙、尼德兰和英格兰。在意大利，以资本雇佣劳动关系为标志的资本主义萌芽出现于 14 世纪，佛罗伦萨是它的光辉代表。西班牙在 15、16 世纪曾是地理大发现的推动者和"大西洋时代"的开拓者。低地国家，包括今日之比利时、荷兰和卢森堡，是西欧孕育资本主义的又一重要地区，而以荷兰为中心。人们称荷兰是"海上马车夫"，它是 16、17 世纪资本主义的典型。在英格兰，资本主义萌芽究竟最早产生于工业还是农业，一直争议不断。何顺果认为："无论是在别的地方还是在英格兰，发生资本主义萌芽的重要阵地恐怕还是工业领域，特别是与民众生活息息相关的轻纺业。因为商业资本向产业资本的转化在这里比较容易。"

何顺果又指出，在西欧之外，大凡商业贸易和商业资本发展到相当程度、而旧的社会经济结构又有所松动的地区和国家，也都涌现过资本主义的萌芽，如我们在奥斯曼、中国和日本所看到的那样，所不同的只是早晚和程度而已。资本主义萌芽的温床，是社会经济生活的商品化，而不是什么"新教伦理"。据专家研究，我国宋代的铁产量已达到欧洲 17 世纪末的水平。元末明初，全国大小商路不下 200 条，带动了大批市镇和墟集的兴起。明清之际，资本主义萌芽已遍及纺织、采矿、铸铁、造纸、制瓷等 20 个行业，在江南某些丝织业中尤为明显。无论从资本方面还是从劳动方面来看，要否认其资本主义萌芽性质，是很难的。

何顺果辨析道，有人以中国这样的国家未发现西欧那样的"外放分工制度”(putting-out system)而否认有资本主义萌芽，“这种看法恐怕不妥”。所谓“外放分工制度”，只是形式问题，而不是本质问题。判断资本主义萌芽，主要应看是否有新的生产关系的产生：1. 生产是否以利润的追求或以出售为主；2. 是否采用了工资雇佣劳动形式；3. 劳动者是否摆脱了依附关系而拥有人身自由。“外放分工制度”在东方也存在过，如日本的“前贷制度”即是，在中国也有类似的例子。总之，资本主义萌芽并非什么神秘的“天外来客”，它乃是社会经济生活走向商品化的必然产物。无论什么地方只要社会经济的发展有了这种趋势，也就有了产生资本主义萌芽的可能性，因为它是孕育资本主义的温床：第一，它培植了商业资本家；第二，它刺激了对商品的社会需求；第三，它使封闭的农本社会发生结构性解体。所有这些都为一种新的生产关系的形成必不可少。

何顺果总结道，从全球的角度看资本主义“萌芽”，东方比西方要晚二三百年。各国各地区资本主义萌芽的发展前途不同，大致可分为持续发展型(如英国)、中间断裂型(如意大利)和藕断丝连型(如中国)。英国堪称成功的“典型”。东方各国最终基本上都失败了，未发展成独立的资本主义形态，只有日本是个“例外”。

何顺果强调资本主义萌芽的普遍性，杨师群却认定它的特殊意义。他对“资本主义萌芽”作出与传统理论不同的定义，从而判定明清城镇不存在资本主义萌芽①。

杨师群认为，西欧中世纪的资本主义萌芽，实为其社会所孕育的包括政治、经济、文化各式完整基因在内的有机胚胎，主要以城市为载体。而中国古代乃至明清时期的城镇基本不存在西欧中世纪城市的相关基因。那种主要将当时的手工作坊或手工工场雇佣劳动的数量和规模作为萌芽单一标志的研究方法，其萌芽认定概念本身就是极为片面的。正因为如此，问题讨论了几十年，结果却争论不休，进行着捕风捉影的

① 杨师群：《明清城镇不存在资本主义萌芽——与西欧中世纪城市的比较研究》，载《浙江社会科学》2005年第1期。

文字游戏。他把资本主义萌芽认定为一个以城市为核心的组织齐备而发育全面的社会系统构造。“把中世纪城市整体发展的主要特点作为一个结构体系来进行中西比较论证,我们会看到中国古代社会乃至明清时期的城镇基本上不可能孕育出这样的胚芽,因此所谓明清资本主义萌芽实在是一个不存在的伪问题。”

杨师群分析道,与西欧中世纪自由城市与雇佣劳动者相比,明清工商业者依然处于一系列封建束缚之中,负担沉重的苛税和差役,人身受到一定程度的控制,没有法律保障,连罢工歇业的权利都没有。雇佣劳动者也没有什么“自由”、“平等”权利。西方工商业者积极夺取城市的管理权力,最终执掌城市的政权,并在其过程中形成城市民主共和政体的雏形。这是资本主义萌芽的核心条件。而中国古代城市的政权始终在朝廷的牢牢控制下,一直是专制集权统治的政治堡垒。市民的反抗斗争缺乏明确的纲领,没有切实可行的政治目标,连追逐民主政治的思想要求都没有产生。在西欧,市场不断开拓,大商业公司、手工工场和金融信贷银行出现,使财富集中于中心城市,集中于少数大商人、大银行家之手,而这些人又是城市的执政者和参政者,能够扩大投资能力,协调工商、金融关系,以便于城市经济的进一步自由扩张。这些经济方面的优势再加上市民权力、城市自治、大学教育、文艺复兴等等条件,共同形成了有利于资本主义萌芽的政治、经济、文化的有机结合体。这种有机系统结构,在中国古代直至明清时期的城市社会里是不存在的。简言之,中国古代城市与欧洲中世纪城市代表着几乎是两种完全不同文化内涵的制度结构与文明精神。资本主义萌芽根本无法在明清城镇的发展中诞生。

杨师群的上述观点受到曹守亮的质疑。他在《比较方法与中国资本主义萌芽问题研究》①一文中与杨师群商榷。

曹守亮认为,西方城市的自治只是短暂的现象,不能笼统地把城市自治与专制统治截然对立,并看做是对资本主义萌芽发展起完全不同

① 发表于《浙江社会科学》2006 年第 1 期。

作用的两种因素。中国明清时期雇佣劳动者的社会地位也是不断变化的,其中既有不自由的前资本主义类型,也有半自由的或自由的雇佣关系。在城市政治斗争方面,明清时期中国的城市并不全是政治中心,也有商业贸易中心和手工业中心。对这一时期的城市做笼统的理解和研究是不甚合理的。在意识形态领域,明清时期也有较大的突破,泰州学派、东林党等对封建专制制度进行了深刻的批判,提出的新的政治方案,带有探索中国式民主政治的特征。所以,杨师群认为明清城市中缺乏反映市民阶层利益的斗争和思想要求,是值得商榷的。他还批评杨师群对明清时代国内市场、经济发展程度的估计,都是背离历史实际的。

曹守亮还对杨师群的研究方法提出批评意见。他认为,杨师群在研究对象的时间范围界定和引用材料的时间限定上是比较模糊的;以静止、平面的观点对中西城市进行比较,容易产生片面的印象;对新近史学界关于资本主义萌芽的研究成果关注不够,对史学遗产的态度,也需反思。

杨师群很快回应了曹守亮的商榷。他在《再论明清资本主义萌芽是伪问题》①中作了答辩,重申了自己的看法,并反驳了曹守亮的一些观点。

杨师群论道,西方城市自治一般经历了二三百年甚至更长的时间,它难道只是"短暂的现象"吗?相比之下,中国古代的城市有过哪怕一天的自治吗?17、18世纪的英国已进入资本主义社会,统一的国家体制早已完成,其城市的有关权利自然收归国家,这有什么奇怪的吗?英国革命后,出现历史倒退现象,民众因此而抗争,迫使政府进行民主改革。这段历史难道与英国资本主义萌芽有关?"可见曹文的历史概念与思维逻辑之混乱"。杨师群重申,中国君主专制统治源远流长,根深蒂固。明清之时,专制政治登峰造极,严刑峻法之下,民众被羁禁在愚昧窒息的封闭社会中,社会机制几乎不存在对君权的制约因素。在有

① 发表于《浙江社会科学》2006年第4期。

关的法制、经济方面的条件下，也根本不可能产生什么资产阶级。关于自由雇佣、城市属性和私有产权，杨师群强调，关键在于，中国传统社会没有“自由”的法律概念，更谈不上相关的法律保障了。就算明清存在一些较为纯粹的经济中心意义的城市，但它们能和西欧中世纪的城市共和国相提并论吗？两者在制度方面的本质区别难道还不明显吗？泰州学派、东林党人尽管有一些批判君主专制的思想，但还是只反太监、贪官，不反皇帝的统治体制。他们根本不懂得如何去建立另外一种政体的政权。这样的文化局限怎能探索“中国式民主政治的特征”？中国古代的财产私有权问题处在极为不利的制度环境之中。专制统治力量肆意干涉经济活动，专制政治也不可能建立比较稳定的经济制度和相关的法治机制。最关键的是，在罗马法中，自由民的财产权是包括在人格权内容之中，人格权是财产权的基础。而在中华法系中，基本不存在“人格权”的概念及相关内容。从《秦律》到《大清律例》，都根本不存在任何明确保护财产私有权的表述。在这样的文化制度层面上，中国古代哪里会存在“自由”的劳动力和“自由”的雇主？

对于曹守亮充分肯定的中国资本主义萌芽问题的史学意义，杨师群认为“拔得很高”。他的基本看法是，资本主义萌芽研究中以论带史的研究方法给史学理论所造成的危害，应该引起理论工作者足够的警觉，并从中吸取深刻的教训。

明清时代商品经济发展所促成的“重商”思想对传统“义利之辩”观念的冲击，过去常被认为是资本主义萌芽在意识形态方面的表现。李伏明对此进行了辨析①。

李伏明指出，在重农轻商的传统文化背景下，明清时代江南农民却转向经济作物种植，发展家庭手工业，使农村全面卷入商品经济的旋涡。其中的原因并不纯然是较高经济效益的诱惑。宋代以后，我国农业生产技术停滞，而江南地区的人均土地资源却持续下降。在这种情

① 李伏明：《义利之辩、重农轻商与明清江南商品经济的发展——兼评中国资本主义萌芽问题》，载《学术月刊》1993年第4期。

况下,为维持生计,农民尽可能精耕细作。但是,在有限的土地资源上并不能无限追加劳动力资本。于是,农民不得不改变经济模式,发展棉、布及蚕桑丝织业。实际上,明清时代江南地区商品经济的发展正是建立在劳动力—土地资源配置失衡的基础上的。“换言之,这是一种无可奈何的选择!”

李伏明分析道,由于农家经营的商品化,出现了大批的商人群体。但是,这些人并不能摆脱“义利之辩”、重农轻商的传统,而是在另一种方式上完全认同它。商人们想方设法改变自己的低下地位,使本人或者后代能够“晋升”为“士”或“农”。他们的资本不是投入经济再生产领域,扩大再生产,而是汲汲于自己的身份地位。这样,他们的经营行为就很难刺激社会生产力发生本质性的突破。李伏明强调,明清时代商品经济的发展并没有与传统的“义利之辩”、重农轻商思想发生根本冲突。商人在求“利”的同时,更有效地维护了“义”,维护了礼法制度和现存政治社会秩序。因此,我们不能过高估计明清时代商品经济发展的意义。“由于义利之辩与重农轻商的文化传统,中国古代的商品经济与雇佣劳动现象本质上并不是什么革命的因素,它们能够包含在悠久的历史之中。”李伏明认为,我们不必用一些不明白的抽象概念来剪裁中国的具体历史实际,也没有必要再争论资本主义萌芽问题了——尽管这种争论曾产生出一些颇有学术价值的研究,加深了我们对于明清时代社会经济结构的认识。

20 世纪五六十年代及 80 年代关于资本主义萌芽的研究,主题是立足于中国历史上“有”这种“萌芽”,然后去找这“有”的理由和例证。90 年代以后,情况发生了重要的变化。学者们先考察具体的历史过程和实例,再判断资本主义萌芽的“有”或“无”。曹树基对清代台湾拓垦过程中的股份制经营的研究,就是如此①。

曹树基在台湾学者研究的基础上,进一步确定了清代台湾“垦号”

---

① 曹树基:《清代台湾拓垦过程中的股份制经营——兼论中国农业资本主义萌芽理论的不成立》,载《中国社会科学》1998 年第 2 期。

的性质。他认为,清代台湾“垦号”类似于现代的法人,拥有独立资产,具有法人资格,承担民事责任。以契约关系为基础的清代台湾“垦号”实行的是有限责任制度。这是股份制形式的一种。这最大限度地保证了股东对利润的追求和对风险的防范,是拓垦在短期内取得成功的奥秘所在。以契约关系为基础的台湾“垦号”在经营管理上颇具特色。总之,我们不能否认清代台湾“垦号”的资本主义性质。

在此认识基础上,曹树基思考了如下问题:何以在清代的台湾会出现极富现代色彩的资本主义式的农垦企业?以股份制为合伙形式的“垦号”究竟是如何产生的?他认为,闽粤移民固有的合约制宗族在本土环境中并不能演变出这种具有现代资本意义的土地垦殖方式,而在台湾却顺理成章地演变为资本主义股份制,“转变的契机可能在于台湾生态环境与移民原籍地生态环境的差别”。对外移民在很大程度上为多余的劳动力和资本找到了出路。曹树基注意到,台湾的“垦号”在土地开发过程完成后,即专事收租,不再从事土地的开发及农业经营和管理。在清代及以后人口增长过程中,土地所有权不断被分割,从清代前期的大约数百名垦首发展到19世纪末20世纪初的大约36000余名大租户,就可见土地所有权的分割和细碎化。由此亦可知随着人口的增加和中国分家制度导致的地权分割,早期台湾土地垦殖过程中表现出来的资本主义生产方式已经荡然无存。比较台湾和闽粤等地的条件,我们可知,“相对充裕的土地资源和市场资源相结合,才可能产生资本主义性质的农业。在明清时期中国大部分地区的农业陷入‘过密化’的前提下,资本主义农业确实是不可能得到发展的”。

曹树基的研究得出如下结论:历史上中国各区域农业究竟采用何种生产方式,基本上取决于该区域所处的生态环境,即取决于当地人口的密度、土地的性质和数量、市场环境和气候等诸种资源。当生态条件全部或部分地得到满足时,所谓“资本主义的农业”生产方式就可能出现。反之,所谓“资本主义的农业”生产方式就可能消失,取而代之的可能是另外一种农业生产方式,即封建的农业生产方式。在中国特定的人口增长背景和中国产权继承制度下,学者们定义的“中国农业资本主义萌芽”完全没有发展的前景。从这个意义上讲,“中国农业资本主义萌芽”命题的本身也是不能成立的。

无论20世纪五六十年代或80年代,虽然在资本主义萌芽的产生年代方面众说纷纭,但是“明清时代”产生说无疑影响最大。特别是1985年许涤新、吴承明主编的《中国资本主义的萌芽》的问世,更确立了这一派观点的学术主流地位。90年代,在不少人否认中国资本主义萌芽的历史可能性、也有人坚持明清“萌芽”说的情形下,葛金芳、顾蓉以新的论证方法,重申了资本主义萌芽的宋代出现说①。

葛金芳、顾蓉以20世纪70年代美国、德国新马克思主义者创立的原始工业化理论为自己研究的理论依据和切入视角。他们认为,所谓资本主义萌芽,当指资本主义生产关系在其产生初期的原生形态。“资本主义生产关系”这个概念可以从两个维度加以把握:从形态特征看,它是以市场为导向的社会化大机器生产;从内部结构看,它是资本与雇佣劳动的有机结合。经济史家发现,在18世纪欧洲工业革命之前的几百年间,城乡小型、分散的工业发展,对经济增长和社会进步起过巨大的推动作用。其表现是从资金、企业主、工人、技术乃至市场等方面,为后来的工业革命准备了条件。美国学者门得尔斯(Franklin F. Mendels)为此提出了“原始工业化理论”。门氏指出,原始工业化由区域经济内同时并存的三种要素构成,即乡村工业、外部市场以及与乡村工业相辅相成的商品性农业的发展。此外,城市是原始工业化进程的第四个要素。其后不久,德国学者克里特等人又将人口作为第五个要素引入了这一理论。原始工业化进程的意义在于它为工厂工业化铺路搭桥,预示着资本主义生产关系的一些重要特征日渐鲜明起来。正是在这样的意义上,我们可以把资本主义萌芽问题适当地转换为原始工业化进程的启动问题。

葛金芳、顾蓉认为,原始工业化理论在精神实质上与马克思主义关

① 葛金芳、顾蓉:《从原始工业化进程看宋代资本主义萌芽的产生》,载《社会学研究》1994年第6期。

于资本主义萌芽的论述是一脉相承的。从原始工业化角度考察资本主义萌芽问题，原是马克思主义的题中应有之义。正因为如此，西方学术界才将门得尔斯等人归入“新马克思主义”流派。用原始工业化理论来考察中国历史，我们可以看到，我国封建社会历史悠久，文明高度发达，原始工业化进程的启动不仅在时间上早于地中海北岸国家和英伦三岛，而且在规模和水平上也毫不逊色。在煤铁革命推动下民营手工业的蓬勃发展，就是原始工业化进程在宋代启动的主要标志。

葛金芳、顾蓉依次叙述了宋代煤铁革命和民营铁冶中的雇佣关系、川蜀地区民营盐井的崛起及经营方式、陶瓷业的商品生产及其海内外市场的扩大、江南丝织业的发展和制茶、造纸、印刷行业的新变化。他们强调，进入封建社会后期的宋代社会基本上具备了原始工业化赖以启动的诸般条件：在人口增长的压力之下，耕制革命的发生、粮食剩余率的提高和商品性农业的成长，为原始工业化进程提供了坚实的经济基础；科学技术的长足进步和工艺革命的急速推进，导致机械使用的普及和手工业生产效率的提高，为手工业各部门的蓬勃发展提供了强大动力；人身依附关系的松弛、农村人口向城市的流动，导致都市化进程的加速、城市性质的嬗变和市民阶层的初兴。

葛金芳、顾蓉感到惋惜的是，带来近代曙光的原始工业化进程只在北宋阶段风光了一个世纪，就黯然失色。12世纪初，女真铁骑南下，宋金对峙，打断了民营手工业的发展势头，缩小了国内市场。元代统治时期，领主分封制、工奴制等前封建制因素死灰复燃，直到明代初年才回到由宋代开启的轨道上来。原始工业化进程屡遭打击而奄奄一息。我们对它所获致的成就当然不能估计过高。

三、另一只眼看“萌芽”

20世纪90年代以后，对外开放的学术文化大环境发育更加成熟。社会史、经济史领域内的国际学术交往不断扩大。不少海外学者的研究成果得以为国内同行所知晓，并且受到高度的重视。海外学者立足于不同的学术立场、视角，依据不同的学术范式对资本主义萌芽进行的研究，给中国学人以珍贵的启示，并引起热烈的争鸣。

任职于英国牛津大学中国研究所的科大卫（David Faure）是与中国学者交往密切的社会史研究者。1993 年 8 月，他在香港科技大学就中国的资本主义萌芽问题发表系列演讲。演讲的内容以《中国的资本主义萌芽》和《公司法与近代商号的出现》为题，发表于《中国经济史研究》2002 年第 1 期、第 3 期。

科大卫的中国资本主义萌芽研究，特别重视资金市场与资金流通方式。他自称，研究的出发点是古典经济学关于"资本"本质的理论。资本不同于劳动力，它可以积累；资本也不同于土地，它可以流动。科大卫认为，马克思的经济学并未超出古典经济学的范畴。整部《资本论》都在讨论资本流通的过程。古典经济学并没有说明资本为什么可以流通。在古典经济学看来，资本在以贸易为主体的交换过程中被创造出来，所以是自然法则的一部分。除非遇到人为的阻滞，贸易一定会自然增长，工业也必定随之而来。这一观点受到马克斯·韦伯等人的挑战。他们认为，贸易只有在适当的结算信用制度（纸币、会计、法律、银行等）出现以后，才能进行。资本主义社会就是接受这些制度的社会。

科大卫指出，中国的商业贸易向来发达，商人活动活跃，官员中也不乏重视市场的有识之士。但是，这并不能扭转封建王朝的抑商倾向。他明确表示，"19 世纪中国的落后，我们又可以归咎于这个拒绝从商人的观点去看待市场的强有力的王朝"。科大卫分析道，可惜的是，没有什么显而易见的办法来解释为什么同样是政府的高压统治，18 世纪以及更早的中国经济是繁荣的，而 19 世纪以后却没落了。在这种情况下，"明清资本主义萌芽"的概念被设计出来。"萌芽"的说法，既重视了中华帝国的富庶，又强调了 19 世纪工业化的失败。"萌芽"论者认为，如果没有西方的入侵，中国早期的资本主义也可以把中国带入机器时代。

科大卫同意明代已经有了资本主义的萌芽。但是他强调，这"萌芽”并不源于某些学者认为的“手工业的发展和雇佣劳动较以前普遍”。明代的作坊主使用雇佣劳动的历史事实本身并不意味着资本主义的扩展，因为它不符合古典经济学的基本原则和马克思关于资本主义描述的核心。科大卫批评那些在明清时代的作坊中寻找早期资本主义的论著，混淆了作坊(workshop)与工厂(factory)的界线。工厂不是由手工作坊演变而来，而是19世纪上半期西方工业革命的产物。它包含了雇佣劳动，还把会计的方法用于生产管理。而这一点是中国的作坊生产完全欠缺的。直到20世纪20年代，中国的工厂主还是通过包工头来管理工人。这是传统的管理方式对新引进机器所要求的前提条件的勉强适应。20世纪20年代以后，中国工厂的管理者才致力于管理合理化，以工薪管理人员取代传统的包工头。“因此，把作坊与工厂联结起来的论点，忽视了伴随着动力机械使用而来的新纪律的生命力。这一点正是马克思关于工业劳动者与其工作分离的富于洞察力的讨论的基础。”

科大卫指出，明清时代的中国作坊无法为向蒸汽动力转变准备条件。中国也没有西方那样使用机器工具的传统。他强调，在考察工业革命所带来的技术时，我们一定要把与技术进步的制度性基础(institutional bases)有关的若干问题分开讨论，不能混为一谈。就技术基础而论，明清时期的中国几乎不可能发明工厂和蒸汽机。而且，由于没有制度化的基础教育的改革，中国工人普遍掌握技术的可能性很小。更重要的是，资本流通制度的发育程度是否足以提供大规模使用新技术所必需的投资，这才是“资本主义萌芽”讨论的核心所在。“相比之下，作坊中雇佣关系的性质只不过是一个侧面的问题。”

科大卫论道：如果明清时期资本主义确实已经萌芽，那么需要解释的是，为什么本地的金融机构发展如此缓慢，以至于在西方银行可以向中国提供大笔贷款之前，中国本土没有出现有能力提供大额工业贷款的资本家。他指出，这个问题的答案不可能在中国手工业作坊的经营中找到，而只能在贸易和土地经营的历史里去寻找。科大卫继续论道，明清时期，契约文书、商业书信并不罕见。但是，这时的契约基本上属于私人性质,几乎不涉及社群和国家。国家刑律的某些条款可以扩展到商业业务,但是县官们处理最普遍的是婚姻、户口和田土纠纷,明显不包括合伙和银钱的借贷。商业的仲裁者是行会而不是衙门。科大卫特别点明,"契约文书是在没有定义严格的商法、甚至也没有清晰地不用道德关系理解商业事务的习惯法的情况下,发挥作用的"。因为中国商人不知道如何进行资本核算,所以中国的生意伙伴关系很少能保持长期稳定。由于缺乏资本结余的知识,解决商铺纠纷的唯一途径就是清盘,而这恰恰不是一种建立长期股份制的安排。

科大卫注意到,由于宗法家族制度的强烈影响,祀产是传统中国对没有皇帝特许的情况下,如何合股问题的一个答案。"如果说明清时期有长期存在的资本主义的组织,那么它们就是尝产和庙产。"他特别提示,首先,我们不能被祀产的宗教外表所误导,实际上许多祀产都表现了企业性的目标。其次,商人将其资本的很大一部分投资于土地、祠堂和其他祭祀场所,以取得较高的回报。再次,明清时期的商人用"号"的名义做贸易,而以"堂"的名义拥有产业。在财产继承时,会有部分"堂"保留下来,成为尝产。科大卫还注意到,徽商的当铺实际上就是银行。但是它的运作只是以道德为依据,并无一条法律可以作为其业务的基础。在这里,个人的诚信当然非常重要;而个人诚信必然受到个人生命时间的限制,这对信贷银行业来说,显然是不利的。因此,在许多情况下,道德往往被用于补救制度的缺陷。

15 到 18 世纪,欧洲发生了从高层金融界直到底层零售业的商业革命,接踵而来的是保险业、银行、有限公司、股票交易的兴起以及商业融资、债券制度的创造。同样的革命,没有在中国出现。对于这其中的原因,科大卫的分析是:

中国与欧洲不同,商人并无政治上的本钱。个人主义从来没有在中国取得政治上的立足点,商人也没有形成一个社会阶层。宗族制度为商业的组织提供了一些方法,但宗族制度意味着个人终生从属于集体,只有靠长寿、财富和权力才可以代替集体。我们从徽州商人的历史中,可以看出中国的高层金融业怎样被国家的行政手段所窒息。徽州商人多因食盐贸易起家。在此过程中，他们必须先为官府运粮，经过官僚的层层阻延、勒索后，才取得盐引。商人凭盐引换取食盐，然后运销获利。尽管盐引买卖的合法性始终是一个问题，但事实上盐引一直被买卖和贮藏。这就造成投机市场的繁荣和食盐走私的猖獗。1617年，皇帝发现发行盐引几乎无利可图，于是废除盐引，将专卖权授予大盐商，实行所谓“纲法”。这一决定，“肯定是使中国走上更难出现银行和信用工具的道路的决定性变化之一”。

科大卫论道，可以推想，假如皇帝及其官僚不那样随意干预盐引市场，晚明中国的商业机构会发展到什么地步。16世纪的中国确实已经有了早期的资本主义，但那不是作坊资本主义，而是期货市场的资本主义。“它偶然产生，被容忍生存，最后扼杀于帝国官僚管理的不确定性和帝王的心意。”中国为此付出的代价，不是贸易的不能发展，而是近代化建设所需的金融机构的缺失。无奈之下，“中国政府转而寻找外国银行，这就导致了严重的帝国主义的政治问题”。

论及中国近代的商号，科大卫指出其产生途径有三条：其一，中央政府企业（“官督商办”企业）私营化的结果；其二，由家庭商号发展起来；其三，来自地区合作发展的努力。科大卫强调，以私人契约为基础的机构，不管是个人之间或是团体之间没有国家支持的契约，在明清时期都获得了很大的发展空间。但是，在筹措资本集约项目的（financing capital-intensive projects）领域里，中国落后了。有关集资项目的制度没有发展起来，国家对此并不支持，也没有准备给市场让路。总之，“商业史的要旨，不在于谈论抽象的伦理观念的演变，而在于描述不同时代实际商业行为制度化的差别与矛盾”。因此，中国商业史现在需要的是，以实际的案例来说明公司法诞生之前财产控制的演变、会计制度的应用、家庭同居共产的运作、股东与行政的相互关系等等。

科大卫的研究成果受到中国学者、河北大学宋史研究中心刘秋根的批评和补充。他的文章《关于中国资本主义萌芽与资金市场的几个问题》发表于《文史哲》2003年第3期。

科大卫认为中国资本主义萌芽的实体不是“作坊资本主义”，而是

"期货市场的资本主义",刘秋根对此提出质疑:"我们是应该从资本生产即生产方式的角度还是资本流通的角度来研究明清资本主义萌芽问题呢?"

刘秋根论道:资本主义首先是一种生产方式或生产组织。企业主与工人之间的"自由劳动"关系是其中的核心因素。其他因素都只有在自由雇佣劳动的基础上才有意义。因此,以雇佣劳动为核心来探讨明清资本主义生产的萌芽及其发展是基本正确的。马克思的《资本论》,也不是如科大卫所说的"整部"都在讨论"资本流通过程",而是研究了资本流通、生产的全过程。刘秋根认为,应当将资本流通制度即资金市场的研究与资本主义萌芽研究结合起来,而不应当仅仅到资本流通制度的发展中去寻找资本主义,"而不理会生产方式的变革"。从欧洲历史上看,适应资本主义生产方式的萌芽和发展,在反对高利贷资本的过程中,银行及其他信用组合发展起来,高利贷资本开始从属于产业资本和商业资本。随着中央银行的建立,信用货币的发行,贵金属流通受到限制,银行制度便夺取了高利贷资本掌握的分配社会资本的权力。但是,信用因素在资本主义萌生阶段的作用不能随意夸大。因为在此阶段,生产并不需要太大规模的资金,因而对金融信用暨资金市场的要求也不是那么高的。19世纪以后,随着近代机器工业的建立和发展,资本主义生产与资金市场(金融信用)的关系便发生了本质的联系。

至于中国的情况,刘秋根指出,从16世纪到19世纪上半叶,以高利贷、商业信用、各种形式合伙制为代表的资金市场(金融信用)也得到较大的发展,高利贷中生产性、资本性放贷比例增加,且在一些地区、行业中与经济运行形成稳定的资金供求关系。钱铺、钱庄开始发行信用货币。一些金融机构大大加强了作为信用中介机构的功能。

刘秋根还批评,科大卫完全否认作坊与工厂制度之间的联系,是不妥当的。如果没有在手工作坊及手工工场阶段积累的生产关系的基础,即使发生了类似工业革命的技术变革,工厂制度的产生恐怕也只能是一种幻想。总之,讨论资本主义萌芽问题,其主题只能是生产方式变革的研究,资金市场即资本流通方式只是与之相适应的环境问题、条件问题。

关于合伙组织与法人问题，刘秋根也不赞成科大卫的观点。他认为，法人资格是国家给予的，法人的出现是国家对营利性商业社团追求行政性垄断的结果。从中国古代的情况看，手工业、商业中的合伙制，都是依事实而非依法设立。国家成文法及地方的工商业法规中都没有相关的明确规定。因此，科大卫将庙产、祀产看成具有法人特性，也是不正确的。直到清末《公司律》等法律的制定，合伙、公司等营利性社团组织才真正取得国家认可的法人资格。

关于科大卫论及的 15 ~ 18 世纪中国资金市场发育程度问题，刘秋根发表了自己的不同看法。与欧洲相比，近代工业革命必需的金融信用制度如保险业、股票交易所等确实没有在中国形成。但是，从整体上看，适应当时经济的发展变化，中国的资金市场还是得到了相当的发育。资本的流动性已达到相当高的水平。银行、商业融资成为工商业运行不可或缺的前提条件，而股份公司、股票交易、债券等也已经萌芽。总而言之，中国社会的环境允许直接的有息货币放贷，封建国家又能较好地供应货币以维持社会政治经济秩序。庞大的文官系统征敛到足够的实物或货币，以直接的货币借贷为主的资金市场较好地适应了当时经济的运行，因而经济生活中缺乏使货币借贷走向票据化的动力。刘秋根强调，这种以直接的货币存贷为主体的资金市场（金融信用）容易被狭隘的人的关系所束缚，因而非常不利于经济运行的社会化、近代化。

20 世纪 90 年代以后，海外学人关注中国资本主义萌芽问题影响最著名的，可能要数美国加利福尼亚大学洛杉矶校区的美籍华裔黄宗智教授。他的专著《华北的小农经济与社会变迁》（斯坦福 1985 年版，获 1986 年美国历史学会费正清奖）和《长江三角洲小农家庭与乡村发展》（斯坦福 1990 年版，获 1992 年美国亚洲学会勒文森奖）先后由中华书局于 1986 年、2000 年出版。90 年代以后，他的学术方法及其观点日益受到中国学界的关注。

1991 年，黄宗智在《中国经济史研究》第 3 期发表了《略论农村社会经济史研究方法:以长江三角洲和华北平原为例》,介绍了自己的相关研究。黄宗智对比研究了华北与江南地区的情况。他发现,华北平原从清初开始,发展出相当数量的使用雇佣劳动的经营式农场。到20世纪30年代,这种农场占了总耕地面积的10%。其经营规模一般为100至200亩土地,雇佣3至8个劳动力。黄宗智曾经推测,江南地区的商品化程度远高于华北,经营式农业理应更加发展,“说不定会呈现一种农村‘资本主义萌芽’的迹象”。但是接触的材料使他感到惊奇:在江南地区,虽然明代后期雇佣劳动的经营式农业可能相当普遍,但是到了清代便逐渐衰落,到了20世纪已基本无存。整个苏、松、太地区可以说基本没有依赖雇佣劳动、规模较大的农场。经过十年的研究,黄宗智对江南地区的状况提出了这样的解释:长江三角洲的农业,通过高度商品化——主要是棉花和蚕桑——形成了一种过密型的家庭生产。花纱布经济和蚕桑经济所需劳动力要高出简单的粮食种植数倍。这种商品化本身便是劳动集约化的一个主要形式。新增的劳动力的主要来源是农民家庭的辅助性劳动力,即利用妇女、老幼及男劳力的业余时间来从事蚕桑、纺织生产。这是一种在商品生产基础上建立起来的高度“家庭化”的生产,其生命力极强,以致依赖雇佣劳动的农场无法与之竞争。在江南地区长期人口压力与商品化之下,这种家庭生产体系排除了雇佣劳动的大农场,从而形成了所谓“过密型增长”的农业体系。“过密型增长”农业的特点是可以提高总产量和总产值,但它对每一劳动日所赋予的报酬则逐渐递减,因此,是“没有发展的增长”。

对比了华北与江南的例子,黄宗智指出,江南的高度商品化所带来的不是小农经济的崩溃,而是它的进一步完备;不是经营式农场的发展,而是它的没落;不是现代式的劳动日报酬的提高,而是它的降低。尽管如此,这种过密型增长可以推动总收入的提高,可以推动商品化。它实际上是江南地区高度商品化和城市化的基础。

黄宗智特别强调了从实际到理论、再回到实际的认识方法的重要性。他批评今日经济学的主流,纯粹是对于资本主义历史经历的理想化,一些极其复杂的公式都是建立于理想化了的市场经济的前提。他还批评马克思主义政治经济学和西方新古典主义资本主义经济学同样地认为商品化必然会导致资本主义的发展，而资本主义道路之外唯一的选择是社会主义计划经济。这两大理论支配了学界对于中国农村历史发展及出路的认识。在史学界，则具体表现为通过证实国内市场的形成来证明资本主义的萌芽。

黄宗智提出，“我们需要重新考虑这个理论信条”。这是因为：市场的刺激可能是有助于经济发展的因素之一，但它绝不是促进经济发展的充分条件。中国的历史证明，商品化可能有许多不同的形式。它可能被剥削推动；可能受人口压力推动，例如过密型商品化；也可能被求生存而非谋利的动机推动，这样的商品化不一定会导致资本积累以及资本主义的发展。联系中国的实际，“我们需要了解的是，商品经济在什么样的历史条件下和在什么样的形式下才能起推动发展的作用”？

1993 年，《史学理论研究》在第 1 期转载了黄宗智原发表于英文版《近现代中国》（Modern China）第 17 卷第 3 期（1991 年 7 月）的《中国经济史中的悖论现象与当前的规范认识危机》（以下简称《悖论》），在中国史学界引起了很大的反响。

在《悖论》中，黄宗智尖锐指出，“中国社会经济史的研究正处于一场规范认识的危机之中”。其表现是：20 世纪 50 年代，在“封建主义”的模式下，学者们主要研究封建阶级关系，即地主阶级通过地租、税收和高利贷榨取农民的“剩余价值”。他们将封建经济等同于前商品化的自给自足的“自然经济”，认为紧密结合的家庭农业与小手工业阻碍了资本主义的发展。这一模式受到研究“资本主义萌芽”的学者的非难。这些学者认为明清时期充满着资本主义预兆的种种变迁。他们认为，一旦阐明了商品化和资本主义生产关系，资本主义的经济发展就不言而喻了。“资本主义萌芽论”虽然成功地冲击了“封建王朝因袭不变”的旧观点，但是并没有被新、老学者广泛接受。这一派学者将 19 世纪中国经济的落后归罪于帝国主义的入侵，而非自身的停滞趋势。这一说法很符合反帝情绪，却难以令人信服。“封建主义论”和“资本主义论"相持不下，于是青年学人便全盘搬来西方的一个又一个时髦的方法，进一步扩大了代沟。"这一情况本身就反映了中国学术界的规范认识危机"。

黄宗智认为，中国学术的主要模式源自马克思的古典理论。在这一模式下，"资本主义萌芽"说协调了斯大林的五种生产方式的公式（以及列宁的帝国主义学说）和基于民族立场的反帝情绪。与之相对，西方学术的主导模式主要来自马尔萨斯和亚当·斯密。当西方学者看到中国明清时期果真出现了亚当·斯密所想象的市场推动下的资本主义发展，马尔萨斯的因人口压力困扰而形成"传统中国"的理论便被亚当·斯密的理论所取代，而形成了"近代早期"模式。中国与西方学者争论的焦点首先是，中国经济落后的原因是封建生产关系还是人口压力。但是，在"近代早期中国"模式向"传统中国"模式的挑战中，以及"资本主义萌芽"模式对"封建主义"模式的批评中，争论的焦点转移了。在反对"传统中国"和封建"自然经济"模式时，"近代早期论"与"资本主义萌芽论"是站在同一边的。问题的焦点也因之而变为：明清经济到底是已经呈现资本主义萌芽的高度整合的市场经济，还是仍然处于前商品化时期的、停滞的经济？至于帝国主义问题，中国的"封建主义"与"资本主义萌芽"两个模式当然都强调帝国主义的破坏作用，其区别是前者强调帝国主义强化了封建剥削关系，而后者则突出帝国主义阻碍了中国资本主义的发展。中国学界的这些观点受到西方同行的"冲击—反应"模式的反驳。

在陈述了以上种种理论冲突后，黄宗智声明："我所指的规范认识的危机并非针对某一理论或模式，并非针对学术界的这一代或那一代，亦非针对中国模式或西方的学术研究。……当两个理论体系长期地各以对方来为自己下定义时，一方的危机便足以提醒我们去考虑是否是双方的共同危机。当前的规范认识危机要从两代人和两种表面对立的模式和理论体系的共同危机的角度来解释。"

黄宗智重申了自己关于明清时期社会经济发展态势的研究结论。从 1350 到 1850 年的五个世纪中，中国蓬勃的商品化是无可怀疑的事实。但是,农民的生产依然停留在餬口的水平。这一悖论现象对马克思与亚当·斯密理论的共同认识——商品化与近代化有着必然联系——提出了疑问。马克思与亚当·斯密都没有考虑到“没有发展的增长”和“没有发展的商品化”的可能。黄宗智用“过密型增长与过密型商品化”理论来解释一系列的“悖论现象”:蓬勃的商品化与餬口农业的长期并存;没有发展的增长的长期持续;城市工业化与乡村不发展的并存。此外,他还分析了明清历史中的其他悖论现象,如:分散的自然经济与整合的市场;没有公民权利发展的公众领域扩张;没有自由主义的规范主义法制;等等。

黄宗智最后论道:当前中国史研究中的规范认识危机是全世界历史理论危机的一个部分,这一世界性的历史理论危机是随着冷战的结束和资本主义与社会主义尖锐对立的终结而出现的。“我们现在的目标应立足于建立中国研究自己的理论体系,并非是退回到旧汉学的排外和孤立状态,而是以创造性的方式把中国的经验与世界其他部分联系起来。”

《悖论》一文在中国问世,激起了学界十分热烈的回应。《史学理论研究》、《中国经济史研究》、《近代史研究》、《中国农史》等刊物相继发表了多篇评介、争鸣的文章。1993 年 12 月,《史学理论研究》、《中国经济史研究》和《中国史研究》编辑部联合召开座谈会,30 余位专家学者到会,围绕黄宗智的《悖论》一文及其学术思想展开讨论①。

林甘泉肯定,《悖论》不套用西方经验模式而立足于中国历史实际建立相关理论的思路是正确的。虽然我们可以不同意黄宗智的“过密型商品化”导致明清以来“没有发展的增长”的观点,但是我们却不得不承认这个说法比以往西方学者“停滞的传统的中国”的旧观念要高明得多。黄宗智的研究触及我们过去资本主义萌芽研究中的一个弱

① 由李向军执笔的会议讨论综述《历史反思与理论构建》,发表于《史学理论研究》1994 年第 1 期。另外,庞卓恒、侯且岸、高寿先、秦晖等在此次座谈会上的发言发表于《史学理论研究》1994 年第 2 期。

点，即只注意有没有资本主义萌芽，而忽视了用更多的力量去考察这种萌芽为什么没有成长起来。另一方面，林甘泉也指出，帝国主义侵入中国是历史事实，因此，黄宗智批评中国学者所认为的帝国主义入侵妨碍了中国的近代化是“悖事实的争辩”就是不正确的。黄宗智的“发展”概念，只着眼于劳动生产率的提高，而完全排除了社会制度的变革。按照他的逻辑，中国从明清直到20世纪80年代都是只有“增长”而没有“发展”的社会，而这个社会是与近代化无缘的。这种观点我们当然不能接受。且不说按黄宗智要求的，准确地计算出各个历史时期的“单位工作日劳动生产率”的实际难度有多大；他以“单位工作日劳动生产率”是否提高来确定一个社会是否“发展”，这本身也是一种“规范认识”，而这种“规范认识”显然有很大的片面性。

李伯重指出，黄宗智是与国内学术界联系最为密切的美国学者之一，但他终究生活在海外，对国内学术流派的划分，只能是粗线条勾描，对国内两代人学术倾向的评述，也不可能全面细致。《悖论》将以往研究中的一些观点集中浓缩为几种流派而加以批评，这种做法在美国学坛上是常见的。尽管黄宗智的做法可以理解，但是从国内学者的立场来看，他的概括还是有简单化、绝对化之嫌。

马克垚批评黄宗智把“商品化必然导致近代化”作为一个“规范认识”未必恰当。把封建经济看成纯粹的自然经济是一种西欧模式，但晚近的研究证明西欧也并不如此。所以，一些学者已主张封建经济是一种二元经济。我国学者近年来根据中国经验，开始重视商品经济在封建社会中的作用。至于“过密化”，不是中国独有的，而是世界各地传统农业都曾发生过的现象。

李根蟠认为，对黄宗智强调的“过密化”，不宜笼统地肯定或否定。所谓“过密化”或“内卷化”，实际上是指农业劳动投入在一定限度内可促进生产发展，超过这一限度，就会发生单位劳动报酬递减的现象，形成一条抛物线。这是以技术不变、土地等农业资源数量和利用程度不变为前提的。其实，农业中其他生产要素的投入也会发生类似的情况。实际上，我国传统农业发展过程中，资源利用与技术手段并非一成不变。一旦农业资源利用向深度和广度进军，农业技术进步，所谓边际劳动报酬递减的趋势就会中断或减缓，抛物线就会变为波状曲线。因此，在人口增加的情况下，农业劳动边际报酬递减的现象虽然时有发生，但毕竟不是一个普遍的、持续的过程。另外，农业劳动生产率如何估算是个复杂的问题。宋代以前农业劳动生产率有增长，大概不成问题。明清的情形则分歧较大。清前期以后，人均占有粮食数量下降。但是农民实行多种经营，其劳动生产率不应单看人均粮食的生产量。不过，明清以后农业劳动生产率不高，与土地生产率相当高的状况形成明显的反差，则无疑问。因此，明清以后的农业应是发展与制约并存，或者说发展与不发展并存。①

庞卓恒在《新的研究路线的开拓》②中，赞成黄宗智的揭示：各派学者面对中国经济史中的悖论现象陷入的两难困境，源自"商品化必然导致近代化"这一"规范认识"；不摆脱它的束缚，就无法摆脱困境。黄宗智关于"过密型商品化"的论证是有充分的史实依据的。不仅他本人的著作，而且近年中外学者的大量研究成果都足以支持这一论证。"过密型商品化"现象的产生原因，黄宗智认为"来自人口对土地的压力，田场面积的缩减使农民趋于过密化"，这固然有一定道理，但也未必尽然。要摆脱"过密化"和"餬口经济"的困境，除了缓解人口压力，还必须解决分配不均和剥削苛重的问题。这样才能提高农民的劳动生产率和单位工作日报酬，进而促进非农产业的发展和现代化的起步。

侯且岸在《资本主义萌芽·过密化·商品化》③中称赞道，黄宗智敏锐地抓住了农业劳动生产率这一中国学者所忽视和难于深入的薄弱环节，从理论与实践的结合上做了艰苦的探索和学术延长。他移植了经济人类学家克利福德·格尔茨(Clifford Geerts)的"农业过密化"(也称"农业内卷化")的理论来研究中国的农村经济特点，其内容为：

---

①　以上林甘泉、李伯重、马克垚、李根蟠的观点均见李向军执笔的会议讨论综述《历史反思与理论构建》，载《史学理论研究》1994年第1期。

②③　载《史学理论研究》1994年第2期。

1."过密化"的概念是以单位劳动日边际报酬递减为代价换取单位面积劳动投入的增加;2."过密化"的形式主要表现在长江三角洲地区扩大经济作物的种植经营;3."过密化"的动力来源是日益增长的人口压力;4."过密化"的商品化是非质变性的商品化;5."过密化"阻碍了通过资本化提高生产率的发展道路。侯且岸肯定黄宗智研究是一个成功的范例,对于深入分析中国农业资本主义萌芽发展迟缓的原因提供了新的认识视角和方法论启示。另一方面,侯且岸又批评黄宗智的研究"同样带有一种西方学者的偏见",即认为中国社会长期停滞,中国经济本身不具备发展资本主义的内在动力。侯且岸认为,在中国史研究领域,并不存在所谓"封建主义研究模式"与"资本主义萌芽研究模式"的根本对立。黄宗智设想商品经济与资本主义没有必然联系,"未免过于武断"。我们既不能在研究中片面地把商品化视为资本主义经济发展的唯一条件,又不能否定商品经济、商品生产与资本主义经济的内在联系。就商品经济本身而言,中国封建社会内部的商品经济发展缓慢,明清以来确实未能形成一种类似西方的发达的市场经济。其中的原因很值得研究,但是,我们不能以此为例来证明商品化不能导致资本主义。

高寿仙的《过密型增长的极限与中国经济变迁的趋向》①,在肯定黄宗智用"过密型增长"等概念来描述明清以来中国经济的发展特征的前提下,继续追问:"过密型增长的极限在哪里?打破过密型增长的契机是什么?"

高寿仙从"农业本身变迁的可能性"与"农业社会转变为工业社会的可能性"两方面进行了分析。关于"农业本身变迁的可能性",技术方面的突破几乎是农业生产率大幅度提高的唯一出路,这方面的巨大障碍不是技术需求不足,而是技术供给不足。其原因,主要是中国未能形成一套有效的社会政治制度、特别是所有权制度以使技术创新者获取收益,抑制了创新的动力和热情。关于"农业社会转变为工业社会

① 载《史学理论研究》1994 年第 2 期。

的可能性”,技术落后、资金不足等不是妨碍工商业充分成长的主要因素,关键是缺乏一个有效的保护制度。中国的问题在于不能依靠法律完全有效地保护信用和私人财产所有权,因而抑制了资本主义技术性格(资金的广泛流通、超越个人关系的经营方式和雇佣关系、技术上的支持因素通盘使用)的充分展开和社会经济的发展。总之,中国经济发展的根本问题不应仅在经济领域寻找,而更应在制度方面着眼。黄宗智否认农业商品化与经济结构的质性变迁之间的关系,虽然有助于纠正以往大多数学者在这个问题上的偏见,但似乎过于绝对化了。在研究中国这样的政治力量绝对强大的社会的经济问题时,把以人均劳动生产率和经济总量作为判断经济能否实现起飞的主要的甚至绝对的指标,容易造成误解。制度因素的变化更应受到充分重视。必须把明清以来的中国社会视为一个趋向现代化的变化的连续系列:一方面,它是一个独立的实体,内部传统既制约着现代化,又不断适应现代化;另一方面,它又处在许多外部力量的强大影响之下。中国逐步接受现代化目标和模式在很大程度上是源于外部社会的,但中国在实现这一目标的过程中所面临的问题却是内在的。

值得注意的是,胡成从“理论突破和更深一层的认识障蔽”的意义平台上,质疑了黄宗智的研究①。

胡成认为,就中国资本主义萌芽问题的研究而论,“真正意义上的理论突破,是90年代初黄宗智先生的研究”。黄氏的研究受到了各种批评,其“难以绕过的问题”是:他从中国的历史实际出发,主张以一种多样化的标准去思考中国社会的发展,为什么结论仍是江南近6个世纪的发展,从经济基础到上层建筑都没有出现实质性的变化。这一结论和以往认为中国停滞、“没有历史”的观点,到底有何区别?胡成指出,这里存在一个更深层次的认识障蔽:就像学术史上经常出现的那些目察秋毫而不见睫者,黄宗智在批评传统认识规范和信念的同时,又受

① 胡成:《“资本主义萌芽”与本土化研究的思考》,载《史学理论研究》1999年第2期。

到传统认识规范和信念的限制，不得不返回自己正在力图超越的那个批判对象。首先，他在思维结构上，仍然是以简单的线性结构剪裁复杂的历史现象。为了证明“商品过密化”，对以往的研究成果，多取其商品化的繁荣，而忽略被广泛论及的农业商品化发展以及相应的租佃关系、阶级关系的变化。另一方面，则多强调人口压力和农村经济的低效率，而忽略了高度商品化的小农经济对人力、物力的最大利用，以及繁荣的江南社会所达到的经济规模和生产能力。其次，在叙述语言上，黄宗智重复着传统认识规范和信念中的二元矛盾对抗，即农业与手工业、乡村与城镇、小农经济与市场经济都是有此无彼的对立存在。但是，实际情况却并非总是那么矛盾，很多情形倒是城镇经济的繁荣须以农村经济、特别是经济作物的发展为依托。中国社会的农业与手工业、乡村与城镇、小农经济与市场经济作为重叠和互动的统一体，互推互挽，相得益彰。

针对黄宗智非常强调的“中国实际”，胡成批评道，黄氏的“中国实际”仅仅是具体的史实和实地考察的切身感受，而理论框架和解释体系仍是西方人类学和经济学的，因而叙述和结论自然也就难以摆脱西方模式的制约。胡成认为，“中国实际”应当包括中国固有的学术思想和认识方法，包括 20 世纪以来资本主义萌芽研究的进展和积累，包括马克思主义在这一研究中的经验和教训。总之，对“中国实际”进行恰当的时代定位，是确立本土化的理论框架、用符合中国实际的研究范式解释中国社会历史的可行思路之一。这不是重走封闭的、中西对立的老路。我们不能再满足于对“资本主义萌芽”的线索或规律的描述，而应将主要注意力转到探寻明清时期中国社会经济发展的多元结构，及其极为丰富的历史文化内涵。

黄宗智的学术观点受到中国史学界的持续关注，还因为他与“加州学派”[①]的重要学人彭慕兰(Kenneth Pomeranz)之间在《历史研究》上开展的学术争鸣。

2000年,彭慕兰在普林斯顿大学出版社出版了《大分流:欧洲、中国及现代世界经济的发展》(The Great Divergence: Europe, China, and the Making of the Modern World Economy)[②]。该书比较了19世纪以前东亚(中国)与欧洲(西欧)的经济发展进程。彭慕兰批评了强调19世纪中期以前欧洲在生产力方面存在内生优势的传统观点,认为西欧的人口—婚姻体系没有形成更好的生育控制,西欧人的寿命也不比其他区域的人更长。没有什么资料可以显示西欧的积蓄资产更多或具体化为决定性的全面技术优势。其土地和劳动要素市场并不比中国的市场更自由而有效。另一方面,中国的家庭劳动利用模式与西北欧模式同样可以对变化中的机会和价格征象作出反应。因而,西欧最发达地区远非独一无二的。它们与欧亚大陆其他人口密集的核心区域有着共同的重要经济特征——商业化,商品、土地与劳动的互相修正,市场驱动的发展,家庭根据经济趋势对其生育和劳动力配置的调整。[③] 彭慕兰认为,迟至18世纪中叶,西欧的生产力或经济并没有独一无二的高效率。包括亚洲在内的这个世界没有什么地方必然会向工业突破发展。与其把16到18世纪其他先进经济看做“没有成功的欧洲”的实例,倒不如把这一阶段的西欧看做一种并不特殊的经济可能更为合理。对西欧而言,18世纪后期特别是19世纪意料之外的重要断裂使它能够突破能源和资源的利用限制时,它才成为一种幸运的反常。[④] 彭慕兰强

---

① “加州学派”的学者大多曾在美国加利福尼亚州各大学任教或访学,相互之间保持着密切的学术交流与合作,故名“加州学派”。关于此派的情况,可见周琳《书写什么样的中国历史——“加州学派”中国社会经济史研究述评》,载《清华大学学报》哲学社会科学版2009年第1期。

② 该书的中文译本由史建云翻译,于2003年由江苏人民出版社出版。

③ 见《大分流:欧洲、中国及现代世界经济的发展》,江苏人民出版社2003年版,第100页。

④ 见《大分流:欧洲、中国及现代世界经济的发展》,江苏人民出版社2003年版,第193~194页。

调，当煤、蒸汽和机械化打开了巨大的新技术的潜能时，西欧（特别是英格兰）处在一个可以使它们资本化的独有的位置上。新大陆未开发的资源实际上消除了土地的制约。它们有更高的生活水平和更强的军事能力，手工业的规模更为广阔。最早的工人来自于原始工业，而不是来自于农民阶级。彭慕兰总结道，在解释西欧核心地区为什么能取得独特的突破、并成为19世纪新世界经济的特权中心时，市场以外的力量和欧洲以外的关联应该占据重要地位。因此，我们与其去追寻工业化前夜真正独立的实体之间的差异，不如去了解先前已存在的关联在使这些差异产生时起的重要作用。①

黄宗智不同意彭慕兰的基本看法，在《历史研究》2002年第4期发表长篇书评《发展还是内卷？18世纪英国与中国》，提出商榷意见。

黄宗智称彭慕兰关于欧洲发展与中国内卷之间的“大分岔”是在1800年以后才出现的观点“颇具吸引力”。但是，彭书轻视关于具体生活和生产状况的知识，偏重理论和书面数字，以致在论证中出现了不少经验性错误。彭慕兰没有认真对待近20年来西方研究18世纪英国的主要学术成就，把农业革命、原始工业化、城镇发展、人口行为转型、消费变迁等五大革命性的变化尽量写成是内卷型（即劳动边际报酬递减）的演变，同时又把长江三角洲经历的人口对土地的压力描述为发展型（即劳动边际报酬递增）的变化，结果抹杀了两者之间的差异。黄宗智认为，“18世纪的英格兰和长江三角洲实际上是贯穿欧洲与中国之间从发展到内卷这一连续体的两个极端”。这是“两种比照鲜明的经济”。英国农业单位土地面积上的劳动投入比长江三角洲低得多，其平均农场规模是后者的100倍，平均农业用地是45倍。从综合条件看，英国在1800年时比世界其他任何地区都更具备现代农业和工业发展的条件。长江三角洲地区则迥异于此。这里单位土地上的劳动密集化和内卷可以说已经达到全球极高的程度。内卷式增长使这里成为中

① 见《大分流：欧洲、中国及现代世界经济的发展》，江苏人民出版社2003年版，第267～278页。

国最“发达”的地区。这体现在单位面积的产出及其支持复杂的城市网络、发达的国家机器和成熟的精英文化的能力。但是，在这里我们看不到引起英国工业革命的五大变化的任何迹象。在中国或长江三角洲，历史呈现出的，不是 19 世纪工业革命的源头，而是 19 世纪巨大的社会危机的根源。

一年以后，彭慕兰在《历史研究》2003 年第 4 期发表了数万字的长文《世界经济史中的近世江南：比较与综合观察——回应黄宗智先生》，进行了答辩与反驳。

彭慕兰说，黄宗智认为“我坚持在江南和英格兰之间寻找严格的经济平等和极端紧密的制度相似性，但我并没有这样做”。对于中国农业的劳动密集引起的问题，彭、黄的分析有一些共同的基础；不同之处在于，黄视此为支配了中国历史 600 多年的根本动力，而彭则认为它是在一个具体的时刻才成为一个问题，这一时刻出现了科技选择的机会，同时在其他时期起过作用的某些缓和因素却突然消失。彭慕兰声明，“我也没有如黄所断言的那样，竟然认为英格兰和江南之间的重大差异出现在 1800 年前夜”。

对于黄宗智论述的江南农业的密集化，彭慕兰批评道：1. 黄注重的是单位面积土地的劳动投入，而更重要的是劳动投入与产量的比率。2. 他把成年男性、女性和儿童劳动不加区别地加在一起，好像他们有同样的生产率。3. 黄省略了进一步计算一个具体产量中有多少是一日劳动本身的报酬而不是土地或资本的报酬，这导致了巨大的累积错误。黄的相对劳动密集度估计中有一些数值错了 10 倍以上。

关于黄宗智十分强调的“内卷化”，彭慕兰指出：1. 这一概念定义不当，把其他社会，甚至先进的工业经济共有的现象当做了中国特有的经济现象。2. 在论证 18 世纪的江南不像英格兰时，黄宗智忽视或弄错了一大批研究 18 世纪英格兰的著作的结论。那些著作表明，人均收入的增长相当小，而劳动力则有实质性的增长，在 18 世纪大多数时候，实际工资大概都是下降的。3. 黄宗智曲解了彭慕兰关于纺织业收益的观点。18 世纪的价格和收益的数据支持了彭而否定了黄的观点。4. 黄宗智关于一天织布工作能够挣到的粮食数量的计算点错了一个小数点。实际上,无论使用什么价格,织布工作的赢利都是他说的 10 ~ 15 倍。彭慕兰强调,内卷化不可能简单地指劳动在一个具体时刻增加时其报酬下降,总生产要素边际报酬递减才是标准。内卷化也不可能只意味着人们用劳动代替其他生产要素这一种情形。这要视面对一项具体任务的人面临的具体技术、价格和其他条件而定。无论这些具体情形如何,节约劳动和使用劳动都不是社会的总体特征。因此,要让内卷化这个术语有任何可用的内涵,它就不能只显示边际报酬递减,而必须指两种现象中的一项或两项。一个可能是,它指的是一个经济整体中劳动的平均报酬随着时间的推移而下降;另一种可能是,它指的是劳动不断增加,在一个特定时刻终于增加到看起来荒谬的程度,以至于没有人会为这种劳动支付维持最低生活的工资。彭慕兰承认每日实际工资长期下降的情况在中国确实发生过,但仅靠这一点,“几乎不可能说明中国走在一条根本不同的前途渺茫的道路上”。

彭慕兰进一步申明自己的观点:在现代早期的欧洲和中国都能看到动力和危机共存,因此需要避免片面地在欧洲只看到动力,在中国只看到内卷及发展中的危机。他批评黄宗智没有注意到中国和欧洲原始工业化中的共同因素,“在这个世界的一个部分只看到进步,在另一个部分只看到停滞”。彭慕兰推测,18 世纪末是一个关键时刻,部分是由于江南/中国正在遭遇全国范围内更严重的市场生态平衡问题,而与此同时,英格兰/欧洲发现自己正处于这样一个世界:矿物质燃料、虚拟土地和新技术缓和了以前严重的土地制约。诸多因素没有一个能单独决定这些社会的命运。“我以为至少欧亚大陆的两端直到 18 世纪末,经济方面还有很多相似之处这个一般性概念将经受住长久的验证。把中国和欧洲放回根本隔离的‘发展’与‘内卷’范畴中,坚持认为只有它们之间的差异才有关系,或坚持这些范畴在几乎其他一切事物都发生了变化的 600 年中一直维持着它们的相关性,解决不了任何问题。”

细心的读者不难发现,黄宗智与彭慕兰争论的核心问题是对“内卷化”的理解及其实际理论效用的分析。在这一点上,国内学人也发表了研究的心得。

刘世定、邱泽奇在《"内卷化"概念辨析》①一文中指出，随着黄宗智相关著述的面世，"内卷化"概念的使用领域不断伸展。但是，学界对于这一概念的意义内涵，远未达成共识。20世纪50年代，美国麻省理工学院国际研究中心组织了对印度尼西亚的多学科考察研究。格尔茨(Clifford Geerts)在实地研究中发现，与外岛的一些地区借助于技术生产越来越向资本密集型方向发展不同，爪哇岛的一些地方，由于缺乏资本，土地有限，加之行政性障碍，无法将农业向外延扩展，致使劳动力不断填充到有限的水稻生产中。在概括这一过程时，格尔茨使用了"农业内卷化"概念。其内涵是：1."内卷化"是指一个系统在外部扩张受到约束的条件下内部的精细化发展过程；2."农业内卷化"是指在资本、土地资源被限定的条件下，劳动力持续地被吸收到农业中获取收益、并使农业内部变得更精细、更复杂的过程；3.特别值得注意的是，这一劳动力持续投入的过程，并不意味着劳动的边际生产率递减。

刘世定、邱泽奇批评黄宗智对格尔茨"农业内卷化"概念的注解是错误的。首先，格尔茨强调的是在资本和土地被锁定的条件下，劳动力持续投入所导致的农业生产内部精细化过程，而不是劳动的边际生产率的变动趋势；其次，格尔茨也说到了边际生产率，但他注意的恰恰是其"稳定地维持"，而不是其递减趋势。简言之，"农业内卷化"与边际劳动生产率的变化无关。

在进行了详尽的技术分析之后，刘世定、邱泽奇指出：1.黄宗智误解了格尔茨的"农业内卷化"概念，将劳动的边际收益引入其中，改变了分析的基本方向。2.黄宗智的研究难以自圆其说。如果将内卷化定位于劳动的边际收益递减开始之际，那么便和他本人关于不能简单用微观经济学中的厂商理论来解释的主张相矛盾；如果将之定位于资本主义企业的边际劳动成本(雇佣劳动价格)和边际收益相等之处，则存在作为参照体系的雇佣劳动市场以及价格的确定难题。3.当黄宗智用

① 载《社会学研究》2004年第5期。

劳动投入增加下的单位劳动日报酬降低来界定内卷化概念时,事实上已经严重偏离了他从经济学中拿来的“劳动的边际报酬递减”概念的含义。4.由于改变了其他投入不变的前提并引入了不同生产过程的比较,因此黄宗智用平均报酬递减来技术性地替代边际报酬递减的处理方式是站不住脚的。5.黄宗智运用内卷化来解释“没有发展的增长”也存在严重问题。如果在不同年份中劳动力存量相等,则所谓“内卷型增长”是不存在的;如果新年份的劳动力存量大于以往年份,虽然在严格限定的条件下可能出现增长,但这又与黄宗智关于内卷型增长以劳动力过剩为前提的论点相矛盾,而且难以支持他解释长期增长的意图。

20世纪90年代以后,海外学者以新的研究视角和系统理论加入到资本主义萌芽问题的讨论中来,这是值得庆幸的学术新气象。虽然我们不见得同意、或者根本反对他们的研究结论,但是,这“另一只眼”看萌芽的事实本身,已经昭示了学术探索正向深度与广度拓展。更重要的是,海外学人的研究从方法论层面给予中国学术界的启示,十分有利于资本主义萌芽问题的讨论超越单一、狭隘的生产关系视野,而给予生产力这个马克思主义唯物史观非常重视的因素以更多的关注。

四、中国气派的“江南道路”

20世纪90年代以后,资本主义萌芽研究的最重要进展是李伯重关于“江南道路”的深入探讨。他的研究成果主要包括《唐代江南农业的发展》(农业出版社1990年版)、《江南的早期工业化(1550~1850年)》(社会科学文献出版社2000年版)、《理论、方法、发展趋势:中国经济史研究新探》(清华大学出版社2002年版)、《明清江南生产力研究》(台北联经出版事业股份有限公司2002年版)、《多视角看江南经济史(1250~1850年)》(三联书店2003年版)及若干论文。

李伯重所谓的“江南”,具体指的是明清时代的苏、松、常、镇、应天(江宁)、杭、嘉、湖八府及由苏州府划出的太仓州。这一地区亦称长江三角洲或太湖流域，总面积约4.3万平方公里，在地理、水文、自然生态以及经济联系方面形成一个整体。李伯重援引施坚雅关于经济区特征的归纳，陈述了上述八府一州构成一个完整经济区的依据：首先，太湖水系的水路网络将此地连成一体。其次，明清时期，这里已经存在几个具有高层中心地功能的大中商业城市——苏州、南京、杭州、松江（明）—上海（清），而八府一州就是它们的基本经济腹地。再次，有一个中心地苏州高居于其他各中心地之上。最后，明清时期，这里已经形成了一种具有核心—边缘关系的地域分化结构。苏州是该地区的中心，在此周围，由南京、杭州、松江（明）—上海（清）构成了一个三角形的核心区。此核心区内集中了八府一州内的大多数城镇、人口与工商业，而在此核心区外的其他部分（太湖以西的宁镇丘陵和浙西山地）在经济上依附于核心区，属于边缘地带。李伯重同时又指出：这个经济区不同于施氏标准界定的一大特点是，此地区内一些大城市（苏州、南京、杭州）的商业腹地，大大超出了地区边界，因此，这个经济区同时也在全国处于中心地位，具有“开放”的特点。①

集中显示李伯重研究的核心观点与学术价值的论文是发表于《历史研究》2001年第1期的《英国模式、江南道路与资本主义萌芽》（以下简称《江南道路》）。

《江南道路》首先分析了20世纪90年代以后资本主义萌芽研究明显“降温”、盛况不再的原因。从内部原因看，资本主义萌芽研究的理论构架已完全定型，史料发掘方面也没有突破，从某种意义上讲，研究已达顶点。从外部原因看，以往资本主义萌芽研究所赖以进行的理论基础——五种生产方式论，受到质疑，成为需要重新探讨的问题。但是，中国资本主义萌芽研究是我国经济史学的重要组成部分之一。我们不能眼看它逐渐“淡出”史坛而无动于衷。李伯重指出，资本主义萌芽问题赖以成立的理论基础的关键，是英国模式及其在世界历史上的

① 《“江南地区”之界定》，见《多视角看江南经济史（1250～1850年）》，三联书店2003年版，第448～457页。

普遍性问题；而明清时期的江南社会经济状况又在我国资本主义萌芽研究中具有特殊地位。因此，讨论英国模式与江南道路之间的关系以及英国模式与资本主义萌芽理论之间的关系，就有了非常重要的学术价值。

关于英国模式的重要性、普遍性与特殊性，李伯重论道：西欧资本主义发生、发展的道路，实际上是以英国经验为基础的。英国模式的核心，就是工业革命所体现的经济变革。这一模式之所以在世界经济史研究中具有特别重要的意义，主要是因为两点：其一，在世界所有国家（或地区）中，只有英国是“自发”地从传统农业社会过渡到近代工业社会的唯一事例。其二，英国从传统农业社会向近代工业社会成功转变的经验，与马克思再生产理论所揭示的普遍规律相一致。扩大再生产中，生产资料生产扩大的速度快于生活资料生产扩大的速度（即所谓“煤铁革命”）这一变化，存在于任何国家（或地区）的传统农业经济向近代工业经济转变的过程中，但只有在英国表现得最为清楚。从此意义上讲，以英国经验为基础的近代工业化模式，正是马克思再生产理论所揭示的那些普遍规律的具体化。因此，对于明清中国经济的发展来说，使用英国模式作为最主要的参照是非常必要的。

李伯重同时又指出，虽然英国模式具有普遍意义，但是作为一个具体的历史现象，英国经验又有其特殊性。世界众多国家里，只有英国是“自发地”发展到近代工业化的唯一例证，因此其经验本身就十分独特，不可能为其他国家（或地区）所具有。近年来欧洲经济史研究的最新成果已经充分证实，英国模式的特殊性表现为从“发达的有机经济”向“以矿物能为能源基础的经济”的转变。近代早期西欧先进国家荷兰和法国，就是由于不具备这种转变的条件，因而难以自行出现工业革命。李伯重赞同查尔斯·蒂里（Charles Tilly）的说法，即 19 世纪的近代工业化是完全无法预见的。假若我们身处 1750 年，最可能预见的城乡劳动分工是：城市里聚集了食利者、官吏和大资本家，他们从事于贸易、行政和服务，而不从事工业。我们还可以预见到农村有一个不断发展的无产阶级，从事农业和工业。“这种前景与其说与我们想象中的

18 世纪工业革命前后欧洲的情况相像，倒不如说与明清江南的情况相像。”据此，李伯重的结论是：英国模式对于其他国家（或地区）近代工业化的研究，如果从所体现出的再生产规律而言，它有普遍意义；但是如果作为一种具体的发展模式来说，它又没有普遍意义。

关于中国的“江南道路”与英国模式是相符还是相悖的问题，李伯重明确判定：英国模式不适用于明清江南。近代早期的英国，以煤铁工业为主干的重工业急剧发展。煤是英国财富的最大来源。英国是当时世界上唯一能够把棉纺织技术、采煤和炼铁技术、蒸汽机以及巨额的对外贸易结合起来，使自己走向近代工业化的国家。而明清江南经济发展的情况，与英国恰好成为鲜明的对比。明清江南工业发展最主要的特点之一是，重工业畸轻而轻工业畸重，从而形成一种“超轻结构”。规模庞大的轻工业加上同样甚至更为庞大的农业，生活资料的生产占了社会生产的绝大比重，以重工业为主的生产资料生产在社会生产中所占比重十分微小。而且，随着江南工业的发展，这种畸轻畸重的情况还日益加剧。因此，英国模式并不符合明清江南的现实。

李伯重提出，推动明清江南经济发展的最主要的力量，应当是劳动分工和专业化的发展。这种推动力量被称为“斯密动力”。斯密认为，经济发展的动力是劳动分工及专业化所带来的高生产率，即每个人生产其最适宜生产的产品，然后与人交换，从而在市场上获得较大的利润。因此，贸易既是劳动分工与专业化的条件，同时又以劳动分工与专业化所体现出来的相对优势为基础。“斯密动力”所导致的经济成长被称为“斯密型成长”，其特征是没有技术方面的突破，市场的容量就是这种成长的极限，所以无法导致近代工业化。“斯密型成长”模式下的明清中国经济里的劳动分工和专业化，一是工业与农业之间的分工与专业化，二是地区之间的分工与专业化。在明清时期，中国国内市场不仅在规模上，而且在扩大的速度上都大大超过欧洲。在绝对规模上，明清中国国内市场比英国及其殖民地所形成的大英帝国市场更大。江南地区能够从这个庞大的国内市场中充分享受到地区劳动分工和专业化的好处。此外，在以中国为中心的东亚贸易圈里，江南也处于中心地位，是东亚地区高附加值的轻工业产品的生产中心。因此，到清代中期，由地区劳动分工与专业化推动的江南经济，还有很大的发展空间。我们可以有把握地说，如果没有西方的入侵，江南经济将继续沿着既定的方向发展下去。

继续发展的明清江南经济会不会走向近代工业化？李伯重的看法是："这种可能性是存在的，但是很小。"他分析道：制约江南扩大再生产发展的主要因素是能源与材料的紧缺。如果能够大规模、有保障地输入廉价煤、铁，江南也并非没有可能走向近代工业化。在中国地区分工的体系内，随着东北、华北的进一步开发和南北海上贸易的加强，江南确有可能获得扩大再生产所必需的生产资料，从而实现由"发达的有机经济"向"矿物能源经济"的转变。不过，由于这个前景只能在中国主要地区的共同发展中实现，因而存在着许多不确定的因素。因此，这种可能的前景即使能够变成现实，也将是一个复杂和长期的过程。

关于资本主义萌芽理论、英国模式与明清中国经济发展进程之间的关系，李伯重认为，在以往资本主义萌芽问题的讨论中，大多数学者都坚信明清中国经济的发展走的是一条与近代西欧（英国模式）相似的道路，最终必将发展为资本主义近代工业化。而这恰恰是有疑问的。首先，以往学者所默认的西欧道路对中国历史的普遍意义，并未经过验证，只是盲目套用英国模式。其次，作为资本主义萌芽理论核心的历史发展观，是建立在对英国经验及模式的过时认识的基础之上。其主要认识偏差是误认为英国经验表现了一种历史的必然。再次，资本主义萌芽理论自身也有严重的缺陷。这一理论虽然也谈生产力，但是其研究的主要着眼点是生产关系。在这一理论指导下的研究中，生产力实际上没有多大的地位，而生产关系则被视为推动社会生产大发展的决定因素。似乎只要生产关系不断变化，萌芽状态的资本主义就可以发展成为成熟的资本主义。这种"唯生产关系论"，无论在逻辑上还是在事实上都是讲不通的。最后，以上种种问题的要害，是西方中心主义史观的支配。

在《江南道路》的结尾处，李伯重呼吁，我们要"挽救"曾在现代中国史学的发展史上起过重要作用的资本主义萌芽研究,必须放弃积习,重新思考相关理论的基本原理。否则,这项曾经风光无限的研究,将越来越被冷落以致被人忘记,“这样的前景,将会令我国的史学工作者感到无限怅惋”。

也正是为了避免这种局面的产生,90 年代以后,李伯重坚持在明清江南地区经济发展的研究领域辛勤劳作,取得了令人瞩目的成绩。

李伯重非常重视经济史研究方法的科学性与有效性。他的《“选精”、“集粹”与“宋代江南农业革命”》①检讨了传统经济史研究方法,批评“选精法”和“集粹法”所得出的“宋代江南农业革命”的结论,不符合历史的事实,而只是一种“虚像”。所谓“选精法”,即从有关史料中选取据信是最重要、最典型者,来概括全面。这一方法常被用于宋代江南亩产量研究(如水稻最高亩产六七石)和技术进步(如占城稻的引进和江东犁的发明)研究中。而所谓“集粹法”,即在对发生于一个较长时期或较大地区中的重大历史现象进行研究时,将与此现象有关的各种史料尽量搜寻出来,从中挑出最重要、最典型者,集中到一起,合成一个全面性的证据,然后以此为根据,勾画出这个重大历史现象的全貌。这一方法在亩产量研究中运用最为普遍。李伯重指出,“选精法”和“集粹法”之所以会导致“虚像”,是因为它们选取例证的“代表性”很难得到确证。对宋代江南亩产量的估算从 1 ~2 石到 2 ~3 石再到 6 ~7 石,彼此相差两三倍。对亩产量的增长幅度,有人说没有增长,有人却说增加了 120% 。“对同一对象的数量评估如此悬殊,很难令人相信有一个客观的情况存在。由此可见,要用‘选精法’和‘集粹法’得出正确的结果,确实十分困难。”李伯重分析道,“选精法”和“集粹法”的使用者在选取例证时忽视了重要的一点:在将某一现象作为具有代表性的现象去概括其他现象之前,必须首先对所涉及的各个现象作认真的分析,看看它们各自的具体情况是否确实具有相似性。另外,“选精法”和“集粹法”在处理有关例证时,往往将其作为超然的例子,使之脱

① 载《中国社会科学》2000 年第 1 期。

离了其赖以存在的具体环境(或脱离与之有密切关系的具体条件)。这也是不正确的。

李伯重认为,历史学和经济学的方法是经济史研究的两大基本方法①。

传统历史学长于现象描述。在清晰描绘经济实践过程方面,没有其他方法可以取代史学方法。定性分析经济制度、经济事件,也是史学方法的优势所在。史料学和考据学的方法,对经济史研究也具有极重要的意义。当然,传统史学方法也有先天不足之处,这就是:线性罗列史例,缺乏整体性、结构性研究;强调研究对象的特殊性,而不研究一般模式和普遍规律;考察史料时采用归纳法和实证论,这种经验主义的方法不能在逻辑上肯定认识的真实性;在解释史料时,多凭史学家的主观推理;往往根据道德、伦理取向评议是非,臧否人物;脱离自然科学和社会科学来研究历史。

经济学的方法不仅仅是统计学的方法。经济学方法之所以重要,首先是因为它为经济史研究提供了主要的理论框架。从经济学的一般原理出发,我们可以对经济史上的一些问题作出更为合理的解释。另外,经济学方法对于比较具体的问题的解答,如计算亩产量,也非常重要。当然,经济学方法也有自身的适用范围。例如,计量分析是经济学的优势,但并非任何经济现象都可以"量化"。

李伯重强调,两大基本方法以外,经济史研究还应当借用其他学科如政治学、社会学、社会心理学、人口学、社会地理学的方法。为了使我们对过去经济实践的认识尽可能地全面,必须从尽可能多的视角来研究它。只有把史学内外的各种方法结合起来,才能对经济史上的许多重大问题进行全面和深入的研究。如此说来,"史无定法"应该是合理的选择。他援引吴承明的说法:"就方法论而言,有新、老学派之分,但很难说有高下、优劣之别。""在方法论上不应抱有倾向性,而是根据所

① 见《历史上的经济革命与经济史的研究方法》,载《中国社会科学》2001年第4期。

论问题的需要和资料等条件的可能，作出选择。”

在反思基本的理论原理和方法论的基础上，李伯重对 13 世纪到 19 世纪的江南经济史进行了多视角的考察，从而大大推进了中国资本主义萌芽问题研究的深化。

关于宋末到明初江南农业的变化，李伯重认为，所谓“13、14 世纪转折”论，是一个正在受到挑战的旧有共识。构成“13、14 世纪转折”论的两大基础，是过去史坛盛行的“唐宋变革”论与“明清停滞”论。而近来的研究表明，“唐宋变革”论和“明清停滞”论都不符合江南农业变化的历史真实。无论从水田生产技术的进步、农民的经营方式、人口与耕地的变化哪一方面看，宋末至明初江南农业的变化，与唐代、北宋和明、清的变化，都是朝着同一方向、性质相同的。当然在变化速度方面可能与唐初到清中叶这 1000 多年中的其他一些时期有所不同，但这种不同可以用发展的周期性来解释，而不应视为重大逆转。在江南农业中，13、14 世纪的确出现了若干重要变化，但是并没有出现可以称为“转折”的重点变化。因此，所谓“13、14 世纪转折”论不能成立。①

关于明清江南气候、土地和人类努力这农业生产三大要素的变化对水稻生产的影响，李伯重分析道：16 世纪初期到 19 世纪中叶，江南气候经历了低温多雨——高温少雨——低温多雨的变化过程。其中，17 世纪和 18 世纪分别是气候最恶劣和最适宜的时期。明清农田水利建设和土壤改良的结果，使得耕地的生产能力有了较大的提高。尽管水文变化和水利建设中也存在种种问题，但是总的来说，明清江南的土地条件是在不断改善的。明清江南农民提高水稻亩产量的主要手段，大致为：兴修水利，改良农田，调整作物种植布局，多种棉、桑，多施肥料，改进水稻栽培技术，推广复种轮作的种植制度。总之，无论从水稻对环境及人类努力的变化的回应来看，还是从江南水稻亩产量的推算来看，自明代后期到清中期，江南水稻亩产量有了颇大增加，是可以肯

① 见《多视角看江南经济史(1250～1850 年)》，三联书店 2003 年版，第 21～96 页。

定的。李伯重推算，明末(17 世纪初)江南的水稻亩产量大约为 1.6 石米，而清中叶(19 世纪中期)则为 2.3 石米，增长幅度为 44%。①

关于人口控制和“生存水准”问题，李伯重认为，江浙人民使用药物控制生育，有长久的历史。明清时期，民间药物堕胎已十分普遍。而借助药物来避孕和绝育，还处于尝试阶段。另外，手术节育的方法以及非手术的节育方法(针灸与推拿、食物避孕、调节房事和延长哺育期)也在江浙民间较为流行。甚至节育药物与服务还出现了商业化的表现。明清江浙人民拥有多种生育控制手段，但是在具体手段的选择上，则依各人社会、经济地位的差异而明显不同。大致说来，属于较高社会阶层者，选择范围相对较广，而属于较低社会阶层者，选择范围会窄一些。总之，宋元明清时期，江浙人民在生育控制方面取得了重大的进步。清代江浙人民在堕胎、避孕和绝育方法的使用方面所达到的水平，显然大大超过了近代以前乃至近代早期的西欧。李伯重匡算，1400 年和 1850 年的江南人口，分别在 900 万和 3600 万左右。清代前中期江南人口增长的速度不仅低于明代后期，而且也低于清代前中期中国的其他地区。这一时期江南人口控制的方法主要有溺婴、鼓励独身和限制结婚、推迟结婚年龄、堕胎、绝育及采取避孕措施，等等。李伯重指出，控制人口增长，以保生活富裕，是清代前中期江南人口行为的基本特点。他批评了许多学者的一种错误认识，即以为在清代及清代以前的中国(包括江南)，占人口绝大多数的农民和小手工业者一直生活在极端贫困之中，只能维持“最低生存水准”。事实上，清代前中期江南的平均生活水准之高，不仅在中国整个地区中首屈一指，而且在当时的世界上也名列前茅。即使到了 19 世纪前半叶，也没有有力的证据表明江南的平均生活水准比以前下降，相反倒可能有一定程度的提高。既然如此，对所谓“人口压力”问题，就应当有新的判断。由于生产包含了资源的特点、利用、改良以及资源以外的生产要素等更为全面的内

① 见《多视角看江南经济史(1250～1850 年)》，三联书店 2003 年版，第 97～136 页。

容，所以，把“人口压力”解释为人口与生产之间的关系，更为妥当。就此而论，清代前中期200年间，江南人口年增长率控制在3‰的水平上，而清代中期江南的工农业生产总值比明代后期增加一倍，应当是十分可能的。加之商业、金融业和服务业的发展，该地区经济年增长率达到甚至超过3‰是完全可以做到的。因此，要说此时期的江南出现了严重的、不断加剧的人口压力，是不符合逻辑的。①

关于明清江南农民的经营规模，李伯重认为，“人耕十亩”是明清江南农民家庭农场的普遍经营规模的平均数，它为我们提供了一个判断的参照系。他分析道：首先，从明清江南农业劳动力和耕地数量的关系看，“人耕十亩”不是空穴来风，而是完全可能存在的。其次，在明清江南，“人耕十亩”的经营规模在时空分布上很不均衡，只是到了清代，它才成为占压倒性地位的普遍模式。再次，“人耕十亩”的经营规模模式的出现和流行，是多种因素共同作用的结果。其中，农民耕作能力的变化、农家妇女脱离大田农作和农民的“中农化”（中农的比重增加）等起到了特别重要的作用。因此，简单地把原因归之于人地比例的变化是不全面的。②

关于明清江南农家妇女劳动问题，李伯重首先质疑了所谓“男耕女织”模式。他认为，“男耕女织”并非中国社会的天然分工。“男耕女织”在明清江南的大多数地方并无很大意义。实际上，农家男女劳动安排方式是多种多样的。大致说来，明代江南农家流行“夫妇并作”，妻子参加大田劳作，丈夫也从事纺织和蚕桑。一直到清代中期，“男耕女织”才成为江南农家劳动安排的支配性模式。而且，即便如此，清代中期江南的一些地方，“夫妇并作”仍在不同程度上存在。李伯重分别分析了农夫和农妇的劳动生产率，认为男子体力较强，适合大田农作，而妇女体力较弱但在家时间较多，适宜于纺织业，因此，“男耕女织”是

① 见《多视角看江南经济史（1250～1850年）》，三联书店2003年版，第137～240页。

② 见《多视角看江南经济史（1250～1850年）》，三联书店2003年版，第241～268页。

近代以前江南农家劳动安排的最佳模式。长期以来，人们一直把“男耕女织”的模式看做妨碍经济现代化的罪魁祸首之一，然而事实是，企图取而代之的其他模式，从劳动生产率方面看，并无优势可言。①

关于清代前中期江南农民的劳动生产率，李伯重否认了它处于停滞或下降的说法。他认为，这种说法不符合江南经济发展、农村劳动力不足、农民生活水平提高、农业资本投入增加等多方面的历史事实。李伯重以松江农民家庭农场为例来证明自己的观点。在明代，松江农民家庭农场的劳动者是夫妇二人，而清代中期只有农夫一人。前者人均产量只有 31 石，比后者低 16%。不仅如此，从生产同量产品所需的劳动日看，前者也多于后者。在明代后期种田 25 亩，共需劳动日 375 个，产米 62.5 石，因此生产一石米需 6 个劳动日。清代中期种田 10 亩，共需劳动日 180 个，产米 37 石，生产一石米需 4.9 个劳动日，仅为前者的 82%。从劳动日的生产率来看，明代后期一个劳动日的产值是 1.7 斗米，而清代前期则为 2.1 斗米，比明代后期高出 23%。如果扣除生产费用，明代后期一个劳动日的净产值为 1 斗米，而清代中期为 1.4 斗米，高出 40%。无论从哪方面看，清代中期松江种稻农户的人均劳动生产率都高于明代后期。

李伯重强调，清代前中期江南农民的劳动生产率的提高，是建立在这一时期江南农业生产力提高的基础之上的。江南农业生产力的发展，不同于西欧道路，有自己的特点：第一，是更加合理地利用现有的耕地、人力、畜力等农业资源，改良农田，实现水旱轮作制、复种制、间作制；第二，是提高农业生产的集约水平，增加对单位面积土地的劳动和资本投入；第三，是提高农业生产的“外向化”水平，避免了“过密型增长”的陷阱。此时的江南农业，与所谓“自给自足”的传统农业模式，已经相去甚远。②

---

① 见《多视角看江南经济史(1250～1850 年)》，三联书店 2003 年版，第 269～314 页。

② 见《多视角看江南经济史(1250～1850 年)》，三联书店 2003 年版，第 315～344 页。

关于明清江南棉纺织业的劳动生产率水平问题,李伯重根据直到19世纪初,新式工厂的机织布仍然竞争不过江南农家手织棉布的历史事实,质疑了以往多数学者的“共识”,即明清江南棉纺织业的劳动生产率非常低下,一直未有提高。他依次讨论了明清江南棉纺织业中的生产工具、生产工艺、劳动分工、生产专业化等问题,以探究劳动生产率究竟如何。在生产工具及工艺方面,织机变化不大,但轧车和纺车有重大改进,足踏多锭纺车的使用非常普遍。在劳动分工方面,轧花、浆经、刷经、染色和踹压等生产环节分离,纺纱与织布两大工序分离。在生产的专业化方面,棉纺织业脱离了农业,农家妇女逐渐退出农耕,专事纺织,农夫则专力于农耕。农妇劳动向织布业集中。清代江南的棉纺织业,绝非过去所认为的十分“落后”、“原始”的农家内部的自然分工。相反,由于各种劳动力都去承担最适合于自己的工作,因此应当说这是一种在当时技术条件下最为合理的劳动分工。李伯重计算,在清代前中期大部分时间内,江南农妇棉纺织的劳动日收入大约相当于长工平均劳动日收入的70%。如果一个农妇一年纺织130日,其净收入合3.6石米,已够本人一年的口粮;如果她像农业长工那样一年工作360日,则净收入为10.1石米,够2.7个人吃一年。如果布价不太低的话,一个农妇的纺织收入,并不少于一个长工。从发展的角度看,明清江南棉纺织业的劳动生产率绝非停滞不前,而是有相当的提高。其中仅技术进步一项,就使生产一匹布所需的劳动日,由明代的7日减少到清代康熙以后的6日。这还是以使用单锭纺车为基础作出的估计。若用多锭纺车,则提高的幅度更大。

关于棉纺织业与农业劳动生产率的比较,李伯重指出,以农夫大田农作的劳动日生产率为标准来判断农妇从事纺织的劳动日生产率,是一种很不恰当的方法。正确的比较,应当是以同一对象或同种生产活动作为出发点的比较,例如比较男子与妇女均从事纺织业(或大田农作)时的劳动生产率,或比较妇女从事棉纺织业与从事大田农作时的劳动生产率。在这样的比较中,我们看到妇女从事棉纺织业的劳动生产率并不低。①

关于江南的早期工业化问题，李伯重进行了系统、全面的研究。②他指出，所谓早期工业化，不是某项或某几项工业的发展，而是整个工业的发展使得其在经济中所占的地位日渐重要，以致赶上或超过农业。以此标准衡量，江南早期工业化时期开始于明嘉靖中后期，终于清道光末年，大约经历了从1550年到1850年的3个世纪。这个时间范围，与资本主义萌芽研究所涉及的时间范围基本一致。

李伯重依次论述了纺织业、谷物加工业、酿酒业、制茶业、食品加工业、制盐业、榨油业、服装业、日用百货制造业、烟草加工业、造纸业、印刷业、工具制造业、建材业、造船业的发展情况。纺织业中生产组织的变化，是以往"资本主义萌芽研究"的核心。明清纺织业中资本主义萌芽有两种形式，一是商人支配生产（包括包买商制和商人雇主制），二是工场手工业。李伯重指出，在这两种形式之外，还有人数更多的城乡个体小生产者。他们的情况如何，以往研究不够。棉纺织基本上是由个体小生产者独立进行的，因此商人支配生产在棉纺织业中很少见。当然这并不是说商人完全没有介入③。从纺织业来说，在工业革命以前，工场手工业从来没有在纺与织这两种最关键的生产中取得重要地位④。此外，包买制、雇佣制的封建性过去也被特别地强调，认为它们阻碍了"真正"的资本主义的发展。但是事实如何还有待进一步的研究。

李伯重指出，以往的研究很少注意到明清江南工业的结构特点。其原因，一是在"资本主义萌芽"意识的引导下，只关注生产关系，不注

① 见《多视角看江南经济史（1250～1850年）》，三联书店2003年版，第345～376页。

② 李伯重：《江南的早期工业化（1550～1850年）》，社会科学文献出版社2000年版。

③ 见《江南的早期工业化（1550～1850年）》，社会科学文献出版社2000年版，第81页。

④ 见《江南的早期工业化（1550～1850年）》，社会科学文献出版社2000年版，第82页。

意工业结构；二是认为近代以前只有轻工业，轻工业的发展就足以把早期工业带入近代工业时代。李伯重强调，结构变化是早期工业化的主要特点。明清时期，江南轻工业的主要部门均出现了生产规模的明显扩大。特别是棉纺织业，飞速发展成为江南工业的头号产业。到1850年以前，轻工业已成为江南最大的产业部门，其重要性即使不是大于农业，至少也与之相当。在重工业各生产部门中，造船业发展最快，而煤铁工业的规模则微不足道，是重工业中最薄弱的部门。明清几百年中，随着轻工业的迅速发展，重工业在工业中占的比重不断下降。因此，从结构上看，江南工业属于“超轻结构”。①

李伯重继续论道，“超轻结构”的实质是节省能源与材料，而缺乏煤、铁、其他金属矿藏和水力动力资源，则是明清江南工业“超轻结构”形成的主要原因。“超轻结构”下“节能省材”型工业的发展，还深刻体现在工业的基本生产单位的组织形式方面。与这种发展最为适应的企业形式——独立经营的手工小作坊，充分发展，成为江南工业的主导形式。明清江南工业生产基本上是个人手工操作，很少使用机械，几乎不使用机器。李伯重认为，中国并不缺乏具有技术创新精神之人，也不缺少技术知识；但是，由于缺乏必要的能源、材料等物质条件，明清江南没有、也不可能像15世纪以来的英国那样出现一个机械和机器逐渐普遍使用的浪潮。总之，“当着一个企业无法使用非人力推动的机械和机器为生产的主导设备、建造大型劳动场所费用又太高的时候，变小作坊为手工工场并不具有经济上的优越性。因此在机器和厂房因能源与材料革命而使其变得更廉价以前，小作坊依然具有其经济上的合理性。这时如果工人具有较高的独立经营能力，那么把他们集中到一起进行集体生产，倒不如让他们自己独立进行生产更有利于他们生产能力的发挥”②。而这恰恰是明清江南展示给我们的历史图景。

① 《江南的早期工业化(1550~1850年)》，社会科学文献出版社2000年版，第456~458页。

② 《江南的早期工业化(1550~1850年)》，社会科学文献出版社2000年版，第513页。

李伯重的研究得到国内外学术界的高度关注和充分肯定[1],同时也受到批评和质疑。

彭慕兰评价道[2],李伯重对江南早期工业化的研究扩展了研究的范围,向我们展示出众多工业部门的产出增长都伴随着专业化程度的提高。他收集了许多有说服力的实例,显示了当时缓慢却连续的技术进步、市场扩展以及日益复杂的劳动分工。他认为早期工业化进程与农业领域的生产增长相结合,推动了单位收益和生活水平在1550年到1850年间有了显著的提升。关于中国为什么没有孕育出类似英国的典型工业化,李氏"越过社会的、知识的以及政治的因素,而在地理和自然资源提供等因素中找到了自己的答案"。彭慕兰指出,李伯重的很多观点与"加州学派"西方学者的观点相一致,"因此那就不奇怪我发现他的绝大多数的观点都是令人信服的,也非常欢迎他所带来的大量数据"。另一方面,彭慕兰也批评李伯重对技术变革的条件的讨论"有一点仓促",他对中国经济史重新解释的新的假定"提出得太快,使得我们还不能找到材料来解释各种的疑问"。

国内学者中对李伯重的研究提出商榷意见的有高寿仙。他在《现代化研究》第3辑[3]上发表《明清江南的经济发展:理论与事实——对李伯重先生的明清江南经济研究的一点反思》,提出自己的看法。

关于"斯密型增长"问题,高寿仙指出,"资本主义萌芽论"和"过密型增长论"都是对帝制晚期中国经济模式的曲解,于是李伯重给出了新的答案:明清江南经济发展的真相是"斯密型增长"。由于没有技术突破,这种增长的极限取决于市场的容量,因而它无法导出近代工业化。高寿仙批评道,李伯重的这种观点,与他本人所反对的"过密型增

---

① 如宋立中、范金民的《理论与实证结合的一部力作》,载《新史学》第12卷第4期,2001年;马敏:《据之于实情:建立中国史学新典范的若干启示》,载《历史研究》2003年第1期。

② 见《评李伯重著〈江南的农业发展〉与〈江南的早期工业化〉》,载《学术界》2005年第1期。

③ 北京大学世界现代化进程研究中心主编,商务印书馆2005年版。

长论”在本质上似乎没有太大的分别。两者都认为商品化并不必然会导致近代化;都认为明清江南经济没有出现技术突破;都认为明清江南农村出现了蓬勃发展但非质变性的商品化进程;都认为明清江南经济不可能转变为近代经济。因此,李伯重的这种观点很像是“停滞论”的另一种表现形式,或者可以称之为“延迟的停滞论”。高寿仙主张,我们在警惕“西方中心论”的同时,也应注意不要戴上“去西方中心论”的有色眼镜。因为一旦戴上这副眼镜,就会从前近代中国发展或不发展的任何论述中找出“西方中心论”的基因,或者为了抹去西方经济发展的“光环”而有意强调或夸大前近代中国经济发展的“光明面”。

关于人口压力是否“虚像”问题,高寿仙承认李伯重的新说大大深化了对明清江南人口问题的认识。但是,这一新说是否完全合乎史实,还有疑问。首先,在人口压力的度量尺度上,和人口与资源数量之间的关系相比,人口与生活资料之间的关系是否更科学、更合理,还值得探讨。李伯重特别强调明清江南人口增长率只有3‰。但是,仅讨论增长率不一定能说明问题。人口增长对一个人口稀少的经济体可能会提供发展的动力,但对一个人口已经稠密的经济体则可能会造成发展的障碍。何况,即使在3‰这样一个低增长率基础上,江南人口也已积累到一个相当可观的数量,从而对农业社会造成较大的压力。我们从有关地方志和文集中,可以看到大量关于人稠地狭的描述。这说明在当时人们的观念中,江南是存在严重的人口压力问题的。高寿仙还批评李伯重认为清代“人耕十亩”模式的出现和普及是农家主动积极追求较高劳动生产率和劳动报酬的看法,“似乎过于绝对,也不一定符合事实”,实际情况恐怕是被动与主动两种类型兼而有之。

关于生产力研究中的方法与数据问题,高寿仙肯定李伯重重视生产力的发展,对江南农业和各主要工业部门的生产力状况都做了细致考察,尤其是做了大量的定量化分析,为江南经济史研究建立了一个更加计量化的事实基础。与此同时,高寿仙又指出,如果从一个极端走向另一个极端,反过来认为只有生产力才是决定性的,这也是偏颇的。而李伯重的经济史学观,多多少少带有一点“唯生产力”色彩,未能将生产力变化与生产关系变化的研究结合起来。无论是研究西欧还是中国的经济史，只抓住生产力一条主线是不够的，必须把人口、资源、技术、制度、观念等方面的因素综合起来加以考虑。高寿仙还指出，在具体的生产力估算数据方面，李伯重的研究结果也有待进一步的验证。例如，他近年来关于清代江南水稻亩产量的计算，就存在相互不一致的现象，出现了三个数字：若按无稻米输入量计算，亩产约 2.7 石；若按输入 1500 万石计算，亩产约 2.3 石；若按输入 2400～3200 石（姑取其中数 2800 万石）计算，亩产约为 2.0 石。李伯重估计明代后期江南水稻亩产量为 1.6 石，清代中期如按亩产 2.7 石计，约比明代后期增加了 69%，如按亩产 2.3 石计，增加了 44%，而按亩产 2.0 石计，则仅增加了约 25%。对这样的基本数据如果没有更加精确的估测，必然会影响到对江南农业经济发展的整体水平的评价。高寿仙分析，以上数据的不一致，一方面是由于不同来源的原始记载本身的歧异造成的，另一方面也不能排除李伯重受到了他自己所批评过的经济史研究中广泛存在的"选精法"和"集粹法"的影响。李伯重近年的研究力图证明，明中期到清中期 300 年间，江南经济的成长方式实现了从"广泛性成长"到"斯密型增长"的转变，农业和工业的劳动生产率都有明显提高。这种主导思想很容易使他产生对有助于证明生产率提高的资料的敏感性。

结　语

新中国建立以后，资本主义萌芽研究近60年的演化，给我们留下了丰厚的学术文化遗产。其中既有宝贵经验，也有深刻教训，更有未来的希望。

一、世界眼光

近60年来，关于资本主义萌芽问题的研究几经曲折，大“热”大“冷”，起伏不定。无论其间的政治气候如何转化，社会环境如何变迁，研究者们所具有的世界眼光始终没有游移飘散。中国的资本主义萌芽问题，始终被置于人类文明演进的大潮流、大趋势之中，被置于世界历史的总体规律性框架内，来进行思考，展开分析。因此，宏观的比较方法，尤其是与欧洲（特别是西欧、英国）的比较，是几代研究者共同遵守的基本思路。无论是20世纪五六十年代学人普遍信奉的“五种生产方式”说，还是近年来日益受到关注的现代化理论模式，都是以人类社会发展的共同、普遍规律作为终极的理论目标。就此而论，司马迁所向往的“究天人之际，通古今之变，成一家之言”的治史最高境界，在资本主义萌芽研究的学人群体中，得到了具有时代特征的新体现。

截至目前，资本主义的世界发展是人类历史上空前的历史进步已成为各国学界的共识。世界各国、各民族走上资本主义现代化道路的年代、方式、进程各不相同，但从发生形态上大致可归纳为两类，其一是

“自我本土发展或内发性的现代化”(如英国、法国和某种意义上的美国),其二是“外力促逼而生或外发性的现代化”(如德国、日本、俄国、印度、中国)。① 无论哪种类型,资本主义生产力、生产关系、生产方式的萌生,都是社会经济活动自身发展的必然要求的结果(其间当然也有政治、文化等等因素的参与)。因此,其中必然有世界性的共同规律在起作用。资本主义萌芽问题的研究之所以要有世界眼光,这是最基本的缘由。作为“外力促逼而生或外发性的现代化”典型之一的中国,其资本主义的萌芽显然与“自我本土发展或内发性的现代化”的英国等西方列强的对外侵略有着十分密切的关系。这一明显的特征也决定了,对于中国资本主义萌芽问题的研究,不能仅仅局限在本土的范围之内,而必须将关注的视野扩展到资本主义的全球扩张这样一个宏观的图景,才有可能得出基本符合事物本来面目的认识结论。

近年来关于资本主义萌芽问题研究的回顾性文章里,常可见到对于“五种生产方式”说的批评,认为正是这一似是而非的理论框架左右了几十年间的资本主义萌芽研究,将其误导入先验论的泥沼。应该说这一批评是有相当依据的。但是,我们同时也要看到,虽然源于《联共(布)党史简明教程》的“五种生产方式”说缺乏世界各国历史演进的充分史实支撑,但是它着眼于社会经济形态研究、着眼于世界文明总体发展的思路,还是具有积极的、建设性的理论意义的。因此,在这一思路的指引下,中国资本主义萌芽研究者始终坚持的世界眼光,不应该受到否定、讥讽和嘲笑。

二、本土特色

如果说世界眼光的凝聚是由资本主义萌芽问题的共性特征所需要,那么,中国社会何时产生、如何产生资本主义的萌芽,是受中华民族

① 金耀基:《现代化与中国现代历史》,载罗荣渠等编《中国现代化历程的探索》,北京大学出版社 1992 年版,第 3 ~4 页。

社会经济生活自身特殊的、具体的时空条件所制约的。这就要求研究者对于本土特色予以足够的重视。在这一方面,近60年间,无论持何种观点的学人,都付出了艰辛的劳动,爬梳、清理、积累了丰富的资料,并为后继者铺垫了良好的研究基础。

以生产关系方面的情况为例,经过几代学人的努力,今天我们对于中国历史上从先秦一直到明清时期的农业和手工业中雇佣劳动的基本情况,已经可以大致描画出比较准确的历史图景。尤其是对明清时期苏州、杭州、松江地区丝织业、棉织业中的机户、机工、包买商的研究,更是进行到相当深入的程度。相关的文献资料、碑刻资料被充分地发掘出来,并进行了细致入微的研究。在上层建筑对于经济基础的反作用方面,经过几代学人的探索,对中国君主专制中央集权对经济生活中新因素的压制和扼杀如何制约了经济运行的正常进行,传统的“农本”思想、重义轻利观念如何阻碍了商业的发展和商人力量的壮大等等问题,也有了比较充分的认识成果。更可喜的是,在以往被学界忽视的生产力研究领域,近年来也出现了一批有分量的学术成果。例如对明清时期江南农业与手工业生产力发展水平、劳动力的平均生产率的估算,都在量化研究方面取得了明显的进展。

回顾近60年的资本主义萌芽研究史,可以说其最重要的成就是对于相关领域基本历史资料、历史过程的清理、爬梳取得了长足的进展。虽然在许多时候也发生过“削足适履”式的错误做法,将中国史实硬套进西欧(英国)模式里去,但是,在“削”之前,我们毕竟对“足”做了一番认真细致的考察和分析,对它的生命机理和运动状态有了一个比较清晰全面的把握。而这一切,都是中国学人坚持本土立场、凸显本土特色的结果。我们应该对此表示充分的理解、钦佩和敬意,而不是简单粗暴地完全否定、横加指责。

三、规律情结

长期以来,在相当一部分史学工作者心目中,论证“规律”似乎成为历史科学的终极使命。在资本主义萌芽研究的领域,这一倾向表现得格外明显。尤其是在20世纪五六十年代,“五种生产方式”说一统天下,西欧(英国)资本主义发生、发展的道路被认为是人类各个民族、各个国家的必由之路。似乎无论在哪里,“封建社会”一定会孕育出“资本主义社会”;“封建的”西欧(英国)能够萌生资本主义,因此“封建”的中国也一定能够萌生资本主义;惟其如此,才能证明所谓体现了历史唯物主义精神的“五种生产方式”说是放之四海而皆准的普遍真理,才能证明马克思主义世界观、历史观和方法论的科学价值和指导意义。在这一认识的误导之下,众多的研究者将自己的努力方向定在如何证明中国历史完全“符合”资本主义发生、发展的规律,完全“符合”“五种生产方式”的规律上来,而忽略甚至根本取消了“什么是资本主义”、“什么是资本主义萌芽”这个最本质、最基础的研究的立足点、出发点。这样一来,虽然讨论曾经非常“热烈”,好像“资本主义萌芽”无时不在、无处不在,但是就真正意义上的学术研究来说,这种局面只能意味着开花而不结果。我们当然不会奢望很快在中国资本主义萌芽问题的研究方面得到“绝对真理”式的结论,但是经过几代人几十年的努力依然不能在研究的基本概念和探讨路径方面形成一个大致的共识,依然“自说自话”,这就从根本上动摇了我们从方法论的层面全面认可以往研究的理由和信心。本书下编“回顾与反思”一节中介绍的李伯重、王学典等人的批评意见,可以说比较准确、尖锐地点醒了其中的要害症结——不进一步解放思想,不解构所谓“规律情结”,资本主义萌芽问题的研究就走不出各人“自圆其说”,相互“矛盾百出”的尴尬局面,很难取得新的进展、新的前景。

毫无疑问,人类历史的发展是有规律的;社会经济运动和社会经济形态的演变也是有规律的。问题不是否认历史规律不以人们意志为转移的客观存在,而是不应该对于未经历史检验、科学论证的所谓“规律”,怀抱顶礼膜拜的宗教徒心态。一切从实际出发,一切从中国历史和中国社会生活的实际出发,去探讨其中的本质特征和基本规律,是史学工作者的神圣使命。就此而论:“资本主义萌芽的问题本身,也只有在摆脱了‘资本主义萌芽情结’这种预设结论的先验观之后才能真正弄清，因为任何正确的结论，都只能得之于研究之后，而不是之前。我们并不否认‘中国历史上是否有资本主义萌芽’确实是一个值得深入探讨的重大问题。然而它之所以值得深入探讨，又正是因为我们现在还无法对此做出肯定或否定的结论。否则，如果已经有了结论，还有什么可值得探讨的呢？”①

四、方法论反思

不容讳言，新中国建立以后（尤其是五六十年代），关于中国资本主义萌芽问题的研究，确实存在许多缺弊。近年来，不少学人已经对之进行了分析与批评。除了上述李伯重的“情结”论，还有“马克思主义教条化”论、“战时史学体系”和“战时学术导向”论、“实证主义误区”论、“欧洲中心”论、“规范认识危机”论，等等。② 笔者以为，从学术方法论层面的进一步反思，将会有利于我们从过往中国资本主义萌芽问题研究的缺弊中获得推进学术发展的启示与教益。

关于名与实。

名与实的关系问题是学术研究的一般性问题。在这方面，底蕴深厚的中国传统文化留给我们丰富的遗产。在资本主义萌芽问题的讨论中，“资本主义”、“萌芽”这样的“名”所指的中国历史之“实”究竟是什么，始终没有达成学界的基本共识。这就是讨论看起来热闹，但是始终无法整体深入的根本原因。

按照唯物史观的理论，“资本主义”既是生产力，又是生产关系，还是社会政治制度、思想意识形态。它们之间，存在着严密的历史与逻辑的关联。就此而论，“‘资本主义’是一个整体性的历史运动，而不是个

---

① 李伯重：《理论、方法、发展趋势：中国经济史研究新探》，清华大学出版社2002年版，第15页。

② 这些批评都有相当的根据及道理，详见赵晓华著《中国资本主义萌芽的学术研究与论争》，百花洲文艺出版社2004年版，第205～216页。

别经济现象”。① 一般来说,其发生的顺序应该是生产力——生产关系——社会政治制度——思想意识形态。我们究竟是在哪一种意义的层面上讲“资本主义萌芽”,是首先要明确的问题。从新中国建立以后60年的研究实践看,学界长期注目在生产关系层面,应该说大致合理。但是,与此同时,一方面完全忽视生产力层面的状况,另一方面过于强调上层建筑层面的反作用,又严重损害了对生产关系赖以建立的基础和前提的深入剖析。

至于“萌芽”,这更是一个近乎文学描绘的用语。它以植物的生长为喻,非常生动,但是无法作定性与定量相结合的准确把握。无论是资本主义的生产力、生产关系还是资本主义的社会政治制度、思想意识形态,抑或整体意义的资本主义历史运动,究竟发育到什么程度叫“萌芽”,这本身就很难论定。就生产关系而论,资本与自由劳动结合到什么程度叫萌芽,不仅马克思、列宁没法下断语,而且任何人都很难下断语。包买商、手工作坊与手工工场的出现,叫不叫“资本主义萌芽”,永远是公婆各有理的争吵。以往研究中,研究者围绕着“萌芽”、“因素”、“关系”之类打了几十年的笔墨官司,之所以没有根本进展,其原因就在于这个概念本身的非精确、非学术本质!

关于史与论。

史与论的关系,是史学界议论了几十年的老话题。“以论带史”,凸显正确的历史观的指引作用,当然不能说错;“论从史出”,强调靠材料说话,更是史学的基本规则;“史论结合”,看起来四平八稳,其实是正确的废话。就资本主义萌芽问题的研究而言,最根本的弊端是违背历史认识的基本逻辑,先有了“论”(理论、结论)——人类社会遵循五种社会形态依次转变的规律,中国也不例外,因此中国历史一定会有一个资本主义的萌芽阶段,然后再去找“史”(史料和史实)的证明——从战国一直找到明清。在指导思想方面,研究者主观上无一不是自觉地遵循马克思主义原理,但是实际上却“受到了俄国式的马克思主义,特

① 王家范:《中国历史通论》,华东师范大学出版社2000年版,第188页。

别是斯大林所解释的马克思主义,以《联共(布)党史简明教程》为代表的简单化、教条化、庸俗化了的马克思主义的影响","更没有像马克思本人那样广泛吸收现代哲学、经济学、社会学、法学、文化人类学、心理学等等新的科学成果,不断充实和发展马克思主义的基本理论,致使产生了相当突出的公式化及实用主义化倾向"。① 柯林武德在将历史学定义为科学时论道:"重要之点在于认识,一般地说,科学并不在于把我们已经知道的东西收集起来并把它用这种或那种方式加以整理,而在于把握我们所不知道的某些东西,并努力去发现它。耐心地对待我们已经知道的事物,对于这一目的可能是一种有用的手段,但它并不是目的本身。"②将我们本来不知道的东西(中国社会是否一定会产生资本主义)当做已经知道的东西(中国社会和欧洲一样,一定会产生资本主义),然后"整理"史料,充实结论。——以往资本主义萌芽问题研究中这种常规的"套路"实际上在双重的意义上违背了历史学的认识规律和科学原则,因此必须改变。

关于时间与空间。

特殊意义上的资本主义生产关系、社会形态的发生,或者一般意义上的任何一种生产关系、社会形态的发生,都是在一定的时间与空间系统中展开的。讨论中国这样一个历史悠久、幅员辽阔、社会经济发展情况千差万别的大国的生产关系、社会形态的演化、变迁,尤其要特别关注时间与空间的统一性。在这个问题上,以往研究的弊病是,在一心辩明"资本主义萌芽"的发生时间(年代、朝代)之时,对于其发生的空间(地理意义的、行政意义的、经济意义的)却相对忽视。研究者注目的"时间"以外的焦点,一般都在行业。殊不知同样的行业的运作,在不同的区域内的情况大相径庭。令人高兴的是,近年来,李伯重的研究中对"江南"的特别关注与仔细辨析,在时间与空间的统一方面取得了长足的进展。他提出以自然与经济条件为基础划分古代经济区域(具体

① 姜义华等:《史学导论》,陕西人民教育出版社 1989 年版,第 343 页。

② 柯林武德:《历史的观念》,中国社会科学出版社 1986 年版,第 9 页。

标准有三:1. 地理上的相对完整性,必须是自然与生态相对一致的整体;2. 地区内部经济发展水平比较接近,经济联系十分紧密,构成一个经济上的整体;3. 被人们视为与毗邻地区有显著差异的特定地区),在此范围内讨论生产力及其生产关系的变化,其思路和方法都值得借鉴和取法。这是因为,生产力与生产关系(更无论社会形态)的根本性变化,都不可能是在一个一个孤立的空间“点”上发生。“区域”的概念在社会经济问题研究方面所具有的特别重要的意义,应该得到充分的肯定。

关于一般与特殊。

一般与特殊的关系,既是一般认识论的基本架构,也是马克思主义唯物史观认识人类历史发展过程的思辨利器。中国资本主义萌芽问题的讨论,从一开始就是在处理人类社会普遍规律(一般)与中国国情(特殊)的矛盾关系中展开的。严重的问题是,在对于“人类社会普遍规律”这一基本理论体系的建构方面,长期以来研究者奉为经典的“五种生产方式”说并不能得到迄今为止的全部人类历史的充分证明。这样一来,这个“一般”就要打上大大的问号。接下来的问题是,单就资本主义生产关系和生产方式而论,其在欧洲的发生与存在当然毋庸置疑,但是在中国,它是否也会必然发生,其实是可以讨论、也应该讨论的问题。如果硬要将中国与欧洲类比,认为其必然会在自身历史的某一个时期自发地“萌生”资本主义,并将这界定为人类历史发展规律的“一般”,而将中国“萌生”资本主义的具体时间、形式的不同,判作“一般”规律下的“特殊”。这样的“理论”建构,有如沙上建塔,根基实在太虚弱了。

笔者这样说,并非要完全否定60年来资本主义萌芽问题研究在一般与特殊关系方面的认识成果。例如,就雇佣劳动的研究,研究者分析了古代文献中的“雇”、“佣”记载,对不同生产力发展水平、不同行业中雇佣劳动的探讨,就大大推进了对于这一生产关系的共性与个性的认识。又如,就商品经济的研究,研究者分析了中国古代商品经济发达的历史成因和表现形式的特点,辨明其与近代条件下的商品经济的异同。

这一类研究成果无疑丰富了我们对于人类经济社会生活总趋势、总规律下中国历史个性化特征的认识。就此而论，有论者将包括资本主义萌芽问题在内的中国社会形态问题的讨论称为“假问题”与“真学术”，在形式上否定，而在实质上肯定了这些研究工作的学理价值和意义。“中国历史上所经历的若干重大制度、社会变迁，究竟如何概括，应该继续讨论。不过这种讨论切忌回到原来的‘问题’中去。原来的‘问题’可能都是些‘假问题’，但这些‘假问题’笼罩下的史坛又并非一片学术空白。虚假的缺乏学术根据的命题，仍能获取丰富、真实的学术内容，在中外学术史上想来并非罕见。”①这一说法基本上是可以成立的。

五、社会经济史研究的新希望

如上所述，将近60年来，中国资本主义萌芽问题的研究走过了漫长的路途，积累了大量宝贵的学术遗产。在相当的程度上，我们甚至可以说，新中国建立以后，马克思主义历史学的辉煌与暗淡、成就与教训，都在这一领域里得到了充分的体现。

总结过去，展望未来，中国资本主义萌芽的研究如何继续深化和发展？笔者以为，我们应当摈弃过去仅仅将“资本主义萌芽”作为孤立的历史“问题”的处理方式，而是将其置于中国社会经济生活的历史长河中一个重要的特殊阶段的地位，来加以辨析。不是先验地认定，中国历史上如同西欧一样，肯定有一个“资本主义”自然发生的社会机制，然后再到历史中去“找”这个机制发生作用的年代和表现，并指定它就是“资本主义萌芽”。正确的思路和做法应当是，从中国自身社会经济运动的内在特征和具体进程出发，分析其间生产力与生产关系、经济基础与上层建筑矛盾运动的全部内容，尤其是深入研究农业与手工业生产力的“革命性”增长、商品生产与商品流通的发展、雇佣劳动的演变、商人与市民阶层的形成、国内及国际市场的拓展、社会财富价值观念的变

① 王学典：《20世纪中国史学评论》，山东人民出版社2002年版，第318页。

化等等方面的情况,并综合分析中国社会是否以及何时出现了传统的君主专制的、以农业为基本社会产业主干的自然经济社会所无法适应的新的经济因素,以及这一因素如何克服重重困厄而艰难成长起来的。如果我们能够对这一过程给出一个较为明晰的答案,那么,就实现学术研究的目的本身来说,就已经较为圆满了。至于它是否应该被称为"资本主义萌芽"或是什么其他的名目,或者说中国与西欧相比较,"资本主义"的萌生谁是"特例",谁是"常轨",实际上就已经不再重要了。从这个意义上讲,我们没有理由为"资本主义萌芽"研究的"冷落"而感到遗憾、悲伤,相反,应当对中国社会经济史研究在更为广阔的学科平台上的辉煌前景,怀抱热烈的期待和充分的信心。

20 世纪 70 年代初,美国学者柯文(Paul Cohen)提出了著名的"中国中心论",强调从中国而非从西方出发来研究中国历史,并尽量采用中国的而非西方的准绳来判断中国历史现象的重要性。20 世纪八九十年代以后,更有外国学者认为,在中国经济史研究中,应当摈弃使用那些由西方经验得出的模式、理论、范畴乃至认识规范。另一方面,他们也不同意全盘否定西方经验所产生的学术规范与成果,主张对现在使用的各种西方模式、理论重新进行分析,看它们本身是否正确,以及能否符合中国的历史实际。一些著作在深入批判西方中心主义的同时,也认为没有必要和可能另起炉灶,建立一个能够与现代主流学术分庭抗礼的新学术体系。它们强调,应该把中国作为世界的一个重要组成部分客观地进行研究,使得中国研究融入进学术主流,而不像过去那样甘居"汉学"的边缘地位。① 在中国学术日益扩大与国际社会的联系与交流的时代大趋势下,外国同行的以上意见值得我们认真思考。

马克思主义唯物史观是我们必须坚持的理论立场。当历史主义陷于唯心主义和相对主义的泥沼而丧失生命活力的时候,唯有马克思主

---

① 参见李伯重:《理论、方法、发展趋势:中国经济史研究新探》,清华大学出版社 2002 年版,第 255 ~ 256 页。

义“提供了合理地排列人类历史复杂事件的使人满意的唯一基础”①。马克思主义促进历史学从描述孤立的事件转向对社会和经济的复杂而长期的过程研究，强调研究人们生活的物质条件，把生产关系当做整体的而非孤立的现象，并在此背景下研究技术和经济发展的历史。唯物史观的这些本质优长拥有长久的生命力和广阔的发展前景，对于包含资本主义萌芽问题在内的社会经济史研究，尤其具有根本性的指导意义。历史经验和教训告诉我们，必须摈弃的绝非马克思主义唯物史观，而是对其公式化、教条主义的错误态度。马克思和恩格斯本人就明确表示过，“从对人类历史发展的观察中抽象出来的最一般的结果的综合”，一旦“离开了现实的历史就没有任何价值”。这些关于历史规律的“抽象”，“绝不提供可以适用于各个历史时代的药方和公式”②。因此，当我们面对丰富多彩的历史研究对象时，“至少要在已经扩大了的实际知识范围内和扩充了的不同社会—经济关系范围内对那些旧问题重新加以思考。马克思主义的历史解释所涉及的面越宽，就越是感到在特殊的历史环境下对它加以应用时需要有灵活性，需要基本概念的清晰和准确性，需要在方法上加以改进”③。

曾经长期关注中国资本主义萌芽研究、并且为此作出重要贡献的学者吴承明，近年来不再就所谓“资本主义萌芽”问题直接发表看法，而是一再强调经济史学的理论和方法(尤其是方法)问题。④ 吴承明指出，“经济史是研究一定历史时期的经济是怎样运行的，以及它运行的机制和效果。这里要用经济理论，但只能把理论作为方法，思维方法或分析方法。根据问题性质和史料选用不同方法”⑤。他强调，经济史研究必须兼顾历史、经济发展、制度改革、社会变迁、文化思想五个方面。

① 巴勒克拉夫：《当代史学主要趋势》，上海译文出版社 1987 年版，第 27 页。

② 《马克思恩格斯选集》第一卷，人民出版社 1972 年版，第 31 页。

③ 巴勒克拉夫：《当代史学主要趋势》，上海译文出版社 1987 年版，第 42 页。

④ 见吴承明的以下文章：《经济史学的理论与方法》，载《中国经济史研究》1999 年第 1 期；《经济史：历史观与方法论》，载《中国经济史研究》2001 年第 3 期；《谈谈经济史研究方法问题》，载《中国经济史研究》2005 年第 1 期。

⑤ 《谈谈经济史研究方法问题》，载《中国经济史研究》2005 年第 1 期。

吴承明直言，计量分析和传统经济学理论都有很大的局限性。法国年鉴学派的整体观和结构主义都来自社会学。整体观接近中国史学。结构主义讲部分与整体的关系，因此，经济兴衰不是线性必然，而要看结构的良窳。这是很高明的。新制度学派以新古典经济学为基础，但强调非经济因素，把国家论和意识形态引进经济史，这也与中国史学传统相吻合。年鉴学派和新制度学派给我们的启发是，经济史不能就经济谈经济，制度、社会、思想文化都要研究。①

对于资本主义萌芽问题的研究而论，吴承明的如上论述具有深刻的方法论的意义。探讨资本主义萌芽问题，不能只看生产关系，也不能只看生产力，甚至不能只在社会经济研究的范围内打圈圈。实际上，无论是在中国还是在西欧，也无论是在古代还是近代，经济生产方式、社会经济形态的从量变到质变，都是一个庞大的、渐进的系统工程。用马克斯·韦伯的话说，资本主义不仅是强大的物质力量，而且还是一种“精神”。因此，在社会经济史研究的领域里，我们需要的是全面、系统的理论眼光、不拘一格的研究方法和定性与定量相结合的研究手段。

在如何推进社会经济史学的发展问题上，近年来成绩斐然的李伯重提出了“融入世界主流”的建议。李伯重指出，今天的中国经济史学已是国际经济史学的重要组成部分，研究中国经济史也不再是中国学者的专门领域。中国经济史学目前面临的主要是方法论的危机。“在此方面，国际经济史学过去20年来所做过的探索和所获得的经验，无疑对我们具有非常重要的意义。如果我们忽视这些经验，一切都要靠自己去摸索，那么永远就只能跟在别人的后面，重复别人已经做过的探索。”②“融入世界主流”，必须克服食洋不化和自我封闭这两种错误倾向。李伯重强调，中国史学既有主要由乾嘉学派体现的“实事求是”的“国粹”传统，又有新中国建立以后马克思主义指导下形成的新传统。

---

① 见《谈谈经济史研究方法问题》，载《中国经济史研究》2005年第1期。

② 李伯重：《理论、方法、发展趋势：中国经济史研究新探》，清华大学出版社2002年版，第259页。

这是我们的宝贵财富。“它们与现代西方的主流学术之间，都既有矛盾的一面，也有可以相互促进的一面。”①尊重并发扬传统，吸纳并融会新知，是社会经济史学持续发展的强劲双翼。我们高兴地看到，进入21世纪以来，在社会经济史领域内（包括涉及资本主义萌芽问题的研究），中外学人之间的对话、交流与争鸣，日渐扩大、深入②。可以预期，在对外开放格局已不可逆转的新世纪，中国社会经济史学融入世界主流的步伐，不会停止。

新中国建立60年来，众多学人为之奉献心智的资本主义萌芽问题研究已然成为一个厚重的客观历史存在。在丰富经验与教训铺垫的路基上，中国社会经济史的研究，路途遥远，前程辉煌。

我们有条件，有理由，有信心。我们期待着。

---

① 李伯重：《理论、方法、发展趋势：中国经济史研究新探》，清华大学出版社2002年版，第262页。

② 详见本书“另一只眼看‘萌芽’”一节。

图书在版编目(CIP)数据

世界眼光与本土特色——中国资本主义萌芽研究/何晓明著.—开封:河南大学出版社,2009.12
(新中国学案丛书/李振宏主编)
ISBN 978-7-81091-993-7

Ⅰ.世… Ⅱ.何… Ⅲ.资本主义经济—研究—中国
Ⅳ.F129

中国版本图书馆 CIP 数据核字(2009)第 130822 号

责任编辑 张玉梅
责任校对 张　弛
封面设计 樊　响

出版发行 河南大学出版社
地址:河南省开封市明伦街 85 号　　邮编:475001
电话:0378-2825001(营销部)　　网址:www.hupress.com
排　　版 河南新华印刷集团有限公司
印　　刷 河南新华印刷集团有限公司
版　　次 2010 年 3 月第 1 版　　**印　　次** 2010 年 3 月第 1 次印刷
开　　本 720mm×1000mm　1/16　　**印　　张** 16.75
字　　数 241 千字　　**定　　价** 34.00 元

(本书如有印装质量问题,请与河南大学出版社营销部联系调换)